REINVENTING THE COMMONS
IN THE 21st CENTURY
ALTER-ECONOMY, ALTER-DEMOCRACY

21世紀の豊かさ

経済を変え、
真の民主主義を創るために

Yoshihiro Nakano
中野佳裕
編・訳

Jean-Louis Laville
ジャン＝ルイ・ラヴィル
José Luis Coraggio
ホセ・ルイス・コラッジオ
編

コモンズ

［凡例］

・訳注は（　）で見開きページの左端に、原注は［　］で章末に掲載した。

・〔　〕内の語句は、訳者による補足である。なお、（　）は原著のものである。

・既訳書のある文献からの引用については、既訳書の訳文を参照したが、適宜、変更を加えた。

・原文がイタリック体で強調された語句には、傍点を振った（ただし、書名などはのぞく）。

21世紀の豊かさ●もくじ●

序章　二一世紀の豊かさと解放——北と南の対話へ向けて

中野佳裕

「過去はある秘められた索引を伴っていて、それは過去に、救済（解放）への道を指示している」(1)
——ヴァルター・ベンヤミン「歴史の概念について」

1　本書について

本書は、フランスの社会学者ジャン＝ルイ・ラヴィルとアルゼンチンの経済学者ホセ・ルイス・コラッジオの共同編集によって出版された『二一世紀の左派——北と南の対話へ向けて』の日本語特別編集版である。本書はもともと、ヨーロッパとラテンアメリカの社会科学者の共同プロジェクトとして始まり、スペイン語版(2)（ラテンアメリカ版）は二〇一四年九月、フランス語版(3)は二〇一六年三月に刊行された。

タイトルが示す通り、ラテンアメリカとフランスで刊行された原書は、近代民主主義における左派政治の文法を二一世紀の時代状況の中で再検討することを目的としている。執筆者は総勢二八名であり、総ページ数は五〇〇ページ近くに及ぶ。全体は三部に分かれており、第一部がラテンアメリカ、第二部がヨーロッパ、第三部がその他の地域（アフリカ、日本、北米）からなる。筆者も日本の研究者を代表して「日本におけるポスト開発思想の歴史と課題――ミナマタからフクシマへ」というオリジナル論文(4)（日本語版には未収録）をフランス語で執筆した。ラテンアメリカ版にはそのスペイン語訳が収録されている(5)。

このように非常に大きなテーマの本であり、執筆陣も多岐にわたるため、日本語版制作にあたっては、幅広い読者に届くようにするために、コンパクトかつテーマのしぼった作品をつくる必要があった。そこで二八名の執筆者のうち、社会発展に関する重要なトピックを扱っている論文を中心に、ラテンアメリカから四本、ヨーロッパ・北米から四本を選択。さらに、日本の社会状況に合った議論を展開するために、筆者を含む日本人研究者四名のオリジナル論文を収録することにした。日本語タイトルに関しては、編集の意図が伝わるように、『二一世紀の豊かさ――経済を変え、真の民主主義を創るために』とした。

2　問題設定

本書に寄稿している一二人の執筆者は、それぞれ異なる専門分野や研究対象を持つ。本書では、ラテンアメリカ、ヨーロッパ、北米、日本のさまざまな社会問題をそれぞれの立場から論じたが、現代世界を支配する資本主義的発展モデルが深刻な構造的問題をかかえており、何らかのパラダイム転換もしくは新たな社会システムへの移行（トランジション）が必要であるという考えを共有している。

発展概念の誕生から「開発の時代」へ

本書の中心テーマは、発展パラダイムの問い直しを通じた「新しい豊かさ」の構想である。発展＝developmentは、西洋文明の歴史の中で形成された特殊な概念である。それはヨーロッパの近代性に深く根ざし、伝統社会から近代社会へ向かう単線的な社会進化の過程を表す語として一九世紀に用いられるようになった。以後、物質的生産力の増大が社会の進歩を測る中心的な基準となり、工業化を遂げたヨーロッパを社会進化の最終段階に位置づけ、他の社会をそこへ向かう途上段階に位置づける、西洋中心主義的な歴史観が確立する。[6]

第二次世界大戦後に樹立した国際開発体制は、近代西洋文明において誕生したこの発展概念を、「社会を発展させる」プロジェクトとして――すなわち、他動詞の意味を持つ「開発」として――制度化したものである。こうして「開発の時代」が幕開け、経済的に「低発展」状態にあるアジア・アフリカ・ラテンアメリカ諸国を先進工業国と同じ経済水準に高めていくための開発政策が繰り広げられることになった。

しかし、一九七〇年代頃までに、地球規模での発展という理想はいくつかの構造的矛盾に直面する。まず、アジア・アフリカ・ラテンアメリカ諸国は植民地主義時代から続く世界経済の支配構造のもとで周辺化され続け、グローバルな格差問題は「南北問題」として国際社会でも大きくとりあげられた。バンドン会議（一九五五年）で結成された第三世界の非同盟運動は、これらの国々の政治的・経済的自立を求めて、北半球の「豊かな国」による南半球の「貧しい国」の搾取を糾弾していく。また、ラテンアメリカの構造学派・従属理論やアフリカのネオマルクス主義理論は、世界資本主義の中心―周辺構造を学問的に解明し、第三世界の自立を目指す民衆運動と政治を支えた。第三世界の自立を模索するこれら一連の動きは、後のグローバル・ジャスティス運動の基礎となる。

他方、南半球の地域が「低発展」の問題に格闘していた時期に、北半球の先進工業国では「過剰発展」の問題が顕在化する。行き過ぎた工業化は、公害や原発事故などの生活世界の破壊を引き起こし、大量生産・大量消費の産業社会システムの抜本的な見直しを求める声が市民社会から提出される。消費社会を批判するさまざまな声は、エコロジー運動やオルタナティブ・テクノロジーなどの新しい社会運動を生み出し、地域経済の自立と自治の実現を目指すローカリゼーション運動へとつながっていく。

新自由主義と国家主義の二重連鎖の時代へ

しかし、一九八〇年代に起こった新自由主義革命によって、開発・発展の構造的矛盾を問い直す動きは先進国でも途上国でも周辺化されていった。新自由主義政策は、サッチャー政権時代の英国とレーガン政権時代の米国を中心に欧米諸国に普及し、世界銀行とＩＭＦ（国際通貨基金）の提案する構造調整プログラムとして途上国開発に適用される。それは市場原理主義を標榜し、政府の財政支出の大幅な削減、教育・医療保険・水道事業などの主要な公共サービスの民営化、労働市場・金融市場の規制緩和、大企業の吸収合併（Ｍ＆Ａ）の促進を徹底させた。その結果、経済と社会を安定化させるセイフティネットがはずされ、生活の基本的ニーズや社会保障にアクセスできない低所得者層・貧困層の増加、雇用の不安定化、金融危機の多発、巨大多国籍企業による市場の寡占あるいは独占が進行した。

新自由主義政策は、先進国においても途上国においても貧困と格差の拡大を引き起こしていく。一九世紀からの民衆の社会闘争の上に確立された社会正義実現のための諸条件は、足元から破壊された。先進国では、福祉国家の諸制度が市場原理にさらされ、ヨーロッパ諸国を中心に社会民主主義の理念が後退した。途上国では、ラテンアメリカ諸国を中心に高まっていた政治的・経済的自立を目指す政治と運動の芽が摘み取られ、米国の権力下にある世界銀行・ＩＭＦの開発政策と巨大多国籍企業の支配が強化された。

新自由主義政策が支配する冷戦崩壊後の時代には、右傾化の負の連鎖が世界を動かすようになる。一方で、市場原理主義に従うグローバル経済は市場による社会の統治を徹底化させる。市場原理の中心には近代西洋の原子論的個人主義の徹底化とも言える合理的経済人（ホモ・エコノミクス）モデルがあり、人間社会の多様な現実と社会行為の多面性は捨象され、効用最大化原則によって画一的に説明されるようになる。

図1　グローバル化時代の右派と左派の座標軸

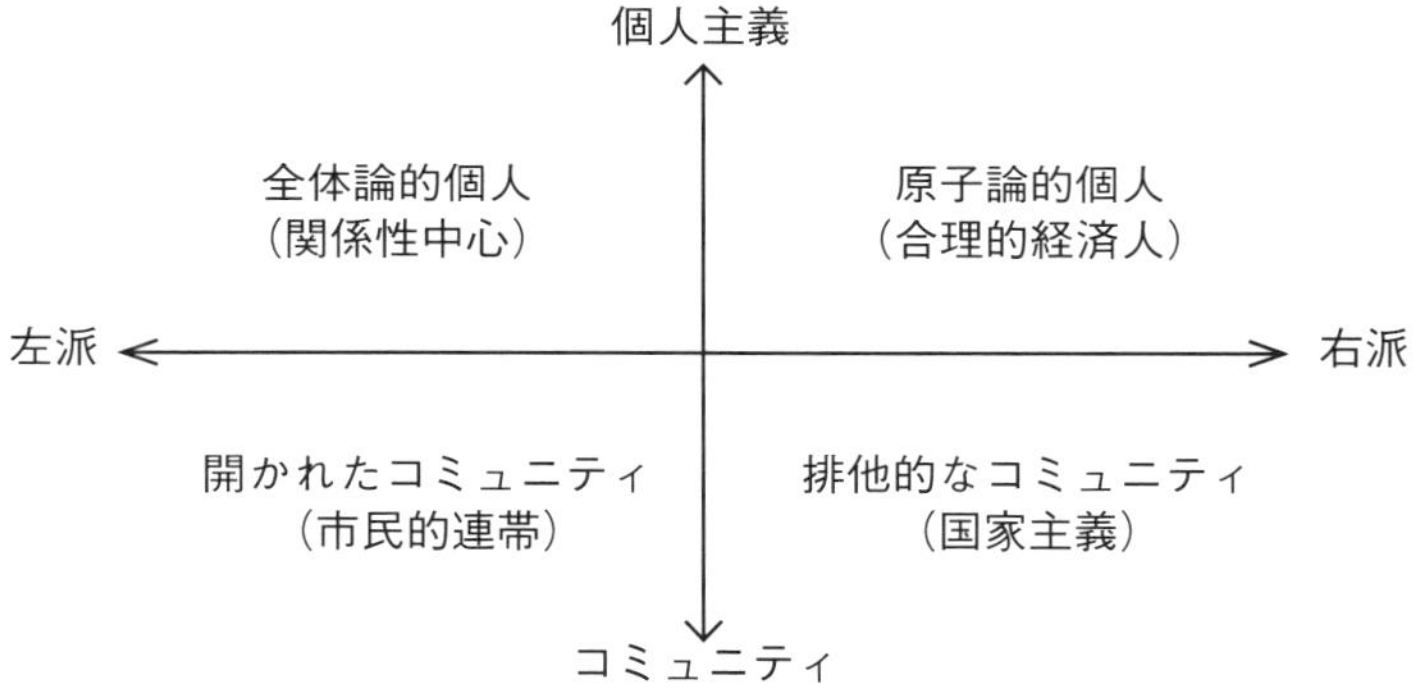

他方で、市場化にともなう格差の拡大や社会的分裂の進展は秩序安定化と社会的結合の再構築の必要性を生み出すが、しばしばそれはローカルあるいはナショナルなレベルでの排他的で管理主義的なコミュニティの形成となって現れる。たとえば移民や難民を雇用不安のスケープゴートとして排除する排外主義や、テロ行為・犯罪防止・安全保障の名目で導入される監視カメラの設置や諸々の法案の採択など、国家主義の強化がそうである。

図1で示す通り、現代世界の大きな趨勢として、合理的経済人モデルを突き詰めたところで生じる社会的分裂を、国家主義などの排他的共同体主義で埋め合わせることによって、社会の右傾化が加速化するという特徴が挙げられる。これは二〇〇〇年代のブッシュ政権下の米国、小泉政権・安倍政権下の日本、そしてEUなど、新自由主義政策を採用している国や地域で共通して確認される傾向である。

隘路をどう抜け出すか——忘却された可能性の再発見へ

二一世紀の豊かさは、既述した重層的な時代背景を考慮に入れて構想しなければならない。一方でそれは、近代西洋の発展モデルがかかえる西洋中心主義や生産力至上主義といったパラダイム的・文明論的問題を克服するための巨視的な視座を必要とする。しかし他方で、右傾化の二重連鎖として説明される政治的・イデオロギー的問題を克服するための新たな対抗軸の構築も必要である。資本主義体制の構造的暴力の克服を通じて「人間の解放」と「公正な民主主義社会の建設」を目指してきた左派の政治・社会理論を、新たな文明パラダイムのもとで刷新する必要があるのは、このためである。

本書に収録されている一二の論文は、発展パラダイムの問い直しを通じて左派の政治・社会理論の基本原理・価値の再構築を試みている。各論文はラテンアメリカ、ヨーロッパ・北米、日本のそれぞれの地域の文脈を踏まえて議論を進めているが、全体を俯瞰するといくつかの共通項が見られる。

第一に、すべての論文は、左派の衰退がその多様な思想的・実践的伝統を忘却したことに起因するという点で見解が一致している。したがって本書では、左派をマルクス主義や共産主義と同一視する見方を退け、連帯経済や地域主義など左派の多様な歴史の再発見・再評価に努めた。

第二の共通項は、「共」の領域の再構築である。新自由主義政策が支配する現代世界では、「公」(国家、公共部門)と「私」(市場経済、民間部門)の緊張関係が崩れ、国家が市場化を推進することで自ら「公」の領域を「私」に置き換える現象が進んでいる。さらに、市場化によって起こる社会的分裂を収束するために、国家主義に代表される強権的で排他的な共同体主義の形態を帯びた「公」が再出現している。

この右傾化の二重連鎖を断ち切るために、二一世紀の左派は、右派とは異なるコミュニティと個人主義のビジョンを対抗軸として提供し、「公」とも「私」とも異なる民衆の自治空間である「共」の領域を再生しなければならない。本書収録の各論文では、対抗軸となる左派の原理が図1で示すような「開かれたコミュニティ」と「全体論的個人」として提出されている。

「開かれたコミュニティ」とは、市民のアソシエーションを基礎とする連帯的なコミュニティである。ラテンアメリカ、ヨーロッパ・北米、日本の各論者は、連帯経済、ブエン・ビビール経済、コミュニティ経済、地域主義、現代コモンズ論などの知見に基づきながら、国家主義や排外主義を回避する、市民的・連帯的な自治空間としてのコミュニティを構想している。また、開かれた連帯的なコミュニティの主体として、自然や他者とのつながりの中で生きる全体論的個人概念が提案されている。さらに、市場化によってもたらされた「関係性の崩壊・貧困」を問題視し、その克服の道として、自然の尊重、ケアの倫理、地球倫理、共通感覚／コモン・センスの再構築などを提起する。

第三の共通項は、生産力至上主義／経済成長主義の批判と克服である。各論者は巨視的な文明論の立場から、物質的豊かさの際限なき増大を追求する発展モデルは持続不可能であるという立場をとる。生産力至上主義／経済成長主義を克服する道として、ラテンアメリカの論者は、先住民の生活哲学に根ざした新しい発展概念「ブエン・ビビール（善き生活）」を提案し、自然と調和した生活と経済を構想している。また、ヨーロッパ・北米の論者は、脱成長／ポスト資本主義や新しい豊かさ指標を、日本の論者は脱成長型の福祉国家の構築や〈南型知〉の再評価を提案した。これらはいずれも、人間と自然の関係、社会と地球との関係をコスモロジー(有機的宇宙論)と文明論の視点から問い直すものであり、生産力至上主義/経済成長主義に固執する従来の左派の主流言説(共産主義、社会民主主義)に欠けている視点である。

3 本書の構成

ブエン・ビビールと関係性中心の哲学——ラテンアメリカの革新

第I部は、二〇〇〇年代のラテンアメリカの左派政治と社会発展の展望についてである。ラテンアメリカ諸国の多くは一九世紀後半にスペイン・ポルトガル帝国から独立したが、二〇世紀においても、植民地主義時代に形成された世界経済の中心—周辺構造の中で常に従属的な状況に置かれてきた。第二次世界大戦後は米国の地政学的戦略の標的となり、世界銀行・IMF主導の開発政策に翻弄されてきた歴史を持つ。ラテンアメリカがしばしば「開発の実験場」と呼ばれるのは、このような歴史的・地政学的状況において、開発をめぐるさまざまなイデオロギー的論争が生じたからである。

伝統的にラテンアメリカ左派は、米国主導の自由主義経済体制に追随する右派(保守派)に対して、自国の政治的・経済的自立のための政治・社会理論の構築に努めてきた。たとえば構造学派や従属理論などの独自の開発理論は、一九六〇年代のラテンアメリカ左派政権の理論的支柱としても大きな影響力を持った。

だが、ラテンアメリカ左派の運動は、新自由主義革命によって大きく後退させられる。新自由主義政策は、ラテンアメリカでは世界の他の国々に先駆けて、一九七〇年代なかばにチリのピノチェト軍事政権のもとで導入された。そして一九八〇年代以降は、世界銀行・IMF主導の構造調整プログラムのもとで、債務危機に陥ったラテンアメリカ諸国に対して市場原理主義の開発政策が適用されることになる。

新自由主義政策によってラテンアメリカ諸国は政治的・経済的自立の可能性を奪われ、民衆の生活は困窮化した。しかし一九九〇年代に入ると、メキシコ南部のサパティスタ蜂起に代表される新自由主義グローバリゼーションへの抵抗運動がラテンアメリカ全域で展開し始める。フェミニズム運動、農民の自立を求める運動、先住民運動、エコロジー運動などが新自由主義政策によって剥奪された生存権を主張し、民衆経済・連帯経済運動は市場経済に代わるオルタナティブな経済システムの構築へ向けて動き始めた。

二〇〇〇年代に入ると、新自由主義に抵抗する世界各地の社会運動が結集してオルタナティブな世界の構想について議論する「世界社会フォーラム（World Social Forum）」が、ブラジルのポルト・アレグレを中心に開催される。このような反グローバリズムの運動の大きなうねりと呼応する形で、ラテンアメリカの多くの国々で左派政権が誕生し、政治的・経済的自立の模索が再び始まった。

これら新しい左派政権のもとでは、連帯経済の制度化、多民族国家の承認、「ブエン・ビビール（善き生活）」という新しい発展目標の制定など、革新的な制度改革が行われている。第I部収録の論文では、現代ラテンアメリカで起こっているこれらさまざまな変革が、政治理論や文明論を含めた幅広い観点から考察されている。

第1章は、コロンビアの人類学者アルトゥロ・エスコバルの手による「もうひとつの経済」の考察である。著者は、ポスト開発論が開拓した開発批判の方法に基づいて、ラテンアメリカの民衆世界で展開している〈もうひとつの経済〉運動の可能性を積極的に評価する。エスコバルによると、新自由主義的開発政策への抵抗運動から生まれた〈もうひとつの経済〉運動の根底には、「関係性中心の存在論」がある。自然と文化、個人と共同体などの関係性を重視するこの思想を基礎に、著者はポスト資本主義およびポスト自由主義の社会の基本原理を描く。

第2章は、アルゼンチンの政治理論家エルネスト・ラクラウによるラテンアメリカのポピュリズム運動の理論的考察である。欧米の政治理論では、ポピュリズムはしばしば「大衆迎合型政治」として否定的に捉えられる。だがラクラウは、ポピュリズムの根底に潜むラディカルな民主主義の可能性に注目し、その内的論理をポスト構造主義の概念装置を援用しながら解明している。そして、ラテンアメリカ左派政治の歴史を振り返りながら、左派が担うべき政治戦略を提案する。なお、ラクラウの思想の背景と主要概念を理解する手引きとして、訳者解説を加えた。

第3章では、ポルトガルの法社会学者ボアベンチュラ・デ・ソウサ・サントスが、現代ラテンアメリカ左派政治の主要テーマを考察している。ソウサ・サントスによると、二一世紀のラテンアメリカは政治の移行期にあるが、それは長期的には新しい文明の移行をも意味する。具体例として著者は、先住民族の世界観を尊重するボリビアとエクアドルの左派政権の国家再建プロジェクトに注目する。両国で進んでいる制度改革の中心には、植民地主義と資本主義によって虐げられてきた先住民、アフリカ系ディアスポラ、女性の諸権利の回復があり、異文化間対話に基づく新しい民主主義社会の建設が大きな展望として浮上することが指摘されている。

第4章では、エクアドルの経済学者アルベルト・アコスタが、エクアドルとボリビアで採択された新しい発展目標「ブエン・ビビール（善き生活）」について考察する。ブエン・ビビールは現地の先住民の世界観に基づく思想であり、自然と調和した生活を意味する。著者は、西欧近代の経済発展思想に代わる新しい思想としてブエン・ビビールを評価する。また、ブエン・ビビールの理念に基づく新しい経済システムの構築と、必要な経済的・社会的改革を提案する。

社会民主主義の隘路から抜け出す——ヨーロッパ・北米の挑戦

第Ⅱ部は、ヨーロッパ・北米の著者による発展パラダイムと左派政治の検討である。ヨーロッパ左派の基礎は、一九世紀の産業革命期に台頭したアソシエーション運動に求められる。アソシエーション運動は、協同組合運動などの経済民主化の潮流を生み出し、一九世紀後半にはマルクス主義に代表される社会主義運動へと発展する。社会主義運動は二〇世紀に共産主義国家と社会民主主義国家の二つの体制を生み出した。

しかし、共産主義国家はしだいに全体主義化していき、一九八〇年代末に瓦解する。社会民主主義は左派の唯一の現実的なモデルとなるが、新自由主義革命の影響下にさらされ、しだいに市場原理主義に飲み込まれていく。かくして現代の社会民主主義は、本来の理念である社会的連帯のための新たな制度的基盤を提供できずにいる。

社会民主主義の危機をどのように克服すべきか。この問いに対して、第Ⅱ部の著者たちは次の二つの論点を軸に議論を進めている。ひとつは、社会民主主義の本来の理念に立ち返り、アソシエーション運動を基礎にしたローカルな参加型民主主義を強化することである。もうひとつは、生産力至上主義的な発展モデルと決別し、社会のエコロジカルな転換を促す新しい社会民主主義モデルを構築することである。

第5章では、フランスの社会学者ジャン＝ルイ・ラヴィルがヨーロッパの左派の歴史と理論を振り返る。ラヴィルによると、今日の社会民主主義の危機は、左派がマルクス主義に固執するあまり、本来存在した左派思想・運動の多様性を失ってしまったことに起因する。この隘路から抜け出すために、著者はヨーロッパ左派の源流にあるアソシエーション運動の歴史に立ち戻り、協同組合や非営利組織などの多様な連帯経済を通じた「共」の領域の再生を提案する。

第6章では、フランスの経済学者ジュヌヴィエーヴ・アザムが、エコロジーの視点から社会民主主義の再構築を提案する。著者は、思想史を踏まえながら、生産力至上主義的な資本主義システムによって地球環境破壊が深刻化する現状を説明する。そして、ヨーロッパ左派が本来目指してきた「人間の解放」という理想を実現するためには、生産力至上主義から離れて、自然と人間のつながりを重視するエコロジカルな民主主義社会の構築を目指さなければならないと提案する。

第7章のフロランス・ジャニ＝カトリスの論文は、新しい豊かさ指標についてである。ジャニ＝カトリスはフランスのリール第一大学の経済学者で、長年ノール・パ・ド・カレ地域圏を拠点に、市民参加型の新しい豊かさ指標の作成に取り組んでいる。この論文の前半で著者は、生産力至上主義的な発展モデルの中心にGDP信仰があることを指摘し、GDPに代わる新しい豊かさ指標作成の国際的動向を整理する。そのうえで、近年フランス政府が進める新しい豊かさ指標作成の試みの問題点を指摘し、それに代わるオルタナティブな指標を市民社会の中から提案する動きを積極的に評価する。

第8章は、米国のフェミニストの批判理論家ナンシー・フレイザーによるカール・ポランニーの『大転換』の批判的読解である。フレイザーは、ポランニーの著作が今日の暴走する資本主義経済の構造的問題を明らかにする重要な論点と理論的枠組みを備えていることを高く評価する。その一方で、『大転換』においてポランニーが提示した「市場化―社会的保護」という二重運動理論の中に、人間の解放の契機への十分な認識論的空間が用意されていないこと、社会的保護を通じてジェンダー差別が再生産される危険性があることを指摘する。そこで著者は、二重運動理論を変奏し、「市場化―社会的保護―解放」という三重運動の視点から資本主義経済の暴力を克服する道を模索することを提案する。

コミュニティの再構築を目指して――日本の課題

第Ⅲ部は日本における社会発展の展望と「豊かさ」の構想である。明治以降、日本は中央集権的な開発体制のもとで国づくりを行ってきた。それは平田オリザが的確に指摘するように、「富国強兵」「高度経済成長」というテーマのために、軍隊や学校や会社で「日本国」「日本国民」「日本語」といった仮想のコンテクストを強要してきた歴史でもある(7)。

その結果、民主主義政治に必要な、異質な他者とコンテクストをすり合わせる対話の文化が未成熟なまま二一世紀を迎えることになった。それは、政治において右派と左派の明確な対立軸が確立しないこと、政治的判断力を育てる努力が学校教育でもなされていないことなど、日本社会のさまざまな場面で現れていると言える。また、水俣公害事件、沖縄の基地問題、福島原発事故など、中央集権的な地域開発がもたらした構造的暴力を地方特有の局所的問題として矮小化し、生産力ナショナリズムの開発体制の犠牲者に対する声に国民全体で耳を傾けてこなかった(あるいはその現実から目を背けようとしてきた)歴史からも、そう言えるだろう。

現代日本は、バブル経済崩壊後の「失われた二〇年」と、その後の東日本大震災を通じて、社会発展の展望や制度設計を根本から問い直さなければならない時代に突入している。高度経済成長期に確立した社会基盤が脆弱化し、社会構造的にも低成長が続く時代において、優先すべきは、戦後発展の中で生じた社会的・環境的負荷を是正していく、「修復作業」としての開発ではないだろうか。けれども、自民党中心の保守政治はますます右傾化し、新自由主義的成長戦略と国家主義の二重連鎖を強化させながら、民主主義社会のルールと民衆の生存基盤を破壊している。中道左派政治の台頭による良質な制度改革は、現時点では期待できない。

こうした状況において、高度経済成長の幻想にしがみつくのではない、持続可能な等身大の豊かさを構想し、二一世紀の日本の市民社会の「文化」として共有していく必要があるだろう。第Ⅲ部の執筆者は、①戦後の発展の中で壊されてきた地域社会の生存基盤（社会関係、生態系）の修復、②ローカルな自治の文化の成熟、③上記二点に対応する新しいかたちのコミュニティの構想、という三つの方向性からこの問題に接近している。

第9章の広井良典は、「脱成長の福祉国家」を二一世紀の日本の展望として提案する。有限な地球の中で限りない資源消費と経済成長の追求は不可能であることから、著者は、資本主義の内部に社会主義とエコロジーの原理を導入し、「資本主義システムの最も根幹にさかのぼった〝社会化〟」の必要性を主張する。そして、その基盤としてのコミュニティ経済の展望をいくつかの事例と理論とともに検討し、結論部分では、地球的公共性のための地球倫理を提案した。

第10章で吉原直樹は、自らが提案する「創発するコミュニティ」を社会学理論と事例研究の双方から考察している。東日本大震災後の日本ではコミュニティに対する期待が高まっているものの、実際の復興計画は「共」の領域を再生するのではなく、むしろ新自由主義的な性格が強い。著者は、このような新自由主義的なコミュニティ形成論理に対抗する「創発するコミュニティ」のあり方を、まず社会学理論のなかで模索し、次に福島県大熊町の仮設住宅自治会においてつくられた「サロン」の事例研究を通じて検討している。著者によると、「創発するコミュニティ」は、人びとの開かれた流動的なネットワークによって構成される。結論部分では、この新しいコミュニティ概念をコミュニティの社会史へとつなげる提案がなされる。

第11章の千葉眞の論文は、現代日本における民主主義の可能性を模索している。著者は右傾化する日本政治の現状から、他の先進諸国と同様、日本も「ポスト・デモクラシー」の時代に突入したと分析する。そして、現代日本で深刻化する格差の問題に触れながら、戦後日本の民主主義体制において脆弱であった社会民主主義の次元を再構築する必要性を主張する。ただし、低成長時代において、従来の社会民主主義が掲げるような経済成長を前提とする福祉国家体制は望むことができない。そこで著者は、福祉国家の推進ではなく「福祉社会」の実現を提唱し、地方自治体と市民組織が連携するローカル・ガバナンスの強化を構想する。

第12章では、中野佳裕が地域主義の現代的可能性を模索する。一九七〇年代後半に玉野井芳郎が提唱した地域主義は、地域分権や生命系の経済という当時としては新しいテーマを含んでいた。その可能性は現代でも政治学や経済学の領域で探究されているが、もうひとつ、地域主義の隠された問題領域である美学(感性論)の研究はいまだに進んでいない。著者は、〈南型知〉を提案した中村雄二郎と玉野井の間の未完の対話を手掛かりに、地域主義の美学の可能性を模索する。脱成長論など南ヨーロッパの社会思想に触れながら、著者は、中村の〈南型知〉というアイデアが地域主義の重要な理論的土台となることを指摘し、現代コモンズ論を共通感覚論の視座から再フレーミングすることを提案する。

*

本書全体を通じてわかることは、二一世紀の豊かさの構想には、生産力至上主義/経済成長主義からの脱却と「共」の領域の再構築という二つの柱を必要とするということである。また、この二つの条件について建設的に議論を進めるためには、文明論的な視座から現代を見つめ直し、産業文明のグローバル化のなかで忘却された多様なオルタナティブの可能性を再発見していくことが重要である。全体主義の嵐のなかでベンヤミンが考察したように、救済（解放）の契機は、過去の痕跡と触れ合うなかで瞬間的に現れるものなのかもしれない。本書が読者の知的好奇心を刺激し、未来社会について幅広い議論を進めるための一助となれば幸甚である。

（1）ヴァルター・ベンヤミン「歴史の概念について」［一九四〇年］『ベンヤミン・コレクション1近代の意味』浅井健二郎編訳、久保哲司訳、ちくま学芸文庫、一九九五年、六四六ページ。

（2）José Luis Coraggio y Jean-Louis Laville (organizadores), *Reinventar la izquierda en el XXI siglo: hacia un Diálogo Norte- Sur,* Buenos Aires: CLACSO / Universidad Nacional de General Sarmiento, 2014.

（3）Jean-Louis Laville et José Luis Coraggio, (dir.), *Les Gauches du XXIe siècle : Un dialogue Nord-Sud*, Paris, Le bord de l'eau, 2016.

（4）Yoshihiro Nakano, "Japon: Histoire et enjeux de l'après-développement", dans Jean-Louis Laville et José Luis Coraggio, *op.cit.*

（5）Yoshihiro Nakano, "Historia y desafios del posdesarrollo en Japon: de Minamata a Fukushima", en José Luis Coraggio y Jean-Louis Laville, *op.cit.*

（6）Gustavo Esteva, 'Development', in Wolfgang Sachs (ed.), *The Development Dictionary: Guide to Knowledge as Power,* London: Zed-Books, 1992.

（7）平田オリザ『演劇入門』講談社現代新書、一九九八年、一九四ページ。

第Ⅰ部

ブエン・ビビールと関係性中心の哲学

――ラテンアメリカの革新

第1章　開発批判から〈もうひとつの経済〉の考察へ
——多元世界、関係性中心の思想

アルトゥロ・エスコバル

はじめに——これまでとは異なる経済と、これまでとは異なる様式の経済学

〈もうひとつの経済〉の構築を求める声が、世界の多くの地域で高まっている。ここでわたしが言う〈もうひとつの経済〉とは、その言葉の広い意味では、社会関係をこれまでとは異なる方法で構築することを意味するが、それだけではなく、経済思想をこれまでとは異なる方法で構築することも意味する。つまり、「これまでとは異なる経済活動」と「新しい経済学」の二重の意味である。

新しい経済学の構築は、新しい経済活動の構築以上に根本的な問題である。実際に可能なもうひとつの経済を構築するプロジェクトのこの二つの次元は、密接に関わり合っている。ホセ・ルイス・コラッジオ[1]が認めるように、「もうひとつの経済の構築は、資本主義的で経済学至上主義的な社会システムを脱構築することを意味する」。つまり、もうひとつの経済の構築は、さまざ

まな覇権的な利害の衝突だけでなく、新しい主体、発展と世界についての新しい展望、そして人間と自然を尊重し、究極的には生命そのものを尊重する言説と実践の新たな集合体の構築をともなう。このプロセス——きわめて大きなプロセスであるが、必要である——には、経済思想におけるさまざまな批判的潮流だけでなく、社会的・連帯的経済（economia social y solidaria）が関わっている。

本稿では、次の三つの視点からこの学問的かつ政治的なプロセスに接近していきたい。

第1節では、過去二〇年にわたる開発に関する批判的な議論を振り返る。第2節では、（二重構造的かつ西欧中心主義的な）近代の支配的形態の覇権に対して、社会的・連帯的経済が文化の次元で提出した挑戦を検討する。

第3節と第4節では、ラテンアメリカで出現しているいくつかの傾向から、社会的・連帯的経済の推進の基礎となりうる非二重構造的な文化的・政治的プロセス（関係性中心の存在論）がどのようにして発見されたかを議論する。この点に関しては、ブエン・ビビール（buen vivir／善き生活）概念と自然の権利概念を事例として扱うが、それだけでなく、自由主義的でも資本主義的でもない社会関係形態を行動において開示している社会運動にも言及したい。今日ラテンアメリカが経験している転換は、ブエン・ビビールや自然の権利などの概念を生み出しているが、それは究極的には、〈多元世界〉という新たな原理に立脚する新しい生活モデルへの移行（トランジション）の徴《しるし》として理解される。

第5節では、この「移行」空間の中においてこそ、実践的かつ根源的なユートピアとしての社会的・連帯的経済のプロジェクトがよりよく普及されうることを説明する。

1 開発から〈ポスト開発〉へ[2]

一九九二年にヴォルフガング・ザックスが編集した『開発辞典——権力としての知への案内』[1]（*The Development Dictionary: A Guide to Knowledge as Power*）の序文には、次のような急進的かつ論争的な宣言が書かれている。

「過去四〇年は開発の時代と呼ばれうる。この時代は終焉した。開発の時代の死亡記事を書くときがきたのだ」[3]

開発が〝死んだ〟のだとすると、その後にやってきたのは何だろうか。この問いに応答しようとして、共著者の中には「ポスト開発の時代」を語りはじめる者もいた。[4]その次に刊行されたアンソロジー『ポスト開発読本』（*The Post-development Reader*, 1997 未邦訳）は、「ポスト開発」という概念に意味内容を与えるプロジェクトを開始。それ以来、同書はさまざまな社会科学分野に属する実務家や学者からさまざまな反応を受け取った。

文化形態（ならびに言説形態）としての開発批判は、従属論、解放の神学、参加型アクション・リサーチ、そしてイヴァン・イリイチのような先駆的な開発批判者など、多様な領域の影響を受けている。しかし、そのより具体的な起源は、一九八〇〜九〇年代に現れたポスト構造主義に基づく社会分析と——そしてある程度は——ポストコロニアル理論である。

実在論的認識論(2)を審問する〔哲学における〕ポスト構造主義の潮流にならって、ポスト構造主義的な社会批判は、別の形の開発の提案を模索しない。なぜなら、開発概念の漸次的な改良を行うことで別の形の開発を模索する理論潮流は、アジア、アフリカ、ラテンアメリカ地域が「低開発／低発展」と定義され、またそのようなものとして社会的に生産されるに至った諸様式を根本から問わずに、開発の正真正銘かつ効果的な概念化に至りうるからだ。

ポスト構造主義による問いかけは、「どのようにすれば開発のプロセスを改善できるか」ではなく、「アジア、アフリカ、ラテンアメリカ地域が開発の言説と実践を通じて〈第三世界〉として〝発明〟されたのはなぜか。また、それはどのような歴史的過程で起こり、どのような帰結をもたらしたのか」である。この問いに対する答えは多くの要素を含むが、とくに次の点を紹介し

(1) 一九九六年に『脱「開発」の時代——現代社会を解読するキイワード辞典』(三浦清隆他訳、晶文社)という邦題で刊行された。
(2) 社会秩序は固定不変の実在世界の上に成り立っており、言語は実在を映す鏡にすぎないという見方。西洋哲学の形而上学に根強い考え方である。基礎付け主義(foundationalism)と呼ばれることもある。これに対してポスト構造主義は、人間の社会的現実を広い意味での言語活動(思想、言説、言語行為)を媒介にして構築された象徴秩序と捉え、アイデンティティや社会的現実は言語・社会的構築物であり、固定不変な本質は存在しないことを主張した。

たい。

①歴史的言説として、「開発」は第二次世界大戦後に出現した。そのルーツは、近代性と資本主義のより大きな歴史的プロセスに求められる。だが、あらゆる種類の「開発専門家《エキスパート》」が大挙してアジア、アフリカ、ラテンアメリカにやってきて、第三世界の構築を具現化していったのは、第二次世界大戦後のこの時期である。

②開発言説は広汎な制度装置の構築を可能にした。この制度装置を通じて開発言説が普及し、問題となる社会〔＝アジア、アフリカ、ラテンアメリカ〕の経済的・社会的・文化的現実を転換していった。この制度装置は、ブレトンウッズ体制から各国の計画・開発庁、そしてローカルなレベルでの開発プロジェクトに至るまで、さまざまな機構・組織を含んでいる。

③開発言説は二つの原理に従って動いている。第一の原理は、「低開発／低発展」のあらゆる側面に関する専門知識を通じた開発問題のプロフェッショナル化である。第二の原理は、前述した機構・組織の広汎なネットワークを通じて行われる開発の制度化である。

④ポスト構造主義による分析は、開発プロジェクトにともなう排除の諸形態を明るみに出す。なかでも、開発の恩恵を受けなければならないはずの人びと――アジア、アフリカ、ラテンアメリカの貧しき人びと――の知識と声の排除を問題視する。

開発の脱構築を通じて、ポスト構造主義者たちは「ポスト開発の時代」の可能性を構想するに至った。ポスト開発の時代は、開発がもはや社会生活の中心的な組織原理ではなくなる時代のことを意味する〔5〕。ポスト開発が意味するのは次のようなことである。

①開発の言語体系を媒介しないさまざまな言説と表象を創り出す可能性。
②そのために、開発体制において規定されている知識と行為の実践を変革する必要性。
③開発の「対象」と見なされている人びとを主体へと転換するために、彼ら・彼女らによって生み出される知識の諸形態を可視化する。
④この目標を実現するために、とくに有用な二つの方法がある。第一に、地域（ローカル）の大衆が開発の導入に対して行う適応・転覆・抵抗に注目すること。第二に、開発プロジェクトに対峙する社会運動によって生み出される戦略を際立たせること。

これまで多くの批判がポスト開発の提案に向けられている。本稿ですべての批判を分析することは不可能である。それでもやはり、概念と社会的実践としてのポスト開発は、社会的・連帯的経済および〈もうひとつの経済〉一般によって行われている社会運動にとって重要な要素であり続けている。

2　存在論次元での二重構造と近代の問題構制《プロブレマティーク》

ポスト開発が社会的に有効な構想力となるかどうか、そして社会的・連帯的経済を育む要素となりうるかどうかは、近代性《モデルニダーデ》の歴史の中で現在をどのように評価するかにかかっている。一般的には、「グローバル化の時代に、開発と近代性にどのような変化が起こっているのか」「近代性は普遍化の過程をたどっているのか、それとも克服されつつあるのか」という問いを立てることが可能である。

この問いはきわめて切迫した状況の中で投げかけられており、現在が移行期であることを示唆している。つまり、近代性、資本主義、開発、近代化の観点から意味づけられる世界——過去二〇〇年にわたり西欧中心主義の覇権に基づいて動いてきた世界——から、多くの異質の文化的形成を包含する、より深い交流を持つ現実の中から現れつつある新たな現実への移行である。「移行」という言葉の持つこのような意味は、「グローバル化は資本主義的近代性の最終段階なのか、それとも新しい何かの始まりなのか」という問いに集約される。移行に関する新たな思考は、わたしたちが現在、単一世界(Universo)(ただ一つの真理の体制によって成り立つ世界)と呼ばれる世界観から多元世界(pluriverso)と呼ばれる世界観へ、すなわち複数の世界が相互連関し、なおかつ存在論的・認識論的構成の複数性を維持しながら共存している世界の構想へと移行しているということを想起させる。[6]

ボアベンチュラ・デ・ソウサ・サントスによると、今日、わたしたちは近代の諸問題に直面しているが、その多くは近代的な手法では解決できない。近代性［の枠組み］を超えて思考することは可能だろうか。

ソウサ・サントスは、認識論的側面と社会的・政治的側面の二つの方向で近代のパラダイムの超克を構想している。認識論的側面は、近代科学の支配の縮減と知識形態の複数性への開放を意味する。社会的側面は、グローバル資本主義から今日現れつつある新たな社会形態——わたしたちは、現代的な社会運動、世界社会フォーラムのようなイベント、社会的・連帯的経済の出現の中にそのいくつかの里程標となるものを見出している——への移行を意味する。

「脱植民地主義（decolonialidad）」[3]的な視座に従うならば、現代は、アメリカ大陸の征服以来確立されている権力の植民地主義的なマトリックスの中に、複数の裂け目がより鮮明に現れている時代だと言えよう。これらの裂け目は、これまで不可視化されていたエピステーメ（episteme）[4]の（再）

（3）ここでいう脱植民地主義とは、一九世紀から二〇世紀にかけてアジア、アフリカ、ラテンアメリカで起こった政治体制としての植民地主義からの独立のことではなく、近代西洋思想に影響を受けているラテンアメリカ人文科学・社会科学のいわば「知識の植民地化（colonialidad del conocimiento）」状態から抜け出すことを意味する。ラテンアメリカでは一九九〇年代から二〇〇〇年代にかけて、ポスト構造主義、ポストコロニアル研究、サバルタン（被抑圧者集団）研究の知見を援用し、「知の植民地主義からの脱却（descolonialidad）」が積極的に議論されている。

（4）フランスの哲学者ミシェル・フーコーが『言葉と物』（一九六六年）で導入した概念。ある社会のある時代に固有の世界認識の枠組みのこと。フーコーはとくに、西欧の古典主義時代のエピステーメを、人文科学の知と言説の布置の変化を分析しながら考察した。エスコバルはフーコーの言説分析を開発批判に導入した先駆的研究者である。代表作『開発との遭遇——第三世界の構築と解体』（*Encountering Development: Making and Unmaking the Third World*, 1995　未邦訳）において、エスコバルは、第二次世界大戦後の開発の時代を規定する世界認識を「開発エピステーメ（the development episteme）」と呼んでいる。

出現を目指すだけでなく、新たなエピステーメの創造も目指している。脱植民地主義理論の用語によれば、「これまでとは異なる複数の世界と複数の知識」を可視化し、育んでいくことが重要である。

近代的な存在論に基づく理論と実践では、人間の人間以外の生命に対する優位（つまり、自然と文化の分離）や、ある人間の他の人間に対する優位（「われわれ」と「彼ら」との間に確立する植民地主義的な差異）が前提とされている。また、個人の共同体からの分離、唯一有効な知の様式として客観的知識や科学への信仰が前提とされている。そしてまた、独立した社会的実践領域としての「経済」が、社会関係から離床した自己調整的な実体である「市場」概念とともに、文化的に構築されている。

これまで、これらの存在論的前提が支配的であった。これらの存在論的妥協に基づいて構築された世界と知識は、「ユニバース」――単一の世界――を生み出した。だからといって、近代性が単一で固定不変であるということではない。むしろ近代性は、その固有の力学とその内部や外部から受ける批判や圧力によって恒常的に変化している。支配的ではない別の形態の近代性が存在するのだ。近代の経験の内側には、非二重構造的な潮流が常に存在していた（たとえば、哲学における内在論、生命主義、現象学、そして芸術や文化運動における潮流）。それでもやはり、支配的で二重構造的な近代性について語ることは可能である(5)。この形態の近代性こそが、グローバリゼーションを通じて普遍化される傾向にあるのだ。

この支配的な近代性の二重構造的な存在論は、他の文化体制とは対照的である。とくに、自然、人間、超自然の間の連続性を強調する文化、経済の社会生活への埋め込みや市場の限定的な性質を強調する文化、個人のアイデンティティ、共同体、経済、政治を考える基本条件として関係中心型の世界観を強調する文化とは対照的である。西欧近代の支配的な諸形態は、自らを普遍化し、権力＝知の諸関係（知の植民地主義）を通じてこれら他の文化形態を「異なるもの」かつ「劣っているもの」と見なすことで、これら他の文化の存在論的差異を否定してきた。この点については、次節で関係性概念を分析する際に立ち戻る。

3　社会運動と関係性の再生〔7〕

過去二〇年間のラテンアメリカにおける先住民族とアフリカ系ディアスポラの再生は、西欧近代の歴史的性格、つまり「近代性」は数ある文化モデルの一つであるという事実を浮き彫りにしている。近代性についての批判的な議論は白人や混血《メスティーソ》の知識階級の専売特許ではなくなっており、さまざまな国で、先住民運動・黒人運動と知識階級との間の議論へと変わっている。南部メキシコのチアパス州でのカラコルと呼ばれる自治区や善き政府の評議会（Juntas de Buen

（５）ここでいう「二重構造的」とは、既述されている通り、自然と文化、人間と人間以外の生命、人種間・民族間に存在論的な区別と優劣をつける西欧近代特有の世界観のことである。

Gobierno)[6]の設立、ラカンドナ熱帯雨林の第六宣言[7]に関するさまざまな出来事、メキシコのオアハカ州での自律自治運動、エクアドルやボリビアで高まる〔先住民族の〕抵抗運動、グアテマラ、ペルー、チリ、アルゼンチン、コロンビアで活性化している小規模であるが無視できない社会運動、先住民族の代表が集まる数々のサミットやミーティング——これらの会合では、先住民族によるこの「攻勢的な政治運動」と「文明をつくる新しいプロジェクト」[8]が活発に議論されている——などは、この点の例証である。先住民族のこの攻勢的な運動の中で鍵となっているのは、生産活動と文化の場としての土地の防衛、自然資源・開発・もうひとつの経済に関する一定の自己決定権、国家との関係および複数民族性という概念に基づく国民との関係である。

大衆の抵抗と政治の共同体的形態について[9]

二〇〇〇年から〇五年にかけて、ボリビアは先住民族のグループの活発な参加によって特徴づけられる前例のない大衆の抵抗運動の生き証人であった。二〇〇〇年にコチャバンバで起きた〔民営化の撤回を求める〕「水戦争」、および〇三年の炭素資源の国有化を求めて起きた「天然ガス戦争」は、この反乱のうねりの大きなモーメントであった。

この過程を観察していた人びとの中には、これらの抵抗運動を先住民世界の再生および代表制民主主義と私的所有制度に基づく自由主義体制の拒否を示す重要な出来事であると考える者もいた。フェリックス・パッチ・パコ(Felix Patzi Paco)[8]によると、これらの抵抗運動は、「固有の哲学と固有の経済的・政治的実践の視座に従う転換によって支えられている。その意味で、先住民の自律性と自治は新しい政治パラダイムに対応しているのである」〔10〕。同様に、パブロ・ママニは、出現しつつある「先住民と大衆から成る世界」について語り、それを「先住民と大衆の間でなされる広範囲にわたる政治的・文化的・思想的・領土的節合」〔11〕と定義している。

これらの解釈の根底には大胆な要求がある。それは、自由主義とは異なる社会を組織することが重要であるという要求だ。ラケル・グチエレス・アギラールはこの点を明快に論じている。アギラールによると、ボリビアでは、「共同体主義的大衆と国民主義的大衆が、二〇〇〇年以降、自由主義パラダイムを強く激しく糾弾している［…］。さらに、最近のボリビアの社会闘争では、古《いにしえ》からの集団的な生活世界を転換しながらも保全するために、また新しい豊かな統治形態ならびに自己組織形態を生み出すために、社会の現実を根本から変革する可能性が議論されている」〔12〕。

このような解釈は国家を社会の中心に位置づける理論枠組みを超え、運動に参加する多様な大衆、そして国家機構の権力形態を分散させる共同的《コミュナル》な社会組織の行為を中心に社会を捉える〔13〕。「共同的な形態」と「国家的な形態」を区別することで、前述の知識人たちは、「近代国家、資

（6）二〇〇三年八月にサパティスタ民族解放戦線によってチアパス州に導入された自治区（カラコル）に導入された評議会。チアパス州の先住民族・非先住民族の政治的・文化的中心の役割を担う。

（7）二〇〇五年六月二八日にサパティスタが発表した宣言。チアパス州の先住民の自治の支持、民主主義、自由、正義を主要原理とする新しい国家モデルの構想、世界社会フォーラムなどのグローバル・ジャスティス運動への連帯などが表明されている。

（8）ボリビアの大学教員、政治家。二〇〇六〜〇七年に、エボ・モラレス政権のもとで教育大臣を務めた。

本、および両者の根本原理を超えた社会的な共生(la convivencia social)の自己組織化の形態」[14]に光を当て、多様な社会関係、労働様式、非資本主義的・非自由主義的な組織形態によって特徴づけられる社会の存在を開示しているのである。

社会闘争はどのような特徴を持っているか

本稿で議論している社会闘争は、分散型で反権力的なミクロ統治機構、すなわち微生物に似た断続的で拡散した権力形態であると表すことができる。[15] ママニによると、ボリビアの「実質的な首都ラパスに隣接する」エル・アルトでは国家とは異なるオルタナティブな領土認識[9]が実践されており、それが確立された権力形態に取って代わっている。このオルタナティブな領土認識を維持する、経済的・政治的次元で共同化／共有化を通じて組織されたシステムに基づく社会関係が存在しているのだ。[16] 社会闘争のその他の特徴は次の三つである。

①権力の奪取を目指さず、ローカルもしくは広域地域(リージョナル)レベルでの自律性と自治を基礎とする社会を再組織化することを望む社会闘争。

②非資本主義的・非自由主義的な社会関係および組織形態を活性化させる社会闘争。

③文化的な規範・実践から現れる社会闘争。その目標は国家を掌握することではなく、異なる社会を構成する諸力として自らを組織化することにある。[17] ママニの言葉を借りるならば、「国家と妥協はするが、それは国家の合理性を解体し、異なるタイプの社会的合理性を構想するために、そうするのである」[18]。

この解釈によると、重要なのは社会運動（movimientos sociales）ではなく、変動中のさまざまな社会（*sociedades en movimiento*）である。[19] この区別はポスト開発・ポスト自由主義に関する議論の核心にあるものだけに重要である。このようなパースペクティブは権力とは異なる展望を含意している。この展望によると、大衆運動が掲げる目標は、近代性によって制度化された権力関係からの解放、すなわち権力を掌握せずに世界を変えることである。[20]

こうした解釈が提案した大衆的闘争のオルタナティブな読解は、これらの闘争が歴史的に構築された質料的条件《マテリアリダーデ》[10]と闘争に参加している集団の文化的形態から現れていることを示唆している。このような理論的認識において、これら文化的形態は「共同的《コミュナル》なシステム」[11]の観点から分析され

（9）後述される「共同的システム」を指す。

（10）ここでいう materialidad は、史的唯物論でいう社会の下部構造を構成するさまざまな条件のことを指す。マテリアリティ（物質性）とは、いわゆる近代物理学でいうところの「物質」概念ではなく、古代ギリシャ思想における「質料（ヒューレ）」、つまり人間存在の形態の基となる素材の意味に近いので、質料的条件と訳した。

（11）コミュナル（comunal）というスペイン語は「共同体的」とも訳せるが、エスコバルの議論を注意深く読むと、コミュナルなシステムとは、社会闘争のネットワークの中から生じる水平的でサブ・ナショナルな、可変的なシステムであることがわかる。「共同体」という日本語から想起される静態的かつ固定的な空間概念を避けるために、「共同的」と訳した。また、コミュナルには、「共有の」という意味もあるので、共同的システムは、現代コモンズ論で言われるコモン化（commoning）の実践から生じるシステムであるとも言えるだろう。

る。[21]

共同的なシステムの提案は、次の三つの基本点を含意している。

①資本主義経済を永続的に相対化し、共同的企業および非資本主義的形態の経済を拡大する。

②代表制民主主義を相対化し、代表制民主主義を共同的形態（直接的で水平的な形態）の民主主義に置き換える。

③多様な文化システムの間に正真正銘の異文化間対話を可能にするための基礎として、文化的多元主義のメカニズムを確立する。

共同的なシステムは近代知と近代技術の利点を利用するが、それらを共同的な論理に従わせる。この過程において、共同的なシステムはより競争的で公正なものになっていく。共同的なシステムの提案は新しい覇権の掌握を狙っているのではなく、あらゆるシステムが覇権を握ることを終わらせることを目指している。つまり、多元世界の原理の導入を目指しているのである。

この節のまとめとして、グチエレス・アギラール[22]の結論を引用しよう。これまでの分析は根本的な問いを提起する。それは、「資本主義的生産と自由主義国家が強要する社会秩序に抗すると同時に、それを超えて、〔既存の社会秩序の〕外部から社会を制御していく方法を徐々に確立していく」[23]ということである。この発言に従って、自由主義的な解放概念ならびに左派のさまざまな概念の多くは不十分である、と結論づけられる。この不十分さを受け入れるには、左派の側で正真正銘の「認識論的離脱」が必要である。つまり左派は、真実を教化しようとする役割や抑圧された人びと《サバルタン》の行為をコントロールする意図を放棄しなければならない。

4　非自由主義的な社会形態および関係性中心の存在論[24]

非自由主義的・非資本主義的な社会形態を語ることで、自由主義とは異なるさまざまな文化世界が存在するという根本的な思想が議論の中に表れてくる。人類学的・哲学的観点から言うと、多くの世界は関係性中心の存在論に立脚していると認識されうる。関係性中心の存在論とは、近代性を構成する存在論の中心にある、自然と文化、個人と共同体、「われわれ」と「彼ら」の間の分断を避ける存在論である。このことが意味するのは、ラテンアメリカの社会闘争のいくつかは存在論に関わる闘争として解釈されうるということである（とくに、先住民運動やアフリカ系ディアスポラの闘争、そしてまた農民の闘争や都市の自治をめぐる闘争がそうである）。関係性中心の存在論の再生は、近代政治と近代的経済の認識論的基礎を根本から覆す。近代の二重構造的な存在論は関係性中心の存在論の出現によって問い直され、人間と人間以外の存在者との関係を含め、主体は関係性の中でのみ存在するようになる。たとえば、二〇〇八年に制定されたエクアドルの憲法は自然あるいはパチャママ[12]に「権利」を

（12）アンデス文明のコスモロジーにおける自然のこと。英語ではしばしばMother Earth（母なる地球）と訳されるが、これは必ずしもアンデス文明の世界観を表していない。Pachamamaにはとくにジェンダーの含意はなく、「聖なる大地」と訳すのが妥当である。

付与しているが、それはエコロジーの知識を超えるものである。パチャママは、自然を人間に搾取されるべき死物と見なす近代的なパースペクティブの中では思考不可能な概念である。憲法にパチャママを含めることは、近代的な政治空間を壊乱する政治的・認識論的出来事であり、自由主義、資本主義、国家に対する挑戦であると考えられうる。似たようなことは、スマク・カウサイおよびスマ・カマーニャ(13)についても言える。両概念は、すべての生命は常に関係性の中に存在しており、単なる客体もしくは個人としては存在していないという存在論に基づいている。

関係性中心の世界観の擁護は、とくにアンデスやアマゾン流域におけるさまざまな現代的闘争の中で確認できる。これらの闘争は、人間以外の生命(山、水、土地から石油に至るまで)を感性的な存在として、すなわち政治の舞台におけるアクターとして結集させている(たとえば、鉱山開発、油田開発、遺伝子組み換え、森林破壊などに対する抵抗がそうである)。先住民族の要求はこれまで「信仰」として解釈されるのが常であり、それゆえに彼らの根源的な差異性は飼い慣らされ、中和されている。

ペルーの鉱山開発に反対するデモでは、アンデスの儀式が突如として出現した。この出来事の分析を通してマリソル・デ・ラ・カデナが主張するのは、現在創出されつつある先住民族アイデンティティは、これまでとは異なる多元的な政治を開く可能性を持っているということだ。それは、人種やエスニシティによって特徴づけられる人間が諸権利を求める中で先住民族アイデンティティを決定していくからではない。むしろ、先住民族アイデンティティが、人間以外の存在者を表象する近代的ではない実践を開示するからである。〔25〕

本節の議論において関係性が意味するところは広汎にわたる。ここでは、少なくとも五つの側面——生態学的、政治的、経済的、文化的、空間的側面——について触れておきたい。

自然と文化の分断を問題視することは、現代の政治運動およびエコロジー運動の多くにとって中心的な要素であると考えねばならない。だからといって、国家がこのことを認めるだろうか。ラテンアメリカの革新的国家(14)を支配する自由主義的かつ開発主義的な思考の影響力を考慮するならば、その可能性は低い。

関係性中心の世界の立場から見るならば、ポスト資本主義ならびにポスト自由主義は、個人主義の文化体制——すなわち、個人の自律性という仮説ならびに個人の共同体からの分離——の批判を必要とする。「近代的市民」——つまり、自由意志に従って生産・消費活動と意思決定を行う個人——の創出に夢中になっている国家は、関係性が意味するところの、個人と共同体の文化的創出の根本的な再構成と向き合うことができないように思われる。今日のグローバリゼーションの最も深刻な影響(筆者の見解では、負の影響)のひとつは、地球の隅々にまで個人主義と

---

(13) スマク・カウサイはケチュア語、スマ・カマーニャはアイマラ語で、ともに「満ち足りた生活(la vida en plenitude)」を意味する。先住民族の世界観では、自然の循環と調和して、地域の人びとと共によく生きること(convivir bien)が「満ち足りた生活」の内容である。

(14) 広義の意味では、二〇〇〇年代に登場した南米左派政権を指すと考えられる。たとえば、ブラジル、アルゼンチン、ベネズエラ、ボリビア、エクアドルなどである。

消費主義の文化体制が文化的規範として浸透していることにほかならない。

　自由主義的ではない地域概念は、何らかの関係性中心の思考を含意する。関係性中心の思考は、第一に、ローカルな空間を超えて延長される諸関係および権力諸形態のネットワークの中でさまざまな場所と共同体を考える必要があることを強調する。第二に、場所は常に領土への愛着をともなう空間として存在するが、それはまた絶えず交渉中で転換し続ける空間でもあることを強調する。したがって、複数民族性と異文化間対話は、ローカルな空間からグローバルな領域へ、そして人間から人間以外の生物へと広がる空間的プロセスとして明確に分析されなければならない。

　差異性を本質化する危険は実際に存在する。エスニック集団によるフェミニズム運動やそれらの集団と一緒に活動しているフェミニズム運動は、この危険性をより鋭敏に感知している。このテーマについては多くの提案がなされているが、本稿ではそのなかのひとつ、「脱植民地主義フェミニズム（feminismo descolonial）」と呼ばれうる潮流について述べたい。

　このフェミニズムの潮流は、二つの主要な目標を掲げている。第一に、個人の自律性や個人の諸権利などの自由主義的な概念に依拠するフェミニズムの潮流を含め、西欧の近代主義的な言説が持つ植民地主義的な諸実践[15]を問題化し、脱構築することである。第二に、本来性《アウテンチシダーデ》、地域、共同体などの非歴史的な言説に存在する排除・抑圧を問題化すること、言い換えるならば、「新たな排除を生み出しうるような先住民族アイデンティティの構築」[26]を問題化することである。

　きわめて興味深いのは、脱植民地主義フェミニズムのこの傾向が、先住民やアフリカ系ディアスポラの女性たちと共振している点である。先住民やアフリカ系ディアスポラの女性たちは、

「男性と女性をこれまで以上に包摂するパースペクティブに従って、伝統の再構築を含む非本質主義的なパースペクティブ」を要請しており、そうすることで女性を排除し周辺化してきた「慣習」を変える必要性を希求している[27]。言い換えるならば、この脱植民地主義フェミニズムは、西欧啓蒙主義を継承するフェミニズム言説を問題化したうえで、伝統や差異性を支持する要求に隠されている女性アイデンティティの家父長的構築を暴くのである。

二つの空間がこの作業にとって重要な役割を果たしている。ひとつは、先住民およびアフリカ系ディアスポラの女性たちの国境を越えたネットワークの拡大である。もうひとつは、女性によって先住民族の家父長的構築を日常的に問い直していくような特定の社会運動である[28]。

脱植民地主義フェミニズムの第三の特徴は、それが「ジェンダー」というカテゴリーを新たに問い直しはじめている点にある。というのも、ジェンダーというカテゴリーは個人化をもたらす概念の一部であり、それゆえに――少なくともその自由主義的な形態のもとでは――関係性中心の世界には援用できないと考えられるからだ。

このフェミニズムの第四の特徴は、植民地主義《コロニアリダーデ》概念の認識論的批判[16]を行う点にある。なぜな

(15) 本稿ですでに指摘されている、自然と文化を区別し、その間に優劣をつけるような西欧近代特有の世界観と、それに基づいて自然、先住民、アフリカ系ディアスポラ、女性の支配を正当化するような社会実践。

(16) 訳注(3)で説明したように、知の植民地主義を批判することを意味する。

ら、植民地主義概念は女性の経験世界に対応するには不十分な概念であると考えられるからだ。[29]その他の点として、このフェミニズムはあらゆる家父長的形態——伝統的な形態であれ近代的な形態であれ——を解体するフェミニズムの基礎として共同体を強調している。[30]

5 転換および／あるいは移行か？——多元世界へ

ブレイザー[31]は、ラテンアメリカの現在を二重の危機の観点から捉えるべきだと提案している。二重の危機とは、過去三〇年間続いた新自由主義的開発モデルの危機、そして植民地支配によって始められた近代化プロジェクトの覇権の終焉、つまりラテンアメリカに近代性をもたらすプロジェクトの危機である。

わたしたちはいま、これまで提示してきたことすべてに関する一般的な議論を提案し、本稿で議論すべき最後の概念——多元世界への移行——とその社会的・連帯的経済への示唆に議論を導く位置にいる。一般的議論は次のようなものである。ラテンアメリカで現在起こっている転換(トランスフォルマシオン)は、潜在的に補完的であるが二律背反的でもある二つのプロジェクトの存在を示唆している。

①一つ目のプロジェクトは、反新自由主義的な開発モデルに基づくオルタナティブな近代化プロジェクトである。この開発モデルは、潜在的に連帯的でポスト資本主義的な混合経済ならびに

オルタナティブな形態の近代性（ガルシア・リネラの言葉を援用するなら、より公正で包摂的な、満足のいく近代性）を志向する傾向にある。

②もうひとつのプロジェクトは、（たとえば、共同的《コミュナル》な実践、先住民による実践、雑種混交的《ハイブリッド》な実践など、多元世界的かつ多文化共生的な原理を持つ）多様な実践に基づく潜在的に脱植民地主義的な社会モデルの移行（トランジション）のプロジェクトである。この移行プロジェクトは、ポスト自由主義社会（西欧近代に替わるオルタナティブ）を志向する傾向にある。この二番目のプロジェクトは、既述した二重の危機のうちの二番目の危機から出現しており、自由主義と開発の転換を主張している。

ポスト自由主義は、自由主義と近代性を特徴づける経済システム・個人主義・道具的合理性・私有財産その他の要素によって社会生活が完全に決定されることのない空間・時間を目指すだろう。それは未来に到達しなければならない状況ではなく、永続的に構築中の何かである。

同様に「ポスト資本主義」は、社会的・連帯的経済において理解されているように、経済を多様な実践——資本主義・オルタナティブな資本主義・非資本主義的実践——によって構築されるものとして捉えることを意味する。それは、資本主義がもはや覇権的な経済的支配力ではなくなるような状況（つまり、多くの事柄において資本主義の論理が支配的ではなくなること）を想定する。ポスト資本主義の時代には、「経済」と呼ばれる活動の存在論的次元が資本主義によって満たされることはないし、また資本主義によって「生来的に」占拠されることもない。むしろ、経済の存在論的次元は、連帯経済、協同組合活動、社会的経済、共同的《コミュナル》経済など、資本主義に還元されることのできない多様な経済によって満たされるのである。

言い換えると、「ポスト」という接頭辞が意味するのは、経済は本質的にも生来的にも資本主義的ではない、また社会は生来的に自由主義ではないし、国家は、わたしたちが思っているのとは反対に、社会をつくり組織する唯一の様式ではない、ということである。このことが意味するのは、自由主義や国家的形態が存在しなくなるということではない。むしろ、それらの言説上での、そして社会的な中心性が部分的に脱中心化されることによって、今日支配的な体制に対する有効で信頼できるオルタナティブな社会的実験の拡大が可能となることを意味するのだ[32]。

社会の移行を主張するこれらの言説の多くは、生命に対する深い関心に突き動かされている。個人主義イデオロギーと市場イデオロギーの負の効果を可視化するために、これらの移行言説は、主体性と経済を再構築する必要性に焦点を当てる。しばしばこの作業は、個人主義と私有財産の体制が社会的実践を完全にコントロールするには至っていない社会において、より可能性のあるものとして確認されている。これらの移行言説はまた、生命を中心に置く多様な経済に傾倒している。社会的・連帯的経済の多くの展望は、まさにそのような経済の模範である。

社会の移行の展望の中にはスピリチュアリティを強調するものがあるが、それは、政教分離の原理に根深く染まっている学者や左派思想家の間で、この重要な次元が排除されていることを気づかせてくれる。究極的には、自然と文化を結び直すことの重要性を考慮するならば、移行言説は、すべての生命——人間と人間以外の生命——を結び直す必要性を社会の移行過程の中心に位置づけていることがわかる。これらの要素のすべてが多元世界の出現へと向かっている[33]。

6　結　論

スペイン・ポルトガル帝国による征服以来、西欧近代の歴史に根深く染まっているラテンアメリカおよびカリブ海地域は、時代の転換期に差しかかっていると言えるだろう。本稿で分析した転換が西欧近代の定義する文化的・政治的空間の内在的転換——すなわち、単一の世界の内部を多文化的にしていく転換——であるのか、それとも文化モデルの正真正銘の変革(パチャクチ)に向けた前向きな一歩——つまり、異文化間対話に基づく多元世界に向かう移行プロセス——であるのかを判断するにはまだ早い。

社会を転換するプロジェクトは、新旧の諸権利と帝国主義的な利害関心によって確立された秩序を暴力的に擁護する以外にも大きな緊張と矛盾を孕んでいる。自由主義の歴史的影響を受けているために、国家は、合意を通じて近代化した社会モデルを統御もしくは統治する最良の能力を発揮してきた。開発モデルは、自然資源の搾取に依存することで、自然環境を破壊し続けている。革新的政府の多くが採用する経済モデルが「新資源開発主義」[34]と呼ばれる理由はここにある。[17]しかし、いくつかの社会運動および——より程度は低いが——いくつかの国家の言説と行為から

(17)　本稿の文脈では、ボリビアやエクアドルにおいて、ブエン・ビビール概念が国の新たな発展目標になったことを指していると言える。

生じた歴史的な可能性が確かに存在するのだ。

社会的・連帯的経済は、既存の社会経済システムのさらなる現代化にその足場を部分的に置くけれども、そのような社会経済システムの現代化路線を超えて、〔単一世界から多元世界への〕移行に向けた変革における決定的な役割を果たすだろう。社会的・連帯的経済の中には、移行に関するさまざまな鍵概念が見出される。少なくとも原理的にはそうだし、そして多くの実践の中にも見出せる。

社会的・連帯的経済は自由主義の根本的支柱(個人主義、自己調整的な市場、効率性の観念)の鋭い批判を構築する。従来型の開発パラダイムに対するオルタナティブを提案し、ポスト開発を志向する。そして、エコロジー経済が行っているように、経済と自然の再統合を模索し、重要な目標として社会正義を構想する。

戦略的な観点から言うと、社会的・連帯的経済は多元世界へ向けて経済を明らかに前進させ、関係性に基づく経済の構築を可能にするだろう。この戦略は、社会的・連帯的経済が構想する資本主義経済の脱構築および本稿で議論した資本主義経済の脱構築と一致する。つまり、根本的な転換を進める文化的プロセスとして資本主義経済の脱構築をより急進的に行っていくこと、そして関係性中心の理論仮説および「現に存在する」関係性中心の諸実践に基づく新たな社会形態の(再)構築を提案することが重要である。

この点に関して、いくつかの問いを立てて本稿を締めくくろう。

関係性中心の世界に従う経済的・生態学的・文化的差異性は、支配的な近代主義的な社会形態に陥ることなく制度化されることは可能だろうか。

共同的《コミュナル》かつ関係性中心の論理は、社会のオルタナティブな――そして効果的な――制度化の基礎となりうるだろうか。

サパティスタ、世界社会フォーラム、メキシコのオアハカ州の自主管理運動、コロンビアの自治運動(Minga Social y Comunitaria)(18)、ビア・カンペシーナその他の多くの社会運動が構想しているように、ローカルあるいはリージョナルな自律性と自治の構築を通じて非国家的・ポスト資本主義的・ポスト自由主義的世界を構築することは可能だろうか。

ラテンアメリカで現れている文化的・政治的主体は、脱植民地主義・関係性・多元世界の文法に従って活動的な他者性の条件を獲得し、社会と自然の構造を内側から再構築することができるだろうか。

これらのオルタナティブは、これまで普遍的(近代的)と考えられてきた支配的な生活形態と、相互尊重と寛容をもって共存することは可能だろうか。

これらの問いに対して、「真に多元的な社会」という目標が部分的であるにせよ積極的な解答

(18) コロンビアの先住民族、アフリカ系ディアスポラ、その他の社会運動組織によって展開されている自治運動。二〇一〇年末には二〇〇団体から二万人が首都ボゴタに集まり、土地、生活圏、主権、総合的な農業改革、ブエン・ビビールの理念に基づく経済、共同体的生産・消費形態の優先、自由貿易の拒否などが議論された。

として現れる。サバルタンたちの社会運動は、普遍的と見なされていた社会的・文化的秩序の恩恵を受けてきた集団よりも、多元世界の中で生きる能力に長けているといえる。

したがって、多元世界について語ることは、認識論レベルおよび存在論レベルにおいて単一の近代性の支配がなくなるような思想と実践の空間を開示することを意味する。そのような空間の中では、単一の近代性は相対化され[19]、歴史的・認識論的想像力の中心から退くことになる。またこのような空間では、脱植民地主義と多元世界の具体的なプロジェクトの分析は、脱本質主義的な視座[20]から誠実に行われるだろう。

近代性に対するオルタナティブは、さまざまな形で、そしてこれまでとは異なる形で、経済・社会・政治を組織することになるだろう。これら新たな形態の経済・社会・政治は、最善のものではないとはいえ、少なくとも、人間と人間以外の生命に尊厳を与え、それらを守り、地球における生命の流れを結び直すさまざまな機会を提供することになるだろう。

【原注】

〔1〕Coraggio, 2008, p. 2.

〔2〕ポスト開発に関するより詳細な説明については、Escobar (2005, 2012) を参照されたい。これらの論文にはポスト開発に関する参考文献リストも掲載されている。

〔3〕Sachs, 1992, p. 1.

〔4〕Escobar, 1991.

〔5〕Escobar, 1991, 1996.

〔6〕Sousa Santos, 2002.

〔7〕本節は Escobar (2010) に基づいている。同論文は、ベネズエラ、エクアドル、ボリビアの社会的実験の詳細な分析と関連文献リストを含んでいる。

〔8〕Mamani, 2006a.

〔9〕本項での詳しい解釈は、さまざまな知識人や活動家によって提案されているものである。たとえば、アイマラ族出身の社会学者であるフェリックス・パッチ・パコとパブロ・ママニ、ウルグアイの作家ラウル・ジベチ、メキシコの社会学者ラケル・グチエレス・アギラールがそうである。Escobar (2010) で論じているシルビア・リベラ・クシカンキやその他のボリビアの知識人の仕事も、本項で発展させている視座にとって重要である。

〔10〕Patzi, 2004, pp. 187-188.

(19) スペイン語原文では provincializada という動詞が用いられている。文字通り訳すと「地方化される」という意味である。近年、ポストコロニアル研究では、西欧近代の普遍主義を相対化する際に、西欧近代がヨーロッパという特殊な地勢文化の産物であることに気づきを与えるために、「地方化する (provincializing)」という表現を使用することがある。たとえば、ディペシュ・チャクラバティの Provincializing Europe という表現がそうである。ここでは、日本語として自然な表現を優先するために、意味をとって「相対化する」と訳した。

(20) エスコバル自身が採用するポスト構造主義や、脱植民地主義フェミニズムが採用するような、アイデンティティや差異の本質化を避け、常に変化する関係性の中で社会現象を考える研究アプローチ。

〔11〕Mamani, 2008, p. 23.
〔12〕Gutiérrez Aguilar, 2008, p. 351.
〔13〕Zibechi, 2006, p. 161.
〔14〕Gutiérrez Aguilar, 2008, p. 18.
〔15〕Mamani, 2006b.
〔16〕Patzi, 2004.
〔17〕Zibechi, 2006, p. 75.
〔18〕Mamani, 2008, p. 25.
〔19〕たとえば、Zibechi (2006, pp. 127-129) を参照されたい。
〔20〕Gutiérrez Aguilar (2008, p. 41) を参照されたい。この箇所のアギラールの議論は、ジョン・ホロウェイの議論やサパティスタの提案と共鳴している。
〔21〕Patzi, 2004, pp. 171-172.
〔22〕Gutiérrez Aguilar, 2008, p. 46.
〔23〕ibid., p. 46.
〔24〕本節で述べられている考えは、マリソル・デ・ラ・カデナとマリオ・ブレイザーとの共同研究プロジェクトの一環である。De la Cadena (2010)、Blaser (2010)、Escobar (2010) を参照されたい。
〔25〕De la Cadena, 2010.
〔26〕Hernández, 2009, p. 3.
〔27〕ibid., p. 9.
〔28〕たとえば、Rivera Zea (2008) を参照されたい。

〔29〕Lugones, 2010.
〔30〕Paredes, 2010.
〔31〕Blaser, 2010.
〔32〕Sousa Santos, 2007.
〔33〕解放神学の提唱者であるレオナルド・ボッフとフランツ・ヒンケラメールの著作には、資本主義批判、スピリチュアリティ、エコロジー、生命の擁護、文化モデルの変革の必要性など、移行言説の要素が多く見られる。この意味での代表作として、Boff(2002)、Hathaway and Boff(2009)、Hinkelammert y Mora(2008)を参照されたい。
〔34〕Gudynas, 2011.

【参考文献】

Blaser, Mario. (2010). *Storytelling Globalization from the Chaco and Beyond.* Durham: Duke University Press.

Boff, Leonardo. (2002). *El Cuidado Esencial.* Madrid: Editorial Ttrotta.

Coraggio, Jose Luis. (2008). “La Economia social y solidaria como estrategia de desarrollo en el contexto de la integracion regional latinoamericana”. *Reconstruccion de una parte de la ponencia presentada en el 3er Encuentro Latinoamericano de Economia Solidaria y Comercio Justo organizado por RIPESS en Montevideo,* 22-24 octubre 2008 (inedito).

De la Cadena, Marisol. (2010). “Indigenous Cosmopolitics in the Andes: Conceptual Reflections Beyond Politics”. *Cultural Anthropology* 25(2): 334-370.

Escobar, Arturo. (2012). *La invencion del desarrollo.* Popayan: Universidad del Cauca.

Escobar, Arturo. (2010). "Latin America at a Crossroads: Alternative Modernizations, Postliberalism, or Postdevelopment?" *Cultural Studies* (24) 1: 1-65.

Escobar, Arturo. (2005). "El 'posdesarrollo' como concepto y practica social". In D. Mato, ed. *Politicas de economia, ambiente y sociedad en tiempos de globalizacion* (pp. 17-32). Caracas: UCV.

Escobar, Arturo. (1996). *La Invencion del Desarrollo.* Bogota: Editorial Norma

Escobar, Arturo. (1991). "Imaginando un futuro: Pensamiento critico, desarrollo y movimientos sociales". In Margarita Lopez Maya, ed. *Desarrollo y Democracia* (pp. 135-170). Caracas: Universidad Central/UNESCO.

Gudynas, Eduardo. (2011). "Mas alla del nuevo extractivismo: transiciones sostenibles y alternativas al desarrollo". En: *El desarrollo en cuestion. Reflexiones desde America Latina.* Ivonne Farah y Fernanda Wanderley (Coord.) (pp. 379-410). CIDES UMSA, La Paz, Bolivia.

Gutiérrez Aguilar., Raquel. (2008). *Los ritmos del Pachakuti. Movilizacion y levantamiento indigena-popular en Bolivia.* Buenos Aires: Tinta Limon.

Hathaway, Mark, and Leonardo Boff. (2009). *The Tao of Liberation: Exploring the Ecology of Transformation.* Maryknoll, NY: Orbis Books.

Hernández Castillo, Aida. (2009). 'Indigeneity as a Field of Power: Possibilities and Limits of Indigenous Identities in Political Struggles'. Presented at the Conference, "Contested Modernities: Indigenous and Afrodescendant Experiences in Latin America," Lozano Long Institute of Latin American Studies, University of Texas, Austin, February 26-28.

Hinkelammert, Franz, y Henry Mora. (2008). *Hacia una economia par la vida: preludio a una reconstruccion de la economia.* Cartago, Costa Rica: Editorial Tecnologica de Costa Rica.

Lugones, Maria. (2010). "The Coloniality of Gender". In Mignolo, Walter y A. Escobar, eds. *Globalization and the Descolonial Option* (pp. 369-390). London, Routledge.

Mamani, Pablo. (2008). "Entrevista a Pablo Mamani". *Boletin Bolivia*, Agosto/Septiembre, pp. 23-29.

Mamani, Pablo. (2006a). "Las estrategias del poder indigena en Bolivia". Presentado en la conferencia "Encuentros de sensibilizacion Sur-Norte", Asturias, April 7.

Mamani, Pablo. (2006b). "Territorio y estructuras de accion colectiva: Microgobiernos barriales". *Ephemera,* Vol. 6, no. 3, pp. 276-286.

Paredes, Julieta. (2010). *Hilando fino desde el feminismo comunitario.* La Paz: ded (Deutscher Entwicklungsdienst).

Patzi Paco, Felix. (2004). *Sistema Comunal. Una Propuesta Alternativa al Sistema Liberal.* La Paz: CEA.

Rahnema, Majid with Victoria Bawtree, eds. (1997). *The Post-Development Reader.* London: Zed Books.

Rist, Gilbert. (1997). *The History of Development.* London: Zed Books.

Rivera Zea, T. R. (2008). "Mujeres indigenas americanas luchando por sus derechos". In L.S. Navaz y A. Hernandez (coord.). *Descolonizando el feminismo. Teoria y practicas desde los margenes* (pp. 331-350). Madrid, Ediciones Catedra.

Sousa Santos, Boaventura de. (2007). *The Rise of the Global Left.* London, Zed Books.

Sousa Santos, Boaventura de. (2002). *Towards a New Legal Common Sense.* London: Butterworth.

Sachs, Wolfgang, ed. (1992). *The Development Dictionary.* London: Zed Books.

Zibechi, Raul. (2006). *Dispersar el poder: los movimientos como poderes anti-estatales.* Buenos Aires, Tinta Limon.

訳者解説

ラクラウ理論の読解のために

中野　佳裕

1　出発点としての実践的問題関心

エルネスト・ラクラウ（一九三五～二〇一四年）は、アルゼンチンを代表する政治理論家である。彼は一九七〇年代初めに母国の政治危機を逃れて英国に移り、エセックス大学で政治学の博士号を取得。同大学政治学部でイデオロギーと言説分析のコースを開設し、世界各地から集まった多くの学生や研究者と交流しながら独自の政治理論を発展させた。

ラクラウは、ラテンアメリカ左派の間に人気の高いアントニオ・グラムシの政治理論を、アルチュセール、フーコー、デリダ、ラカンに代表されるフランスの構造主義／ポスト構造主義の理論枠組みの中で解体・再構築し、政治イデオロギーと言説の分析を行うための独自の方法論を確立したことで知られる。また、アルゼンチン時代の経験を基礎に、多元主義的な社会運動の理論化に大きな貢献を果たし、ラディカル・デモクラシーという新たな民主主義の理念を提唱したことでも知られる。今日、彼の政治理論は、ラテンアメリカの社会運動だけでなく、ギリシャの急進左派連合(Syrza)やスペインのポデモスなど、現代ヨーロッパの新しい左派運動に直接的・間接的な影響を与えている。

ラクラウの理論は、マルクス主義の系譜を引くグラムシの政治理論——とくに彼のヘゲモニー概念——を、構造主義言語学以降の記号理論や言説分析、フロイト・ラカン派精神分析学、後期ヴィトゲンシュタインの言語哲学などの概念装置を使って再解釈していく、きわめて抽象度の高いものである。しかし、それは単なる観念の遊戯ではない。彼の学問研究の出発点には、非常に実践的な問題関心があることは何度強調してもしすぎることはないだろう。以下で、ラクラウ政治理論の骨子を重要概念の説明とともに紹介する。

ラクラウがグラムシ理論の再構築の必要性に直面したのは、アルゼンチンのペロン政権時代(一九四六〜五五年)のポピュリズムの経験が大きく影響している。民衆の多様な要求を水平的につなぎ合わせて体制変革を行ったペロン政権は、当時、ペロニスト左派としてマルクス主義に傾倒していたラクラウに、いくつかの理論的課題を残した。

第一の課題は、階級決定論の克服である。マルクス主義の理論潮流は、上部構造に対する下部構造の優位を主張する経済決定論、ならびに資本家階級と労働者階級の階級闘争を重視する階級決定論を中心に、資本主義社会の力学の説明と社会主義革命へ向けた戦略を構想していた。グラムシ理論において経済決定論は退けられ、下部構造に対する文化やイデオロギーの相対的自律性が認められるようになったものの、社会変革の中心的役割——対抗ヘゲモニー構築の主役——

は、依然として労働者階級に帰せられていた。だが、マルクス主義が掲げる社会主義革命が真に民主的な革命理論となるには、その労働者階級中心主義を克服し、多様な社会的要求の受け皿にならねばならない。

第二の課題は、ポピュリズムの再評価である。欧米の政治理論では、ポピュリズムはしばしば「大衆扇動型政治」と呼ばれ、批判の対象となる。しかし、ペロニズモに代表されるように、ラテンアメリカでは「ポピュリズム」が民衆の多様な要求を可能なかぎり吸い上げながら体制変革を起こす、真に民主的な運動として展開している。欧米の政治理論の先入観を超えて、ポピュリズムに内在する民主主義革命の潜在性に正統性を与え、非西欧諸国の社会的現実に合う政治理論を構築しなければならない(1)。

2　現代思想における言語論的転回

この二つの課題に直面したラクラウは、社会変革を起こす集合的主体である〈人民〉アイデンティティが多元的な社会運動の中から構築される過程を説明する理論を、グラムシのヘゲモニー概念の解体・再構築を通じて構想しようと企てた。

この理論的探究の手がかりとなったのは、構造主義言語学以降の言語学・記号学の系譜を引く言説概念である。ソシュールによって確立された構造主義言語学は、記号(シーニュ)を音声レベルの〈指示記号〉（シニフィアン）と音声によって指示された〈意味内容〉（シニフィエ）の二つの次元に分け、言葉の意味内容は、それぞれの言語の中で分節化される指示記号の関係性の中で決定されるとした（たとえば、英語における「dog」という指示記号が何を意味するかは、その言語体系の中で「cat」「cow」「horse」など他の指示記号との分節化によって決まってくる、ということ）。構造主義言語学の貢献は、指示記号と意味内容の対応関係が固定不変のものではなく、それぞれの言語体系の中で歴史的・文化的に構築されたことを明らかにした点にある。

構造主義言語学が開拓した新たな理論的地平は、一九五〇〜六〇年代のフランスの人文・社会科学に大きな影響を与えた。レヴィ＝ストロースの人類学、ラカンの精神分析学、アルチュセールの構造マルクス主義、ロラン・バルトの記号論、フーコーの言説分析、デリダの脱構築の哲学などの新しい理論もしくは〈思考の方法〉が、構造主義言語学の着想を批判的に吸収・発展させながら転換していくことになる。いわゆる人文・社会科学の「言語論的転回」である。

とくにデリダの脱構築やラカンの精神分析学の貢献によって、意味内容に対する指示記号の自律性がしだいに認められるようになった。たとえば、言語学における換喩（メトニミー）のように、指示記号は本来の意味内容と離れ、文脈に応じて別の対象を指示することがある（たとえば、「ワシントン」は米国の都市の名前だけでなく、文脈によっては米国政府を指す）。

意味内容に対する指示記号の自律性は、現実社会においてはより複雑かつ多元的に起こりうる。なぜなら、現実という「テクスト」は、それぞれの行為主体の置かれている文脈や状況に応じて多様に解釈され、それぞれの行為主体が発する身振りや言葉の意味も、いかようにも変わりうるからだ。かくして、言語論的転回を経た人文・社会科学の諸理論は、意味やアイデンティティは言説の構築物であり、文脈を超えた本質は存在しないという〈反本質主義〉の立場をとる。

こうしてラクラウは、社会秩序の状況依存性（contingency）や非決定性を重視する反基礎付け主義を提唱するようになる。社会の現実はさまざまな行為主体の〈解釈の闘争〉から生じており、固定不変の原理や意味の上に確立したものではない。言説分析は、社会秩序の構成論理、とくに意味の体系の恣意性やイデオロギー性を暴く批判の方法として、一九六〇年代以降の人文・社会科学で重要な役割を果たすようになった。

3 反本質主義の政治理論へ

ラクラウの政治理論は、言語論的転回以後の人文・社会科学が共通して採用する反本質主義・反基礎付け主義の立場に立脚している。政治体制はイデオロギーと言説による構築物であり、社会秩序は常にある特定の言説を普遍化すると同時に、他の言説を周辺化・排除することで成立する。したがって、完全無欠の、すべての要求を包摂した、安定した秩序は存在しない。

社会運動は既存の秩序の中では満たされない要求を現前化させ、支配的な言説制度およびイデオロギーの正統性を動揺させる行為である。社会の中で満たされない要求が増殖し、それらが互いにつながりあって新しい〈人民〉アイデンティティを構築するとき、社会変革が進み、体制転覆が起こりうる。言い換えるならば、社会変革とは、社会の言説制度／意味の体系を転換することで、新しい政治アイデンティティを構築することである。

では、このようなラクラウの基本的視座において、社会運動はどのように説明できるだろうか。ある社会運動がもたらす意味もしくはアイデンティティは、他の社会運動との関わりの中で決定する。たとえば、「原発反対！」を主張する反原発運動は、「地球環境を守れ！」と主張する環境保護団体や、「脱消費主義社会を！」と主張する脱成長派の言説と結びつくことで、反生産力至上主義的・エコロジー的言説を形成する。しかし、同じ反原発の主張も、「国を守れ！」「日本の未来のために！」という保守主義の団体や「脱原発によって新たな経済成長を！」という産業団体の言説と結びつくと、生産力ナショナリズムの言説を形成することになる。

ラクラウの理論は、このような社会運動の反本質主義・反基礎付け主義的な展開を、構造主義言語学のいう指示記号のレベルで分析しようとする。なぜなら、ある運動が発する要求の意味内容はあらかじめ決定されているのではなく、他の要求との節合（articulation）を通じて初めて決定されるからだ。

本稿でラクラウは、多様な社会的要求の多元的な節合を通じた〈人民〉アイデンティティの構築を、「等価性の論理（a logic of equivalence）」という概念を用いて説明している。等価性の論理とは、多様で異なる社会的要求を「等しい価値を持つ要求」として連結させる論理のことである。既述した例を用いるならば、反原発運動、環境保護団体、脱成長派の運動という、社会的位相も主張も違う運動の要求が節合する背景には、どういう論理が働いているのだろうか。

本質主義的解釈に基づくと、それぞれの運動の要求の根底には、(人間主義など)ある共通の価値が潜んでいた、ということになる。言語学的に言うと、それぞれの社会運動が発する要求は、指示記号の表現は異なるが、共通の意味内容を有していた、と説明できる。

ラクラウはそのような本質主義的解釈を退ける。反対に彼は、これら異なる社会的要求は、ある共通の対象に対して「敵対性(antagonism)」を表明することによって等価性を付与されると主張する。たとえば、これらすべての運動が、自分たちの要求に耳を傾けない時《とき》の政権を「共通の敵」と見なし、体制に対する対立軸を設定することによってである。つまり、これら社会運動によって形成される「われわれ」というアイデンティティをXとし、彼らが敵と見なす支配的体制をYとするならば、「われわれは支配的な体制ではない(X=Non-Y)」という否定を媒介して、これら異なる社会運動の要求は互いに等価な存在として節合するのである。(2)

ラクラウの理論のポイントは、社会には実に多様で異なる要求/言説が存在するので、それらが等価なものとして節合されるのは、このような敵対性の構築を通じてでしかない、ということを強調する点である。言い換えると、社会秩序は敵対性の産物である。また、社会秩序が敵対性の産物であるということは、ある言説が支配的になるとき、敵対する言説は周辺化あるいは排除されるということである。それゆえに、すべての人の要求が満たされる完全無欠の社会秩序は存在せず、社会は常に満たされない要求による問いかけにさらされる。

ラクラウにとって、民主主義の根本原理は「社会秩序に対する問いかけが無限に続くこと」にほかならない。(3)また、彼が提唱するラディカル・デモクラシーとは、社会秩序に対する問いかけの能力が多元化し、全体主義の隘路に陥ることを防ぐような民主主義の力を深化させることを意味する。

4　ポピュリズムの論理の解明

本稿でラクラウがポピュリズムの論理と呼ぶものは、まさにこのような、既存の社会秩序において満たされないさまざまな要求が、支配的な権力体制の正統性を根本から揺さぶる対立軸を形成する論理である。それは、多様な社会的要求の水平的節合の拡大が、最終的に新しい〈人民〉アイデンティティを構築する過程を描くものである(4)。

本稿で強調されるように、節合の実践の第一段階では、多様な要求を水平的に節合していく「等価性の論理」が導入されるが、それに続く第二段階では、新しい垂直的権力の構築の論理が導入される。この第二段階において、ラクラウは新しい理論的説明を導入する。多様な社会的要求の水平的節合が拡大し、一つのアイデンティティを保ちながら社会の秩序を転換するには、敵対性の構築だけでは不十分である。単なる敵対性を超えて、支配的な体制に置き換わるオルタナティブなアイデンティティを、つまり新たな普遍性を構築しなければならない。そのためには、どうすればよいだろうか。

ラクラウの反本質主義・反基礎付け主義の政治理論は、この点でも重要な貢献を行っている。

彼は、社会的要求を離れた超越的な領域に普遍性の存在を認めず、民衆が生み出すさまざまな要求の中から言説の作用を通じて普遍性が構築される可能性を主張するのだ。それを説明するために、彼はラカンの精神分析学やポール・ド・マンの修辞学を応用して、「意味の空虚化した指示記号(empty signifiers)」という概念を導入した。(5)

たとえば、あるフェミニスト団体が「正義を！(Justice!)」というメッセージをストリートで掲げていたとしよう。この場合、「正義を！」という記号は、このフェミニスト団体にとっては、自らが当事者であるところの抑圧された女性たちを指示している。しかし、このフェミニスト団体の要求が既存の制度の枠組みでは満たされず、他の運動と連携して体制そのものの転換を模索しなければならなくなったとしよう。その場合、彼女たちが掲げる「正義を！」というメッセージの意味内容は、自分たちの特殊性だけを指示していては運動として拡大できない。むしろ先住民運動、非正規労働者、不法移民など、さまざまな被抑圧者の声を代表する指示記号として「普遍化」されなければならない。

本稿でラクラウは、言説の作用を通じて指示記号のレベルで社会的要求が普遍化していく現象を、「指示記号の意味が部分的に空虚化していく現象」として説明する。指示記号の意味内容が空虚化するとは、ある指示記号がそれと結びついた意味内容との関係を断ち切り、多様な社会的要求がその指示記号と節合することが可能となる状況を意味する。かくしてフェミニスト団体の掲げる「正義を！」という指示記号は、その他多くの被抑圧者たちの要求を表象＝代表する(represent)記号となるのだ。このような「意味の空虚化した指示記号(empty signifiers)」は、社会運動の中で多元的かつ可変的に生産される。

民主化された南アフリカ共和国の初代大統領として選ばれたネルソン・マンデラが新たな国の象徴として求心力を持っていたのも、「マンデラ」という名前がその実体と離れて、多様な反アパルトヘイト運動の要求を節合する普遍的な指示記号として機能していたからである。また、ラクラウ自身が経験したアルゼンチンのペロニズモも、「ペロン」という名前がその実体と離れて、多様な社会的要求を節合する普遍的な指示記号となったからである。

このようにある特殊な社会的要求が自らの特殊性を離れて普遍化し、広範に節合された社会的要求をつなぎとめる対抗的な垂直的権力の構築を、ラクラウは「ヘゲモニー構築の論理」と呼ぶ。グラムシとラクラウのヘゲモニー概念の相違は、前者がヘゲモニー構築の中心的主体として労働者階級を想定していたのに対し、ラクラウはどのような社会的要求や運動もヘゲモニー構築の中心的役割を担うことができる可能性を主張している点にある。

以上が本稿に関わるラクラウ理論の骨子だ。論考の後半で彼は、ラテンアメリカ左派政治の根本原理をポピュリズムの論理を用いて説明する。ラクラウによると、民主主義革命を標榜する左派の思想と運動は、多様な要求の水平的節合を模索するポピュリズムの論理を常に必要とする。また、二〇〇〇年代に誕生したラテンアメリカの左派政権の数々は、そのようなポピュリズムの論理を具現化したものとして検討・評価されるべきであるという。

ラクラウの理論は、しばしば、フランス現代思想を取り入れた高度で難解な理論として注目されてきた。日本でもそのような理解から、彼の理論を現代思想の一潮流として位置づける傾向にある。だが、本解説で説明したように、彼の政治理論はきわめて実践的な問題関心から生まれており、その理論の有効性や可能性も実践主義的な観点から検討されるべき性質を有している。立憲主義の原理原則が揺らぎ、民主主義の文化の刷新が求められる日本においても、彼の理論が示唆するところは大きいと言えないか。

（1）この問題関心は、すでに一九七〇年代に執筆された『資本主義・ファシズム・ポピュリズム――マルクス主義理論における政治とイデオロギー』（横越英一監訳、柘植書房、一九八五年、原題は *Politics and Ideology in Marxist Theory: Capitalism, Fascism, Populism*, London: New Left Books, 1977）において明確化されている。

（2）「等価性の論理」および「敵対性」概念については、エルネスト・ラクラウ&シャンタル・ムフ『民主主義の革命――ヘゲモニーとポスト・マルクス主義』（西永亮・千葉眞訳、ちくま学芸文庫、二〇一二年、原題は *Hegemony and Socialist Strategy: Towards a Radical Democratic Politics*, London: Verso, 1985）に詳しく書かれている。

（3）ラクラウの民主主義の展望については、『現代革命の新たな考察』（山本圭訳、法政大学出版局、二〇一四年、原題は *New Reflections on the Revolution of Out Time*, London: Verso, 1990）を参照されたい。

（4）ポピュリズムの論理については、Ernesto Laclau, *On Populist Reason*, London: Verso, 2005 において詳細に議論されている。

（5）empty signifiers については、Ernesto Laclau, "Why Do Empty Signifiers Matter in Politics?" in *Emancipation (s)*, London: Verso, 1996 に詳しく説明されている。

第2章 政治的構築の論理と大衆アイデンティティ

エルネスト・ラクラウ

1 ポピュリズムとは何か？

ポピュリズムはイデオロギーではなく、〈政治的なるもの〉(lo político)を構築する様式の一つである。それは社会を二つの陣営に分断し、既存の権力に対抗して「草の根の権力」の動員を呼びかけることで確立されるアイデンティティの様式である。社会秩序が根本的に不正義であると捉えられるとき、いつでもポピュリズムは現れる。そしてポピュリズムは、問題となる社会秩序の根源的な再構築を可能にする集合行為の新たな主体〔＝主権者〕であるところの、〈人民〉(el pueblo)の構築を求める(1)。

以上の点は正確に理解されねばならない。ポピュリズムは、既存の社会秩序を根本から転覆させる革命的な実践であるとは必ずしも言えない。ポピュリズムが革命的になるのは、それを通じて構築される主体が既存の秩序の基本的かつ構造的な性質に反対するからであり、また他方ではこのオルタナティブな主体が、たとえば東欧の民族ポピュリズムのように、既存の秩序の中で明確には定義されていない他の性質を急進化することによって生じるからである。

しかし、いずれの場合においても、ポピュリズムには革命的かもしくは反動的な企てが存在する。明らかなのは、このオルタナティブな主体は、社会全体を包括する主体として、すなわち社会秩序に反対する政治的形態として現れるということである。

2 極端な制度還元主義に対抗して

〈政治的なるもの〉を構築する論理としてのポピュリズムの対極にあるのは何か。それは極端な制度還元主義、すなわち社会的行動の主体(エージェント)が社会全体を包括する主体ではなく、全体の中の部分的な主体と見なされる政治的・社会的論理である。制度の論理はポピュリズムの対極に存在する。ポピュリズムが多様な社会秩序全体を転換するアクターとして社会的要求の総体をまとめあげるのに対して、制度還元主義は、社会的要求のひとつひとつを特殊主義に還元し、それらを個別の要求として既存の体制に吸収してしまう。

ポピュリズム言説が社会を二つの敵対《アンタゴニスト》する異なる陣営に分割し、社会の内部に境界線(frontera interna)を設定するのに対して、制度還元主義はこの境界線を融解させる。その結果、何が起こるのか。社会的要求が構築される水準と、それらの要求が吸収・伝達される回路の水準との間に、断絶も亀裂もない連続性が確立される。このことが意味するものは二つある。

第一に、制度還元主義は、完全に実現された場合、権力関係を根本から消滅させる。なぜなら、もし権力と呼ばれるものが、社会的要求の充足に関して意思決定が行われる何らかの水準の存在を意味するのであれば、〔意思決定の〕権力が作用するこの水準は、必然的に、これら社会的要求の外部に存在する審級《インスタンシア》として構築されるだろう。[2] しかし、もしこれらの社会的要求が——少なくとも理念的には——体制の中に吸収され満たされうるのであれば、社会的要求を構築する審級からそれが受け入れられる審級への移行は、純粋に体制内部のメカニズムを通して行われる

（1）近代政治理論では、近代国家の領土に存在する人びとの集合を、冠詞をつけない people（英語）／peuple（フランス語）／pueblo（スペイン語）で表現し、主権者である〈人民〉を、冠詞をつける the people（英語）／le peuple（フランス語）／el pueblo（スペイン語）で表す。民主主義革命とは、草の根の社会運動を通じて主権者たる〈人民〉アイデンティティを絶えず再構築していくことにある。ラクラウの関心は、〈人民〉アイデンティティを、労働者階級などの特定の社会集団に占有されることなく、多様な社会的要求を節合することで構築する政治理論を構想することにある。とくに彼は、グラムシのヘゲモニー理論をポスト構造主義思想のさまざまな理論装置を援用して解体・再構築することで、多元主義的な〈人民〉アイデンティティ構築の道を開拓した。

（2）近代の代表制民主主義は、まさにこのようなシステムの上に成り立っている。なぜなら、民衆の社会的要求は、議会における意思決定プロセスを経て政治的に実現されるからだ。ラクラウがここで述べる「権力の審級が社会的要求の外部に存在する状態」とは、近代民主主義制度に特徴的な、代表する者と代表される者との間の乖離を指している。

ことになるだろう。

第二に挙げられるのは、一点目を敷衍して述べることであるが、極端な制度還元主義は政治の否定と行政管理の論理の台頭を生じさせる。政治とは、それが何かを意味するのだとすれば、多様な社会集団の間の対立の場を構想するものである。(3) しかし、制度は決して中立的なものではありえない。むしろ制度は、諸集団の対立の中で生まれる何らかの均衡を示すものである。ところが、制度的権力の神聖化は、制度に与えられた権力が偶発的に構築されたということを忘却させる。

3 ポピュリズム――多様な要求の水平的節合を生み出す等価性の論理

では、制度還元主義の対極、つまりポピュリズムによる政治的節合(articulación política)の軸に目を向けるとしよう。その場合、われわれは制度還元主義とは正反対の状況と出会うことになる。ポピュリズムの軸では、多様な社会的要求の水平的な節合が起こる。この水平的な節合は、筆者が「等価性の論理(lógica equivalencial)」と名付けるメカニズムによって明らかにされる。水平的な節合が出現する背景には、既存の制度体系がこれらの社会的要求を吸収できないという状況がある。その結果、制度が時代遅れとなり、満たされない要求が蓄積される。言葉を変えて説明するならば、社会が一個の均質な細胞組織ではなくなり、とめどなく分裂しはじめるのだ。

この分裂は、しかし、自動的に生み出されるのではない。それは政治的に構築される必要がある。ポピュリズムとは、社会的分裂を政治的に構築することである。ポピュリズムの論理が働くためには、等価性の論理が完全に機能する必要がある。等価性の論理は次の二つの連続した活動を通じて生じる。

第一の契機は、水平的次元と結びついた等価性を構築する活動である。政治体制がその支持基盤から現れる多様な要求に応答することをやめたとき、これらの要求は体制に統合されなくなり、排除された要求同士の間で新しい連帯関係が確立されはじめる。もし住居、消費、学校教育、セキュリティに関する要求が満たされることのないまま存在すると、これらの異なる要求の間に何らかの「親縁関係」(4)が生まれ、相互に結びつきはじめる。

(3) ラクラウは、政治の根本原理――彼はそれを〈政治的なるもの〉とも表現する――を、社会的対立・闘争・敵対性を顕在化させることにあると考える。この点で、彼の政治理論は、討議を通じた合意形成に主眼を置く自由主義政治理論ならびにハーバーマスの討議的民主主義理論とは一線を画す。ラクラウが制度還元主義を批判するのは、個別の社会的要求が既存の制度によって個別的に解決されることで、社会に内在する諸集団の対立や敵対性が見えなくなり、既存の社会的秩序を根本から問い直す契機が失われるからである。

(4) ラクラウは、しばしばこの現象をヴィトゲンシュタインの「家族的類似(family resemblance)」概念を用いて説明する。ここで使用されているスペイン語の「親縁関係(parentesco)」も、「家族的類似」概念を想起させるものであると考えられる。

ポピュリズムの場合、このアイデンティティは、本来異なるさまざまな要求の節合(articulación)を通して大きくなる。多様な要求のこの水平的な節合こそが、集合的主体＝主権者である〈人民〉(el pueblo)を構築するのである。水平的節合は、〈民主的要求〉——既存の制度の中で問題が解決することで、制度の垂直的権力と合致する要求——と、〈大衆的要求〉——多様な要求の水平的節合に基づいて集合的主体としての〈人民〉の構築を目指す要求——との間に確立される区別の基礎である。

4　ポピュリズム——新しいタイプの垂直的権力の構築へ

しかし、ポピュリズムに固有の水平的節合／等価性の論理と制度還元主義の垂直的権力の論理を単純に対立させるのは誤りである。なぜならポピュリズムも、その出現の条件として、新しいタイプの垂直的権力を必要とするからだ。

集合的主体＝主権者としての〈人民〉は、何らかのアイデンティティとして具現化される必要がある。だが、このアイデンティティは自動的に生み出されるのではない。それは構築されなければならない。すなわち〈人民〉という集合的主体は、ゼウスの頭から生まれたミネルヴァのように完全に構築されたアイデンティティではなく、アイデンティフィケーション(同一化)の過程を経て生じるのである。[5] 自発的に構築された等価性の連鎖は、それ自体自由であるので、何らかのアイデンティティを構築することはできない。

これが、多様な要求の水平的節合に続いて起こるポピュリズムの第二の契機である。ポピュリズムの原理が働くには、多様な社会的要求の間につくられる等価性の連鎖が、その連鎖を一つの全体性として実体化させる指示記号《シニフィアン》によって表象されなければならない。筆者はいま、「指示記号」と言った。その理由を確認することが大切である。

仮に、「アイデンティフィケーション(同一化)」ではなく「アイデンティティ」を扱うとしよう。この場合、議論の対象となるのは指示記号ではなく、記号の意味内容《シニフィエ》である。したがって、表象のプロセスは自動的なものとなるだろう。なぜなら、指示記号の秩序は意味内容の単純な写しとなり、意味システムの構築プロセスの観点から言えば、何の重要性も持たなくなるからだ。〔政治理論の用語でいうと〕〈人民〉(el pueblo)という集合的主体は、社会に存在する人びとの全体を指す「民衆(populus)」そのものとなり、満たされない要求をかかえた特殊な集団である「平民

(5) アイデンティフィケーションは精神分析学の用語で、ある主体が自分と別の対象物に同一化することを指す。ラクラウは、〈人民〉というアイデンティティも、同一化の過程を経てつくられると考える。たとえば、アパルトヘイト下の南アフリカ共和国では、アパルトヘイトに反対するさまざまな運動や社会的要求に支えられて、ネルソン・マンデラが民主化した南ア共和国の新たな象徴にまで高められた(七一ページ参照)。ラクラウの理論にそって説明すると、それは、アパルトヘイト体制に反対する多様な要求が、象徴的次元でマンデラと同一化(アイデンティフィケーション)することで、新たな〈人民〉アイデンティティが構築されたということになる。

(plebs)」ではなくなってしまうのだ。(6)

等価性の連鎖の統一性を表象するには、この多様な連鎖が統一性を表現する何らかの形態に転換される必要がある。そのような統一性の表象は、連鎖を構成する要素〔＝多様な社会的要求〕のすべてによって共有される、実証的かつ共通の基礎からなる統一性ではありえない。多様な要素を結ぶのはただ一つ、それらを否定するシステムに対する反対を通してである。言い換えるならば、表象の過程を媒介することで表象されるものが構築されるのである。(7)

この点において、われわれはいまから、ポピュリズムに内在する垂直的権力がどのようなものであるかという問題に立ち戻ることができる。〈人民〉が出現する第一の契機は、等価性の連鎖の水平的な拡大である。第二の契機は——それはいまから明確にしたいことなのだが——、水平的な次元を否定するのではなく、まさにその水平的次元から構築される統一性が持つ〔権力の〕垂直性である。筆者の理論の核心は、表象作用の構築的かつ第一義的な性質に立脚している。表象されるものの統一性——等価性の連鎖——は、この表象過程と決して無関係ではありえない。この等価性の連鎖を全体性として表象する媒介物は何だろうか。

唯一利用可能な媒介物は、等価性の連鎖を構成するひとつひとつの輪〔つまり、個々の社会的要求〕である。これらの輪は、しかし、それぞれの個別の特殊性を表象するしかない。多様な輪の連鎖を一つの全体性として表象するためには、これらの輪の一つが自らを二つの次元に分割しなければならない。すなわち、一方ではその特殊性は消滅するが、他方ではさまざまな輪の連なりをそのようなものとして表象する補完的な機能を提示する必要があるのだ。(8) 特殊なアイデンティティが自らの特殊性を超える大きな全体性を表象する機能を提示するというこの関係こそが、筆者がヘゲモニーと呼ぶものである。(9)

〈人民〉は、以上で述べた二つの次元〈水平的次元と垂直的次元〉が組み合わさって構築され

---

(6) ラクラウは、社会変革の主体である〈人民〉という集合的アイデンティティは、社会の中で周辺化され、満たされない要求をかかえた「平民(plebs)」が互いの要求を水平的に節合させることによって生まれると考える。もし〈人民〉が、社会に存在する民衆全体(populus)を意味するのであれば、〈人民〉という指示記号は、既存の社会全体を映す鏡にすぎなくなり、満たされない要求を持った集団を不可視にしてしまう。その場合、満たされない要求の顕在化を通じて既存の社会秩序を問い直すことは不可能となり、社会変革は起こらない。

(7) この部分の議論の流れで言うと、既存の政治体制への反対を共通に表明する＝表象することで、個々別々の社会的要求の意味が「共に体制に反対する集団」という統一性を持ちながら構築される、ということである。

(8) 個別の社会的要求は、一方では自らの特殊な要求を維持しつつも、他方ではその他の社会的要求との連鎖を起こすために、自らの特殊性を退け、より普遍的なメッセージを表象していかねばならないということ。七〇ページで説明したフェミニスト団体の事例を参照されたい。このフェミニスト団体は自らの要求をその特殊性とより幅広い普遍性へと分割することで、他の要求と水平的に節合することが可能となる。

(9) *On Populist Reason*(2005)などの後期の著作で、ラクラウはヘゲモニー構築の論理を「特殊性が普遍性を表象すること(the particular represents the universal)」とも述べている。

ることをよく理解されたい。水平的次元は基本的な必要条件である。なぜなら、等価性の連鎖の拡大がなければ、大衆アイデンティティは構築されえないからだ。ただし、垂直的次元もまた必要不可欠である。普遍性を表象する指示記号《シニフィアン》(10)を媒介にしてさまざまな等価性を統一しなければ、民主的要求の間に構築される等価性は簡単に消滅・解体されうるからだ。

ヘゲモニー構築の役割を果たす指示記号に内在する論理を理解するために、きわめて重要なもう一つの側面がある。それは、そのような指示記号は〈空虚な指示記号〉(11)として構築される傾向があるということだ。その理由は明らかである。

自らの特殊性を超える全体性を表象する補完的機能を提示するには、ヘゲモニーとなる指示記号は、もともとの特殊主義との結びつきを緩める必要がある。そして、より多くの社会的要求を同等の価値を持つ要求として結びつけて、ヘゲモニー的契機によって特殊主義の契機を「打ち壊す」必要がある。他方で、等価性の連鎖は不安定であり、状況によって拡大もすれば縮小もする。したがって、ある指示記号がどの意味内容に対応するかは、いかなるときでも不確定である。これこそがヘゲモニー構築の弱点でもあり、強みでもある。

弱点というのは、いかなる指示記号もその意味内容を統御できないからだ。ヘゲモニーの構築過程は、新しい要素〔＝社会的要求〕が等価性の連鎖に加わることで、その意味が再定義されるというゲームに従う。また同様に、すでに等価性の連鎖の一部であった別の要素が、このようなヘゲモニー的節合の過程からはずれてしまうことも起こりうる。あらゆる新しい社会的要求は、ヘゲモニーの役割を果たす指示記号によって統一される等価性の連鎖の中に十分に組み込まれるかぎりにおいて、その要求を完全に構築するに至るだろう。グラムシが認めるように、ヘゲモニーを獲得したときこそが歴史的ブロックとなるのだ。

5　制度還元主義の論理とポピュリズムの論理の節合

これまでの議論では、制度還元主義とポピュリズムの二つの論理は対極の理念型として提示されていた。この理念図のもとでは、両者は最終的に折り合いのつかないものとして考えられている。そこで考察されていないのは、両者の節合が起こる契機である。なぜなら、そのような節合が実際に存在するからだ。両者の間の節合は、政治分析が直面する具体的な状況の中では現実に起こりうる。

まずはポピュリズムから考えることにしよう。すでに述べたように、ポピュリズムの特徴は、差異性の論理に対する等価性の論理の優位にある。しかし、「等価性の論理の優位」は、等価性

（10）原文では significantes hegemónicos と書かれている。直訳すれば「覇権的な（ヘジェモニックな）指示記号《シニフィアン》」となるが、「覇権」という意味が「支配」の意味で解釈される可能性があるので、前後の文脈とラクラウ理論の分析枠組みを考慮して、「普遍性を表象する指示記号《シニフィアン》」と訳した。

（11）一九九〇年代以降のラクラウ理論の中心カテゴリーである、empty signifier のこと。

の論理が「独占的な影響力を持つこと」を意味するのではない。純粋に等価的な関係は、その対立軸であるところの差異性を完全に消し去り、自己自身を破壊してしまう。大衆の節合という唯一の次元だけに向かう等価性は、等価性であることを止め、差異性の存在しないアイデンティティを生み出してしまう。

たとえば、住宅や保健衛生に関するさまざまな要求が大衆の中で等価的に〔＝水平的に〕節合するには、これら二つの要求の差異性が等価性の基礎として存在し続けなければならない。この差異性が完全に消滅すると、大衆の多様な要求はその実体のすべてを失い、〈人民〉アイデンティティは指導者によって際限なく操作可能な、個性を欠いた大衆に成り下がってしまうだろう。これは、制度還元主義者たちがわれわれに提示するポピュリズムの性質である。すなわち、指導者の政治戦略の手段として使われる「操作された大衆」に還元された「人民的大衆」である。それは〔ジョージ・オーウェルの小説に出てくる〕ビッグ・ブラザーのような世界だ。

ポピュリズムを大衆扇動以外の何ものでもないと捉える保守的な見解は、このような〈人民〉のイメージに立脚している。すなわち、〈人民〉を等価性と差異性の複雑な働きから生じる実体としてではなく、際限なく操作可能な無気力な大衆と見なしているのである。

すでに確認してきたように、大衆ブロックの構築は、権力の抑圧的な陣営に対して大衆ブロックを区別するフロンティアを社会の中に設定することによって行われる。その過程で、それぞれの社会的要求は、自らの特殊性を維持する次元と他の社会的要求と等価性の連鎖の構築を可能にする次元に分割される。この点に関して言えるのは、各要求の内部構造に常に存在するこれら二つの次元は、さまざまな規模で関わり合っているということだ。もし特殊主義が弱く、全体を包括するアイデンティティが等価性の論理により強く立脚しなければならないのだとすると、その結果生まれる言説の構築は、ポピュリズムの軸により一層傾倒するだろう。反対に、もしアイデンティティを構成する差異性の契機がより強固であるならば、制度還元主義の軸により一層近づくだろう。グラムシは「同業組合的階級(clase corporativa)」と「ヘゲモニー的階級(clase hegemonica)」を区別している。前者の場合、各セクターの利害関心がアイデンティティ構築における支配的な契機となる。反対に、後者の場合には、筆者が「等価性の論理」と呼ぶメカニズムに基づき、各セクターの目標の「普遍化」が起こる。

制度還元主義の軸から見ても、議論は似たようなものになる。差異性の論理が圧倒的に支配的な社会は、時計製造技術のようなメカニズムで動く社会であろう。そのようなメカニズムの中では、政治的な媒介(さまざまな社会集団の間の論争・対立を通じて社会を構築する論理)は完全に排除されるだろう。多様な社会的要求は、等価性の連鎖の中にではなく、先験的に描かれた社会の組織図によって強制される社会的位置の抽象的な配置図《トポグラフィア》の中に組み込まれてしまう。

この組織図を構成する知識は、常に専門知である。専門知へのアクセスは、プラトンの『国家』で描かれるような哲学王か、もしくは今日の技術官僚のような専門家の知識に独占されるだろう。制度還元主義の基本的態度は、制度を通じて表現されるさまざまな社会的勢力と制度的諸形態を分離し、これら制度的諸形態を絶対的なテロス(目的)に転換することにある。その結果、多様な社会的勢力が提案しうるさまざまな目標に克服不可能な制約を課してしまう〔つまり、社会的諸力によって制度の活用や変革が不可能になってしまう〕。

ポピュリズムも制度還元主義も、一方の極に偏向すれば部分的で不十分なものとなる。すでに見てきたとおり、純粋なポピュリズムは自滅してしまう。等価性の論理が完遂されると、あらゆる特殊主義が消え去り、ついには等価性の原理それ自体が揺らいでしまう。純粋な制度還元主義が持つ正反対の原理は、物象化された制度的諸形態の表面的な力であらゆる政治アイデンティティを先験的に制約するという点で、おそらく〔社会について何も問われることがないという意味において〕「平穏な」社会へと導くかもしれないが、それは墓場にいるかのような平穏さである。もちろん、この全体主義の幻想は常軌を逸した夢物語にほかならない。

6　民主主義社会について

以上で検討したことは、民主主義社会が機能する条件に関するさまざまな現代的議論の観点から見ると、より一層明確になる。とくにポピュリズムは、一般的には信用されていない。すでに見てきたことだが、ポピュリズムは、民主的な等価性の水平的拡大と、ヘゲモニーの構築を導く指示記号（多くの場合、それは指導者の名前である）を軸に構築される垂直的節合の二つの原理の節合を通じて構築される。ポピュリズムに対する不信の多くは、垂直的節合の原理に向けられている。つまり、指導者へのこのような依存は、意思決定能力のすべてを彼に委譲することにならないだろうか、またその意味で、権威主義的体制の確立に至らないだろうか、という不信が生じるのである。

まず理解すべきは、指導者は、指導者と認知され、ヘゲモニーを構築する指示記号として〔多様な社会的要求をまとめる〕結節点の役割を果たすためには、その指導者の名前に先行し、名前によって補完され表象される等価性の連鎖に支持されていなければならない。垂直的なヘゲモニー構築の次元に節合される水平的な次元の存在がなくては、ポピュリズムは存在しない。

自律性の原理――水平的次元において起こる原理――とヘゲモニーの垂直的原理の間には、創造的な緊張関係が存在する。この緊張関係のもとで、これら二つの原理は交渉しあい、両者の間に均衡がもたらされうる。これまでのさまざまな歴史的状況を鑑みると、ポピュリスト的な垂直的権力の濫用が権威主義的な退廃を生み出してきたことは疑いようがない。だが、すべてのポピュリスト体制が必ずこのような権威主義的な方向へ失墜すると考えるのは、誤った推論である。

そのうえ、権威主義への迷走は、あらゆる自由主義的制度形態を維持している社会においても起こりうる。制度は中立的なものではなく、さまざまな社会集団の間の力関係の均衡を表現するものである。この均衡がもたらすさまざまな帰結の一つは、それが諸制度の間における権力の浸透を意味しているということだ。

では、大衆の民主的な要求と乖離しているものの、自由主義国家の制度形態を維持している保守的な体制が、これら大衆による社会運動の拡大に直面している状況を考えてみよう。新しい社会的諸力にとっては、従来の政治構造では、その抵抗運動を展開していくための具体的な空間が不足している。ポピュリストの原理が働く以前の典型的な状況が、まさにこれである。つまり、満たされることのない社会的要求が蓄積する一方で、それらを伝達するための回路《チャンネル》が存在しないのである。このような状況において、これまで説明してきた諸次元を持つポピュリスト的な社会運動が台頭する。

第一の段階では、多くの社会的要求の間に等価性の連鎖を構築する大衆行動が起こる。第二の段階では、これらさまざまな要求が、大衆の陣営の統一性を形成する何らかの普遍的な解釈《ヘゲモニカ》のまわりに集まる。〔既存の権力構造との〕断絶点のまわりに形成されたさまざまな等価性の連鎖のこの集合体は、新たな権力の構築を意味する。このような状況において、保守的な政治権力は、新たな権力の構築を解体・阻止しようとするのが常である。なぜなら、既存の体制を回復するには、旧態依然とした諸制度の中で権力を普及することが最善の方法だからだ。

旧体制の復古は、既存の制度を守るという仮面を装っているが、一般的に言って、きわめて権威主義的である。たとえば、一九三〇年代のアルゼンチンの政治体制を思い出してみるとよい。これらの体制は、不正に基づいていたが、にもかかわらず自由主義国家の政治的・法的形態を遵守していた。

7　左派とポピュリズムの関係

ポピュリスト政治の中身が常に革新的であると考えるのは誤りであるということを指摘したい。ポピュリズムが意味するところはただ一つ、それが社会を二つの陣営に分断し、「権力」に対峙する大衆側の陣営に対して「呼びかけする」言説であるということだ。ただし、この「呼びかけ」[12](interpelación)はさまざまなイデオロギーによって起こりうる。たとえば、ファシズム言説には多くのポピュリズム的次元が存在した。さらに、きわめて重要な現象として、ポピュリズムの内容は、対極的な位置にあるイデオロギーも含めた異なるイデオロギー

(12)「呼びかけ」(interpelación)とは、フランスの構造主義的マルクス主義の理論家ルイ・アルチュセールの用語であり、社会を構成するさまざまな制度や装置から発せられる言語によって、民衆が主体化されることを指す。たとえば、アルチュセールは、警察官に「呼びかけ」られることによって、市民が国家の臣民として主体化されることを例に挙げている。このようにアルチュセールは、国家のイデオロギー装置による主体化という抑圧的な側面に光を当てて「呼びかけ」の機能を分析した。対照的にラクラウは、既存の社会秩序を変革する能動的主体を革の根から形成する論理として「呼びかけ」の機能を分析している。その最たる例が、ポピュリズムの言説である。

的内容を持つ言説の間に浸透しうるということである。このイデオロギーの「転移」現象――もしくはイデオロギーの曖昧性と言ってもよいだろう――は、あらゆる社会に見られる。なかでも、資本主義世界の周辺に位置する政治体制にとくに顕著である。

制度還元主義とポピュリズムの間の座標軸の中で左派を政治的に位置づけるとするならば、強力なポピュリズムの要素がなくては左派の政治言説は構想不可能だと言える。左派が純粋に制度還元主義的な言説を採用することは、形容矛盾である。支配的な秩序の問い直しなくして、左派は存在しない。そして、この支配的秩序は諸制度の中に具現化されている。つまり、抜本的な制度変革なくしては、根本的な社会変革の可能性は存在しないのだ。

これまでとは異なる秩序の構築は、細胞分子のように小さな〔＝ローカルな〕過程を通じて進んでいく。このような過程を通じて、既存の社会に芽生えた新たな社会的力は、既存の社会を構造化している制度的枠組みと衝突するようになる。このような「大衆運動による既存の秩序との断絶」の契機がなければ、大衆による変革のプロジェクトも存在しなければ、左派のオルタナティブも存在しない。

だが、左派の政治プロジェクトがポピュリズムと結びつく別の理由がある。それは、左派政治が組み立てようとする内容そのものと関わっている。すでに述べたように、ポピュリズムは多元的な社会的要求から出現した集合的意志であり、また既存の秩序との断絶点でもあるので、象徴的な次元において〔多様な社会的要求を〕統一する契機と、断絶点である社会的要求の多様性を維持する契機の両側面を必要とする。左派運動を包括するプロジェクトである社会主義が根本的な行き詰まりに直面するのは、まさにこの点においてである。

過去に存在した古典的な社会主義はマルクス主義に立脚しており、等価性の関係が想定する社会的敵対関係（antagonismos）の多様性を完全に抹消していた。歴史があらゆる多様性の消失へと進み、階級闘争という唯一の闘争によって置き換えられるのだとすれば、多様な要求を水平的に節合する必要がなくなってしまうだろう。マルクス主義は、社会関係の均質化の拡大と資本主義的階級構造の単純化の進展を説明する理論であった。この理論では、資本主義の回避不能な法則は中産階級と農民階級の消滅を導き、歴史の最終的な闘争は、資本主義的なブルジョア階級と均質的な大衆プロレタリアートとの間の衝突とならなければならない、と考えられていた。

しかし、歴史はこの方向には進まなかった。それは、社会における敵対関係が弱まったからではなく、エコロジーに関する社会闘争、〔社会的排除などによる〕周縁的セクターの出現、民族やジェンダーに関する闘争、さまざまな経済セクターの不安定化など、敵対関係が多元化したからである。

社会闘争の陣営の統一は、階級闘争のような単一の闘争への言及に終始しない水平的な節合の論理を必要とする。このことが意味するのは、今日の社会的条件においては、ヘゲモニーの論理による〈人民〉アイデンティティの構築に立脚しない左派のプロジェクトはありえないということだ。言い換えると、ポピュリズムなくして社会主義は存在しない。社会主義の歴史の中では、グラムシ理論の登場がこのパラダイム変革をより明確に表現し、また象徴している。

8 ラテンアメリカの事例から見る民主主義モデル

現代ラテンアメリカの状況を考察することで、これまでの議論を具体的に扱ってみよう。最近の一五年間、ラテンアメリカには国民的かつ人民主義的と考えられる一連の体制が現れている。これらの体制の傑出した特徴は、その評価をはるかに超えて、一般的に認知されている。

これらの体制のすべてにおいて、構造調整政策の規律、つまりより一般的にはワシントン・コンセンサスと呼ばれる新自由主義モデルと決別する経済政策が採択され、従来は政治的領域から排除されていた新しい社会セクターの参加が始まっている。また、これらの体制のすべてにおいて、政治参加の拡大が民主主義のゲームのルールを尊重する形で行われている。これらの体制のリーダーは、ベネズエラのウゴ・チャベス、エクアドルのラファエル・コレア、アルゼンチンのネストル・キルチネルおよびクリスティーナ・キルチネル、ボリビアのエボ・モラレス、そしてブラジルのルイス・イナシオ・ルラ・ダ・シルヴァである。

以上の考察を、まずは政治的代表の論理に言及しつつ敷衍しみよう。政治的代表は一方向的な過程、つまり代表される者から代表する者へと機械的に民意の移譲を行う過程ではなく、両者に同時に働きかける過程である。代表される者たちの要求は、代表する者によって、政治的状況の全体像に関して何らかの読解を提示する一つの言説にまとめあげられる。代表する者によるこの節合の機能はきわめて重要であり、民意を代表する言説を構築するにあたって中心的な役割を果たす。

したがって、以下のように説明することができる。社会がコーポラティスト的に組織されると、それだけ代表する者の政治的戦術が届かない余白／周縁部が拡張される[13]。他方で、構造化の度合いが脆弱な社会は、集合的意志を構築する際に、政治的媒介により一層依拠するようになる。

それゆえ、政治的代表の過程に内在する逆説が存在するのだ。〔政治体制における〕ある社会集団の構造化が進めば進むほど、彼らは自らの要求を構築するための政治的言説の媒介にあまり依拠しなくなる。そうなると、包括的な集合意志を構築するにあたって、他の社会集団との統合がより一層困難になる。実際、政治的代表の過程には構成的な曖昧性が常に付きまとっている。政治的代表過程自体が持つ内的論理に何らかの外的要素を暫定的に加えていくことなしには、政治的代表の過程は機能しないのだ。

外的要素のこの暫定的な追加は、政治的代表の内的論理が破綻／中断(corto-circuit)した状態と考えられる。外的要素に事実上依拠することによってのみ、過程としての代表は構築されうるのである。そこで、代表の論理の破綻／中断のケースを三点ほど指摘したい。

(13) 典型例は、業界団体によってつくられる利権の構造である。政治的代表者が特定の業界団体を裨益する政治を行うと、制度的には民主主義的でも利権の構造を中心に動く政治体制となる。その結果、民衆の多様な要求が政治に反映されなくなる。

第一に、代表される者の意志の消滅が起こる。これは、利権の関係が完全な状態で成立するときに起こるものである。なぜなら、投票が個人的な支援の変化に対して与えられるからだ。この状態では、代表する者の自律性がほぼ完全な状態となる。

第二のケースは、セクターの利害関心の部分的な構築である。各セクターは政治システムが計画される集団的要求のまわりに組織されるけれども、包括的な集合的意志を構築することはない。

第三のケースは、各セクターの利害関心がより脆弱であることから、代表される者たちの包括的なアイデンティティは、それが構築されるためには、代表する者の象徴的な媒介作用を必要とする場合である。純粋なポピュリズムにおいて起こるのは、まさにこれである。つまり、草の根の多様な要求が満たされ、それらが社会運動を包括するシンボルへと変容、そして超越していくことが必要となるのだ。

これらの構造的欠陥は、政治的代表の過程に内在している。つまり、これらの欠陥を政治的に調整することなくして政治的代表は存在しないのだ。すでに述べたように、代表する者の役割は代表される者の集合的意志を伝達することにあるのではなく、この意志の構築に能動的に関与することにある。したがって、代表される者は、自分たちを超越した言説の中に要求を登記することになる。

これは単なる受動的な登記ではない。なぜなら、代表される側の要求の登記がなければ、代表する者の言説はそのヘゲモニーの次元をすべて失ってしまうからだ。むしろここでいう「登記」(inscripción)という概念は、二つの極(代表する者と代表される者)の間の交渉を示唆する。この交渉があるからこそ、代表される者は集合的意志が形成される際の絶対的な原因として自らを確立することができないのである。

実際に、先述した政治的代表の論理の失敗のうち後者の二つは、大衆民主主義の経験がラテンアメリカで台頭してきた時代に現れた二つの基本的な政治形態——自由民主主義と民族人民主義——の母胎であると考えられる。自由民主主義は、自由主義国家の枠組みの中で民主化を進めていく歴史的傾向がある。これに対して、民族人民主義は自由主義国家に対するオルタナティブとして登場している。大衆民主主義の経験のこの分岐は、二〇世紀ラテンアメリカ史の全体を支配してきた。

第一の民主主義モデルは、ポピュリスト的断絶がないモデルであるが、理念的にはヨーロッパの政治モデルを再生産することに傾倒していた。農作物輸出型の経済開発がより幅広い社会セクターにアピールすることによって、寡頭政治システムの覇権的能力は一九世紀後半に増大していく。ポピュリスト的断絶のないこの自由主義的な民主化が完全に達成したのは唯一、ホセ・バッジェ・イ・オルドーニェス政権時代〔一九〇三〜〇七年、一九一一〜一五年〕のウルグアイだけである。他のすべての事例において、政治的代表の失敗の第二の論理と第三の論理の間の関係は一層複雑だった。

アルゼンチンの例を挙げてみよう。この国で起きたのは、自由主義国家の中心原理を問うことのないままに体制の社会的基盤が漸次的に拡張するという典型的事例である。最初は、バルトローメ・ミトレ政権〔一八六二〜六八年〕を樹立する運動の中で、支配的影響力を持つ港湾労働者の寡頭体制、およびそれと結びついた農畜産業の利権団体がきわめて小さな政権支持基盤を構築した。その後、フリオ・アルヘンチーナ・ロカ政権〔一八八〇～八六年〕を樹立する過程で、国内の支配階級が国家の指導部と結びつき、最終的に急進派の政府への参加によって中産階級が政治運営に参加するに至った。

これら一連の社会的な「抱き込み」は、自由主義政治の原理原則を尊重する形で進んでいき、誰も疑問に思わなかった。イポリト・イリゴージェン大統領〔一九一六～二二年〕のモットーは、「私の政策が国の憲法だ」。社会党は労働者に有利になるように各セクターの要求を促進したが、これらの要求は自由主義国家の枠組みの中での民主化の一環であると見なされていた。中産階級の改良を担う典型的な政治モデルは、このようにして出現したのだ。

このモデルは、この時代のラテンアメリカ諸国ほぼすべてにおいて確認される。すでにウルグアイのホセ・バッジェ政権の事例に言及したが、他の事例も忘れがたい。メキシコのフランシスコ・マデロ政権〔一九一一～一三年〕、ブラジルのルイ・バルボサ財務大臣〔一八八九～九一年〕、一九二〇年代チリのアレッサンドリ・パルマ政権〔一九二〇～二四年〕を考えてみるとよい。世界市場への経済統合が成功すればするほど、寡頭政治体制における支配階級は、政治の任務を従属するセクターと結びつける能力においてより威力を発揮していった。

ラテンアメリカ民主主義の第二の母胎は、民族人民主義的な性質を持つ大衆民主主義である。この大衆民主主義の言説は、自由主義国家のオルタナティブとして現れている。民族人民主義には、ポピュリスト的断絶をともなう民主化過程が存在する。その古典的事例はアルゼンチンのペロン政権時代とブラジルのバルガス政権時代〔一九三〇～四五年、一九五一～五四年〕であるが、ボリビアの民族革命運動党[14]（ＭＮＲ）とチリの第一期イバニェス政権時代〔一九二七～一九三一年〕も事例として数え上げられる。

これらのポピュリスト的断絶過程の根底には、一九三〇年代の経済危機を発端に、自由主義国家の拡張的かつ節合的な能力が限界に到達したことがある。しかし、これらの限界の出現は経済危機以前の時代に遡る。ブラジルでは、危機の過程は一九二〇年代初頭の政治的・軍事的運動（Tenentismo）とその最初の蜂起事件（Fuerte Copacabana）によって始まった。その後、政治的・軍事的運動（Columna Prestes）、一九三〇年革命を経て、一九三〇年代末にバルガスによる「新国家（Estado Novo）」の樹立へと至った。

この最初のポピュリズムの波には、民族人民主義に特徴的ないくつかの共通の性質が見出される。第一に、しばしば指摘されることではあるが、経済的な観点から見たとき、バルガス政権は経済モデルを変革して輸入代替工業化政策へ向かった。

第二の特徴は、代表する者と代表される者との間の関係において、政治的指導者と大衆との垂直的関係が、等価性の論理に基づく民主的要求の水平的自律化に勝った。典型的なラテンアメリカ・ポピュリズムは、国家管理型の傾向が強い。アルゼンチンでは、ペロン政権時代にラテンアメリカで最も強力な産業労働組合が形成されたが、労働運動は国家との関係に依存していた。こ

（14）一九四二年創立。民族・人民主義を掲げ、一九五〇年代初頭のボリビア革命で中心的役割を果たす。

の点に関しては、各国の多様な状況を区別する必要がある。

ペロンは、労働組合運動によって統一され、ブエノスアイレス、コルドバ、ロザリオの工業三角地帯に集中していた均質的な社会的基盤にその政治的言説を訴えかけた。一方バルガスは強力な国民国家を構築しようとしたものの、ブラジルの極端な地域分権化が国家統一の妨げとなった。そのため、ペロンのような政治的指導者になれる者はブラジルには誰もいなかった。バルガスは、さまざまな異なる利害を、それらが対立しない場合、調整する役を常に担い続けたが、彼の新国家はペロン政権よりも圧力に対して脆弱であった。

古典的なポピュリズムの第三の特徴は、それをイデオロギー的観点から見るならば、その思想的源泉が多様であるだけでなく、それら多様な思想的源泉が完全に異なる政治的傾向を保ちつつ共存しているという点である。バルガス政権樹立の過程においては、共産党に関わるさまざまなセクターと、ファシズムの傾向を持つプリニオ・サルガードのブラジル統合主義運動(el integralismo)が共存していた。ペロン政権樹立の過程においては、右派のカトリック系の国粋主義から派生した運動潮流と社会主義・共産主義もしくはトロッキストに由来する運動潮流が共存していた。ヘゲモニー構築を求める社会闘争は、統一された一つの公式的な教理に基づいて、その教理となるイデオロギーの中で定義された対立軸に対峙する形で行われるのではなく、大衆陣営のまさにその中におけるさまざまなイデオロギー分派の間で行われるのだ。

「わたしは二つの手(＝政治的傾向)を持っている。一つが左手＝左派、もう一つが右手＝右派である」と、ペロン自身がまさにこの点を述べていた。アルゼンチンの場合、このイデオロギーの複数性は、一九七三～七六年に悲劇的次元を帯びた分派間闘争へと導いた。

ベネズエラ、エクアドル、ボリビア、アルゼンチンなど、過去一五年間にラテンアメリカに出現した新しい政治体制について思案するならば、これらの体制はいくつかの重要な側面で古典的なポピュリズムとは異なると言える。これら新しい政治体制の際立った特徴は以下の通りである。

①経済的観点から言うと、歴史的状況が明らかに異なる。優先すべき政策オプションは輸入代替工業化ではなく、ラテンアメリカ大陸の地域統合である。ラテンアメリカ諸国は、ワシントン・コンセンサスと決別し、ラテンアメリカ経済を壊滅的状況に導いた新自由主義の全盛期から抜け出しつつある。今日これらの諸国は、市場経済に対する国家の規制と介入に大きな比重を置き、中央政府の財政に壊滅的な影響を与えた構造調整政策を回避するオルタナティブな経済モデルを発展させつつある。

②政治的観点から言うと、新しい政治モデルは過去のモデルとは異なる。第一に、筆者が指摘した自由民主主義と民族人民主義の間の二重性は概ね克服された。ラテンアメリカ大陸の新しい政治体制の中で、自由主義国家の政治形態――定期的な国政選挙、複数政党制、権力の分立など――に疑問を投げかける者はいない。

③今日の民主主義的経験が過去の経験よりも明確に前進していると言える他の側面もある。すでに見てきたように、古典的ポピュリズムは、等価性の論理の拡大という水平的次元に対して権力の構築という垂直的次元を優先させていた。これとは逆に、新しいポピュリズムには、自律

性の次元（＝水平的次元）がヘゲモニー構築の次元と同様に重要性を持つような新たな均衡が存在する。チャベス、キルチネル、エクアドルの市民革命、ボリビアの社会主義を求める運動(Movimiento al socialismo: MAS)などの政治運動は、さまざまな社会運動を重視し、その自律性を尊重している。

④筆者が指摘できる最後の点は——それは古典的ポピュリズムとの連続性について指摘するのだが——、ラテンアメリカの新しい民主主義は大統領を支持する強い傾向を保持しているということである。これは、ラテンアメリカ国家が構築されてきた様式と関連している。すなわち、すでに見てきたように、議会は往々にしてラテンアメリカ地域の寡頭制権力を再構築する場であったこと、そして行政権力が、より急進的な社会変革過程を可能にする、民衆のアイデンティフィケーションの中心となる傾向を有していたことと関連しているのだ。

結論として強調すべきことがあるとすれば、自律性とヘゲモニーの間のこの新たな均衡は、ラテンアメリカの経験が民主主義的共生のより十全な形態の実現に寄与しうるという意味で、おそらく価値あるものであるということだ。この点に関して回避すべき二つの危険性がある。

第一の危険性は、政治的過程が国家の形式上の制度装置の内部における従来型の政策に還元されてしまうことである。これは「自由主義的な危険性」と名付けうるものであり、本稿の最初で議論した極端な制度還元主義の形態と合致するものだ。

このような危険性に対峙して、もうひとつ、対極に位置する危険性がある。それは「超自由放任主義」と呼ばれうるものであり、自律性の契機に特権を与えるあまり、国家権力の構築の問題を放棄する危険性である。

社会運動は、社会的勢力の政治的諸関係を修正するに至らなかったならば、遅かれ早かれ瓦解してしまう。スペインの〈怒れる者たち〉の運動のような、ヨーロッパのいくつかの運動の危険性は、その極端な反政治主義が自らの活動を麻痺させてしまうという点にある。しかし、ギリシャの急進左派連合（Syriza）やフランスの左翼戦線[15]（Le Front de Gauche）、ドイツの左翼党[16]（Die Linke）のような運動は、ヘゲモニー構築のための闘争と自律的な社会運動との間の均衡をよりよく調合するであろう。ラテンアメリカの新しい民主主義の経験は、現代における左派政治のオルタナティブを考えるために大いに役立ちうる。

（15）二〇〇九年の欧州議会選挙に向けて結成された、フランスの左派政治運動体の連合。フランス共産党や、左翼党など社会党から脱退した左派グループが中心である。イデオロギーとしては、反資本主義、エコロジー社会主義などを掲げる。
（16）ドイツの社会主義政党。二〇〇七年に、民主的社会主義党（ＰＤＳ）と「労働および社会正義のためのオルタナティブ（ＷＡＳＧ）」の二つのグループが合流して結成された。主要なイデオロギーとして、民主的社会主義、フェミニズム、左翼ポピュリズムを掲げている。

第3章　ラテンアメリカにおける国家の再建

ボアベンチュラ・デ・ソウサ・サントス

1　「民主化」への移行

　ラテンアメリカ大陸は、現代政治の移行《トランジション》(1)に関する多くの文献を南ヨーロッパ諸国と共有している。これらの文献は、一九六〇～七〇年代の独裁制もしくは「官僚的・権威主義的国家」から八〇年代における自由民主主義への移行を扱っている。こうした研究の主要なテーマは、移行がどこから始まり、どこへ向かうのかの定義にある。

　ここで強調すべきは、一般的に見て、とくに一九八〇年代のラテンアメリカの批判理論は、移行の「上部構造」的性質に批判を集中させていた、という点である。つまり、政治的力学と政治的過程を中心に分析を行っており(この政治的力学と政治的過程はエリートの支配を常に受けており、民衆の参加のスペースがほとんどなかった)、また、民主的移行が、新しい主流である新自由主義によって要請された経済の自由化と同時に起こり、それゆえに、社会的不平等の拡大と同時進行しているという事実に焦点を当てていた、ということである。民衆の立場から見ると、社会的不平等の拡大は、自由民主主義の正統性の失墜を招いてしまった。

一九八〇年代、九〇年代、そして二一世紀の最初の一〇年にかけて、ラテンアメリカではこれまでとは異なる現象が現れた。これらの現象は、移行を扱う主流文献の中では完全に周辺化されていたが、主流派の研究を抜本的に問い直すものであった。それは、先住民、アフリカ系ディアスポラ、農民による社会運動である。これらの運動は、「主流」の研究の中で捉えられていた移行の根本を、①移行の始まりと終わり、②移行を導いている時間の概念、③移行が起こる空間全体、の三つの次元において揺るがしたのだ。

第一に、これらの運動は、これまで行われてきた移行についての骨の折れる研究調査のすべて

（1）ラテンアメリカやヨーロッパでは、二〇〇〇年代中ごろから「移行」（トランジション）の名のもとで、ポスト新自由主義・ポスト資本主義社会へのパラダイムシフトが議論されている。その背景となっているのは、新自由主義グローバリゼーションや消費主義から抜け出すことを試みるさまざまなローカリゼーション運動である。コロンビアのポスト開発論者アルトゥロ・エスコバルは、文明のパラダイムシフトを模索するこれらさまざまな思想・実践を「移行言説（Transition Discourses）」と総称し、これらの言説が「これまでとは異なる世界の構築」を目指すものであると評している。また、エスコバルは、ラテンアメリカで現れたブエン・ビビールという新しい生活哲学を移行言説の代表として紹介している（Arturo Escobar, Sustainability: Design for the pluriverse, *Development*, 2011, 54（2）: pp.137-140 参照）。

を覆し、〔民主化への〕移行は、より大きな解放の文脈に位置づけるならば、非常に限定されたものであることを示した。これらのいずれの運動にとっても、移行の時間軸は民主化のそれよりも長い。

とくに、先住民にとっての移行は非常に長い。それは征服者と植民地主義への抵抗に始まり、先住民の民族自決が完全に承認されたときに初めて終わるだろう。アフリカ系ディアスポラによる運動にとっての移行は、奴隷制ならびに奴隷制によって実現した植民地主義・資本主義の深化に対する抵抗に始まり、人種差別と「奴隷制と類似する労働形態」を今日まで永続化させている植民地主義と原始的蓄積に終止符を打ったときに終わりを迎えるだろう。最後に、広義の農民（チョロ、メスティーソ、パルド、リベイリーニョ、カボクロ、ペスカドーレ、インディヘナ、もしくはアフリカ系ディアスポラ）(2)にとっての移行は、共有地の略奪ならびに少数の支配階級への土地の集中に対する抵抗と独立によって始まり、農地改革が完了するときに初めて終わるだろう。

第二に、時間の概念も覆された。西欧近代に潜む単線的な時間概念に従うならば、移行は常に過去から未来への移り変わりを意味する。

では、先住民運動のように、植民地化以前の遥かなる過去への回帰が有力な未来の構想へと転換する場合、それをどのように考えればよいだろうか。これまでとは逆の発想で想像するには、どうすればよいだろうか。つまり、現在存在しないものを通して過去に存在したものを想像してみる、そして、実在上の、あるいは想像上の生きた廃墟として復元したこの過去の存在から、これから創り出さなければならない未来――しかしそれは、現に存在しないか実現不可能であると見なされて、生み出されることを否定されている未来である——を想像するには、どうすればよいだろうか。記憶の要求を通して未来を要求するには、どうすればよいだろうか。

これら一連の問いは、ヨーロッパ中心主義的な批判の伝統がこのような問いかけの意味を理解しがたいこと、そしてこの批判の伝統が活躍する認識論的・存在論的枠組みの中ではこれらの問いに応答することが不可能であることを、暗に顕在化させる。

第三の転覆は異なる世界観《コスモヴィジョン》に関わる。過去数十年間に主流となった移行は、近代政治体制の二つの類型としての独裁制と民主主義体制という、ある均質的な全体から別の均質的な全体への移行である。しかし、先住民とアフリカ系ディアスポラの場合、移行はさまざまな文明の間で、すなわち、独自の世界観を持ち、異文化間の翻訳を通じてのみ対話が可能なさまざまな文化的宇宙の間で起こっている。そのため、より根本的な観念、より神聖な神話、より生き生きとした感情が、異なる言語・意味・文化の領域の間を移り行く中で失われるリスクを常にかかえながら、対話が行われているのである。

たとえば、エクアドル憲法がパチャママ(聖なる大地)の権利について語るとき、権利を基盤とする近代世界と、本来は権利付与の対象ではないパチャママに立脚するアンデス世界との間に、概念的な異種交配を生み出している。なぜならパチャママは、義務や権利といった概念がアンデス世界の世界観に存在するかぎり、あらゆる義務および権利の源泉であるからだ。

（2）いずれも混血民の呼び名である。

同様に、エクアドルとボリビアの憲法は、経済・政治・社会組織の運営原理として〈ブエン・ビビール＝充実した生活を送る〉（ケチュア語でスマク・カウサイ、もしくはアイマラ語でスマ・カマーニャ）という言葉を導入している［一一五ページ参照］。両憲法は、西欧近代の基礎となる法文書――つまり憲法――の中に、非植民地時代の、非西欧文明的な言語的・概念的リソースを結集させる雑種混交的《ハイブリッド》な概念的・規範的装置に依拠しているのである。

公共政策と人権の受益者の共同体の中に、祖先、動物、および聖なる大地を含めるにはどうすればよいだろうか。ポスト植民地主義時代の二重の人権――つまり、異なるがゆえに差別されるときには〈平等であることの権利〉を求め、平等の名のもとで差異性が無視されるときには〈差異を尊重する権利〉を求める、という二重の人権――を承認するプロセスの中で、〔パチャママの権利も含めた、権利概念の〕新しい異種交配を定着させることは、いかにして可能なのだろうか。

いずれにせよ、政治の次元では、長い道のりである移行はこの短い期間の間にも実行されており、それは、現在の歴史的状況における政治アジェンダと政治闘争の偶発的な展開に左右されている。明らかに言えるのは、二〇〇八年の金融危機以来、「国家」が大きな転換を経験しているということである。過去数十年間に生じた諸々の変化は、近代国家の制度的・組織的構造ならびに西欧近代の非常に安定した諸制度の全体にどのような影響を与えているのだろうか。ラテンアメリカ大陸では、これらの変化は、「国家の再来」を主張する議論に拍車をかけている。では、どのようなタイプの国家が戻ってきたのだろうか。

「幻想の共同体国家（El Estado-comunitaria-ilusoria）」――国際的な新自由主義の流れに対する忠誠

を放棄するまでには至らないが、経済と社会政策において国家に何らかの中心的な役割を与えようとする近年の改革全体を、われわれはそう呼ぶことができる。幻想の共同体国家による諸改革は、国内におけるさまざまな社会政策に訴えている。たとえば、社会的弱者への直接的かつ集中的な所得移転による富の再分配や、教育政策への投資などである。

これらの社会政策は、社会的結合(cohesión social)を促進する政治的原理としてではなく、貧困削減の技術的な問題と見なされている。国家の政策の評価は経済効率性を基準に決定され、市民は国家の提供するサービスの消費者として行動することを期待される。公共サービスの単純化と脱官僚化が行われ、サービスの生産過程で公共部門と民間部門の連携が模索される。政治権力と経済権力が混じり合うのだ。行政権力(とくに財務省)と中央銀行の自律性の増大とともに、政治構造が変容する。金融資本がわずかながら規制される。資本の脱中央集権化と脱集中化が起こり、権利の脱政治化(3)が起こる。常に地方行政レベルではあるが、参加型予算など情報公開が促進される。さまざまな点において、新しい国家の国民主義的で反帝国主義的なレトリックは、帝国主義的計画との連携を免れることはない。

幻想の共同体国家は、階級対立を超えた国民人民主義的な政治(política nacional-popular y

(3)「権利の脱政治化(depolitizacion de derechos)」は、諸々の権利が官僚や専門家の政策の道具に成り下がることを言う。これに対して著者は、「権利の政治化(politizacion de derechos)」、すなわち、権利が本来持つ民主主義的な力学を再構築することを提案している。

transclasista)に向かう傾向がある。「共同体」は、大衆のあらゆる要求を受け入れる国家の能力に立脚し、国家の抑圧的な政策は「市民の安全」を建前にしている。「幻想の」と形容するのは、階級対立の克服を目指すイデオロギーの中に階級的な感覚が残っているからだ。資本蓄積は〔国家による〕正当化／合法化(legitimación)の対立軸ではなくなる。国家が私的な利害を公共政策に変換するのは、国家が「ブルジョワ階級の議会」であるからではなく、共通善を守る自律性を保っているからである。

2 国家の再建――七つの困難との直面

資本主義的で植民地主義的な近代国家を建て直すことは大きな挑戦である。それは、資本主義の終焉と植民地主義の終焉を展望する政治的構想力の可能性とその限界を総合するテーマである。ラテンアメリカ大陸や世界の他の地域における先住民運動が国家の再建というスローガンを掲げるとき、彼らは次の七つの困難と直面している。

①最終的な目的が国家という実体を維持することにあるとき、どのようにして国家を根本から変革できるだろうか。国家の再建は、国家の消滅を意味するのではない。それは、国家の建て直しを正当化するような社会工学の能力を国家の中に認めることを意味する。

②近代国家の長い歴史は、国家の制度を超えて社会全体に浸透している。そのため、国家再建

のための闘争は、厳密な意味での政治的闘争というよりは、象徴・精神性・ハビトゥス(4)・主体性をかけた社会的・文化的闘争でもある。それは、新しいヘゲモニー(5)をかけた闘いである。

③この闘争の担い手は、歴史的に最も抑圧された社会集団(先住民、アフリカ系ディアスポラ、農民、女性)だけに限定されるのではない。より広範な社会集団および社会階級との連携を構築する必要がある。

④異文化間の対話を求める文明論的な要求は、さまざまな文化的世界を結集させる。このような対話を行うには、きわめて多様な政治的意思——しかも歴史的に見ると、他者の承認よりも他者の否認によって形成された政治的意思——の間に、最小限の一致点を見出す必要がある。

⑤国家の再建は、国家の政治的・制度的・組織的構造だけを変革することを意味するのではない。それはまた、社会関係、文化、そしてなによりも経済を変革することを要求している(少なくとも、社会で実践されている多様な経済システムの間の節合(articulaciones)を必要としている)。

⑥先住民運動の同盟者にとって、国家の再建は新しい国家を創り出すことを意味する一方で、

(4) 所与の特定の環境で習得されて身についたものの見方、感じ方、ふるまい方であり、ほとんど意識的に方向づけられることなく作用する性向。エミール・デュルケームからピエール・ブルデューまで、フランス社会学理論の中で頻出する概念である(大澤真幸・吉見俊哉・鷲田清一編『現代社会学事典』弘文堂、二〇一二年、一〇四〇ページ、参照)。

(5) ここでいうヘゲモニーは、アントニオ・グラムシがいうヘゲモニー、すなわち、市民社会の社会闘争から生み出される社会変革の力としてのヘゲモニーであると理解されたい。

先住民運動の大部分にとっては、再建すべき国家は、スペイン・ポルトガル帝国の植民地征服以前の諸形態に立脚すべきものである。これらの形態は、抑圧されたにもかかわらず、ラテンアメリカの貧困地域や周辺地域には現在に至るまで断片的に生き残っている。

⑦ソビエト連邦国家という二〇世紀の最も野心的な国家再建プロジェクトの失敗は、人間解放を目指す政治的構想力に大きな影響を与えている。反対に、ヨーロッパの社会民主主義に代表される、近代国家のより穏健で漸次的な転換は、ラテンアメリカ大陸の人民主義的な指導者たちを魅了し続ける。

ラテンアメリカの先住民運動は、これらの困難に気がついている。それゆえに彼らは、資本主義と植民地主義という、支配と搾取の二大システムがラテンアメリカ地域に永続するかぎりは、国家の建て直しは起こらないだろうということを知っている。彼らが西欧中心主義的な批判の伝統に対して距離を置くのも、植民地主義の終焉を構想せずに資本主義の終焉を構想することは不可能であるからにほかならない。

今日のラテンアメリカの文脈において、国家の再建はボリビアとエクアドルで最も進んでいる。しかし、これらの国における国家の建て直しが提示するテーマと問題は、ラテンアメリカ全域および世界全体にとっても重要である。この意味において、ラテンアメリカ大陸を反資本主義・反植民地主義闘争の最前線として語ることは可能である。以下では、西欧中心主義的な批判の伝統から距離をとらなければならないテーマを検討していく。

3　植民地主義と資本主義の終焉を目指して

革新的な立憲政治

まず、近代立憲政治とは一線を画す立憲政治がある。近代立憲政治は、民族的・文化的・宗教的・地域的差異を考慮しない均質的な地政学的空間によって特徴づけられる一つの国家と一つの国民を構築するために、政治的エリートによって構想された。近代立憲政治は全領土を支配する中央集権的な諸制度によって組織され、単一の法体系によって規制される。それはまた、国内の主権と対外的な主権を維持するために、国家に強制権力を保証する。

反対に、最近数十年間に現れた大衆階級の憲法制定を目指す意志は、草の根から立憲政治を形づくる広範な社会的・政治的運動を通じて顕在化している。この運動は、社会的に排除された人びとと彼らに連帯する人びとによって組織されており、新しい制度概念（多民族国家）、新しい地域概念（多様な形態の自律自治）、新しい法概念（法の多元主義）[6]、新しい政治体制（異文化間の対話

（6）二〇〇八年に採択されたエクアドルの新憲法第一七条では、国際的に認められた人権規範だけでなく、先住民コミュニティの慣習法の尊重が規定されている。さらに、女性の参加を可能にする形で、それぞれのコミュニティの文化と伝統に従った司法を行うことが規定されている。エクアドル国家は、各先住民コミュニティが自らの伝統的司法に基づいて行った判決を尊重しなければならない。

を尊重する民主主義）、諸個人および諸集団の新しい主体性（個人、コミュニティ、民族、国家、国籍）を媒介にしながら、自由民主主義の地平を超えて政治の範囲を拡大することを目指している。これらの変革は、反資本主義的かつ反植民地主義的な政治の実現を保証すると言える。

ボリビアとエクアドルの事例は、さまざまな面で、革新的な立憲政治の構築が至難の業であることを示している。ボリビアの場合、二〇〇〇年から〇六年まで、社会運動は立憲政治の変革をもたらした。統一協定(7)(Pacto de Unidad)は包括的な文書を作成し、多民族国家の中身と政治的方向性を議論する憲法制定議会のメンバーとして、さまざまな社会組織——とくに先住民族の農民組織——を選んだ。

エボ・モラレスの大統領就任以降、主役はしだいに民衆運動から行政へと移行し、運動体はこのプロセスを支え続けた。しかし、多くの場合、この支持は政治的な道具として利用され、民衆の社会運動の要求を政治に反映するには至っていない。憲法制定プロセスは多くの困難をかかえており、そのいくつかは最初期から顕在化していた。たとえば、憲法制定プロセスに関わっていた憲法制定議会メンバー——その多くは、社会運動組織のメンバーや代表である——にとって命令に等しいと考えられていた、統一協定の合意文書からの後退などである。

エクアドル憲法では多民族国家への言及が一度だけ見られるにすぎないが、ボリビア憲法の場合、多民族国家という観念は憲法の構造と新しい「国家モデル」の全体に浸透している。二〇〇〇年から〇六年にかけての憲法制定プロセスの力は、憲法の文書に表現されているさまざまな勢力の関わり合いの条件として具体化されていると言える。この憲法制定プロセスは、まだ終わってはいない。今後の大きな論点は、さまざまな法律上の事柄や制度の政治的内容における憲法の解釈と応用の問題であろう。

エクアドルでは、ボリビアと同様に、過去との決別として憲法制定議会が設立された。憲法制定議会は、反体制的戦略の側面を持ち（「伝統的な」政治階級のイメージの一掃を目指すだけに、おそらくはボリビア以上に反体制的である）、また、幅広い民衆の参加を通じて計画を提案し議論する草の根の立憲主義の側面も持つ。

憲法制定プロセスにおいて、二つの際立った緊張が現れた。ひとつには、ラファエル・コレア大統領による憲法制定議会の仕事への介入があった。これは、憲法制定議会の本来の性質と矛盾している。もうひとつは、保守セクター、とくにオプス・デイ（Opus Dei ＝カトリック教会の組織のひとつ）と結びついたカトリック教会の大きなヒエラルキーである。彼らはメディアを通じて、新憲法案に対するネガティブキャンペーンを行ったが、新憲法に関する国民投票をかけた選挙戦は、コレア大統領と彼を支持する政党と社会運動体の圧倒的勝利で終わった。

ボリビアとエクアドルにおける憲法制定プロセスは、西欧近代の資本主義的・植民地主義的・

（7）ボリビアのさまざまな草の根の社会運動組織の同盟。先住民と農民の権利を主張している。二〇〇二年に「統一協定と約束（Pacto de Unidad y Compromiso）」という文書を作成し、さまざまな社会運動組織が署名した。この文書を基に、憲法制定議会が設立された。二〇〇五年以降、統一協定はモラレス政権の支持母体である。

自由主義的・家父長的な地平と袂を分かつ根本的な政治変革と制度的イノベーションを、民主主義的枠組みの中で実現していくことの難しさを顕在化させる。二つの事例では、論争の火種となるテーマが共通している。それは、国家の多民族的もしくは多文化的性質、天然資源の管理、先住民の権利の範囲(事前の協議か事前の合意か)、自治の問題、先住民の権限の制約、などである。

革新的な立憲政治は、覇権政治の道具を対抗覇権的に利用する事例の一つである(おそらく、数ある事例のなかでも最も決定的なものである)。近代憲法に関して、憲法が規定する諸々の保障は実践レベルでは脆弱であり、憲法はそのことを象徴する紙切れである、としばしば言われる。憲法制定プロセスにおける民衆の参加がほぼ失敗なく成し遂げられたとしても、憲法の規範の意味の反転や、その実践的な有効性の消滅が起こりうる。このような憲法の骨抜きについては、ラテンアメリカ地域をはじめ世界の他の地域においても多くの例がある。

多民族国家

ラテンアメリカの文脈では、いくつかの場合において、国家の再建は民族の複数性の承認となって現れる。国民は一つの民族、文化もしくは宗教に帰趨するものとして考えられてきたが、この場合、これまでとは異なる国民概念の承認を求めている。人権理論においては、民族の複数性は、各人に付与されている個人の権利が彼らの文化的アイデンティティの承認および帰属を保証するものとしては十分ではない、もしくは、社会的差別の根絶を保証するものではない状況において、民族あるいは社会集団の集団的権利を承認することを意味する。

民族の複数性の承認は、自治および自己決定の承認もともなう。しかし、その中には必ずしも独立は含まれない。ラテンアメリカ大陸の先住民と先住民族に関する国際文書・条約――たとえば、国際労働機関（ＩＬＯ）の条約第一六九号[8]や、二〇〇七年九月七日に採択された国連の先住民族の権利に関する宣言――は、民族の複数性の承認をこのように理解している。

民族の複数性という考えに含まれる自治の観念は、多くの含意を持つ。たとえば、新しいタイプの国家制度、新しい地域組織、異文化間の対話を尊重する民主主義、新しいタイプの公共政策（保健、教育、社会保障）、公的管理・市民参加・公共サービス・公務員の新しい基準が論点となる。これらのひとつひとつが、近代国家が拠って立つ前提条件に対する挑戦となる。

国の発展計画

国家再建の政治的意味は、憲法で規定されている国の発展計画から導き出される。たとえば、エクアドルとボリビアの憲法は、ブエン・ビビール[9]（スマク・カウサイあるいはスマ・カマーニャ）

（８）一九八九年に国際労働機関で採択された条約。「先住民族と部族民に関する条約(Indigenous and Tribal Peoples Convention)」と呼ばれる。脱植民地化した諸国の先住民と部族民の権利を規定している。

（９）ブエン・ビビールは直訳すると「善い生活をおくる」だが、ラテンアメリカの研究者や先住民族が書いたさまざまな文献を読むと、その含意はConvivir bienであり、「自然と調和し、地域の人びとと分かち合って生きる」という意味である。また、自然や人びとと調和しながら「円満充実した生活を実現する(la vida en plenitude)」という意味もある。

という原理を経済開発および社会開発の規範パラダイムとして設定している。また、エクアドル憲法は、パチャママというアンデス文明の世界観に従って自然の権利を規定している〔四五ページ参照〕。こうすることで、両国の憲法は、国の発展計画が、現行の資本主義的・従属的・資源開発主義的・一次産品輸出型の経済へ導く方向とは一線を画す方向に進まなければならないと主張しているのだ。このことは、グローバルなレベルでの資本主義的関係が国の発展の論理と方向性およびそのリズムを決定することを否定するものではない。

ボリビアとエクアドルの事例は、民族の複数性という考えが文化的アイデンティティだけでなく天然資源の管理の要求の影響も受けているだけに、とくに複雑である。ボリビアでは、天然資源の管理の要求は、資源の国有化を求める要求となって現れている。これは、少なくとも一九五二年のボリビア革命以来続く闘争であり、「水戦争」[10]（二〇〇〇年）や「天然ガス戦争」[11]（二〇〇三年）においても中心的課題となった。

この過程において、レネ・サバレタ・メルカード[12]が「人民的国民（lo nacional-popular）」概念を用いて定式化した、草の根からのボリビア国家を構築する動きが現れた。ボリビア国家という観念は、寡頭政治とは無縁であり、人民階級と結びついている。ゆえに、国家の資源の国有化と民族の複数性の承認の間には必ずしも矛盾が生じない。〔資源の国有化と民族の複数性の承認の〕両方の要求を採用することで、先住民運動は、多民族国家だけが外国を前にして国民を「形成する」ことが可能であり、同時に、国内植民地主義に対抗する「国民」を形成することが可能であるという考えに、自らの行動の足場を求めたのだ。民族の複数性は、複数の民族アイデンティティからなる国を構築するための道である。

新しい制度概念

民族の複数性という理念は、国家制度の均質性の終焉を意味する。民族の複数性の承認に由来する二種類の制度的多様性がある。つまり、同一の制度の中に多様性を盛り込むこと（多様なアクターによる制度の分有化）と、異なる制度を要求することによって多様性が担保されること（二重制度）である。

制度の分有化の例は、ボリビアの「多民族的立法議会（Asamblea Legislativa Plurinacional）」である。この議会では、農民階級の先住民（indigena originaio campesinas）の七つの特別行政区が認知されている。各行政区の代表は、その候補者として推薦は政治団体を通じて行われるけれども、原

（10）ボリビア第三の都市コチャバンバで、二〇〇〇年一月から四月まで起こった、水の民営化に反対する大規模な紛争。一九九九年に世界銀行の指導のもと、コチャバンバの水道が米国の土木大手ベクテル社によって民営化され、住民の生活が逼迫したことが引き金となり、社会紛争となった。

（11）英国やスペインの企業連合によるボリビアの天然ガス開発をめぐる全国規模の紛争。先住民や労働者を中心に全国規模で反対運動が起こり、当時のデ・ロサダ大統領は辞任に追い込まれた。

（12）René Zavaleta Mercado（一九三五～一九八四年）。ボリビア革命期の政治家・哲学者。革命後の政権で、鉱物・石油大臣を務めた。

則として、出身民族に固有の規範と手続きに従って選出される。今日、自由主義的な政治文化の観点では不条理であることも、将来的には、差異性の中に平等を認める実践として容認されうるのである。このハイブリッド化（雑種混交化）のプロセスの政治的評価は、基本的には、このプロセスが生み出す包摂と政治参加の水準と質の観点からなされるべきである。

制度内部の多様性は、開発計画機関や科学研究支援機構、軍隊や警察機構、保健衛生機関から教育制度に至るまで、他の多くの制度に適用される。エクアドル憲法は、五つの自治政府を認めており、農民階級の先住民、の四種の自治を認めている。ボリビア憲法は、県、地域圏、自治体、先住民の自治（もしくはエクアドルでは複数文化の自治）だけが法的な多元主義を求めることができるという点で、さまざまな自治の形態の間にはある種の二重性が存在すると言える。特別な制度を備えた、先住民地域および複数文化のための特別区の創設を構想している。先住民

確かに、多様な自治形態は諸々の法的・規範的権限を保持してはいるのだが、その中でも先住民だけが、自由に意思決定を行う枠組みの中で法的自律性を有している。なぜなら、彼らの伝統的な権利が憲法で認められているからだ。

法の多元主義

近代自由主義政治における国家と法の対称性――あらゆる国家は法治国家であり、あらゆる法は国家の法である――は、西欧近代が成し遂げた大きな革新のひとつである。なぜならそれは、社会に存在する非国家的な法の多様性を否認し、政治に対する法の自律性を認めるからだ。

民族の複数性の枠組みにおいて、先住民の伝統的な権利が憲法で認められていることは、多文化共生にとってだけでなく、先住民コミュニティの自治にとっても核となる次元である。二つあるいは三つの法体系――西欧中心型の法体系、先住民中心の法体系、そしていくつかの国や状況においてはアフリカ系住民中心の法体系――は、それぞれ自律性を有すると同時に、まったく相容れないものでもない。これらの関係は、大きな課題である。

しかし、国家の法を部分的に切り離し、それを民衆の生活と文化に結びつけ直すのは容易ではない。これまで二つのタイプの法が、すなわち民主的でリベラルな法パラダイムと世界市民的《コスモポリタン》な法パラダイムが競い合ってきた。両者の違いは、異なる文化的世界が交流する圏域《ゾーン》に起こる社会関係のタイプの違いによってよりよく理解される。というのも、それぞれの法パラダイムは、異文化の交流を優遇するか、そうでなければコントロールする傾向にあるからだ〔1〕。筆者はここで、暴力、共存、和解、共生（コンヴィヴィアリティ）の四つの社会関係を区別したい。

暴力とは、支配的な文化が交流の圏域の完全な統制を要求し、自らを正当化する結果、被差別文化とその権利を抹消、周辺化、もしくは破壊するような文化の出会い方である。

共存は、文化のアパルトヘイトに典型的な社会関係である。共存関係においては、法的に認められた異なる文化が、別々に、多分に硬直的な階層構造に従って発展し、異文化間の交接やハイブリッド化（雑種混交化）はかたくなに避けられるか、完全に禁止される。この場合、各文化の権利は並存的に認められるが、それらは既存の階層構造ならびに異文化コミュニケーションの不可能性を同時に保証する、完全に非対称的な地位に固定化される。

和解は、修復的正義、すなわち過去の損害を修復する行為に立脚する社会関係である。それは、未来志向というよりはむしろ、過去を振り返ることから生じる社会関係である。そのため、過去の権力の不均衡が新しい関係性のもとで再生産され続けることがしばしば起こりうる。現存するさまざまな法体系は、たとえば、共同体のあるいは先住民族の権利を、いずれ克服される過去の残滓と見なす規準に従って、一つの法パラダイムを確立している。

最後に、共生(コンヴィヴィアリティ)は、ある意味、未来志向の和解である。過去の損害は、異文化間の(傾向として)平等な交流と権限の分有化に立脚する社会関係を促進するようなやり方で克服される。共生は、過去の損害に関する和解と、未来のオルタナティブなビジョンの承認という、二つの特徴を持つ。そのような考えを公的に認知することは、異なる文化が対立するとき、合意に至った憲法のルールによって規定されている生存様式を受け入れることを意味する。単一の法パラダイムではなく、複数の法パラダイムに基づく規範的枠組みの中で文化間の紛争を解決するには、異文化間の翻訳が必要である。異文化間の翻訳は、文化に対する尊厳と尊敬を相互に共有していく道であり、〔文化的な〕植民地主義を解体していく道である。

新しい領土概念《テリトリアリダー》

近代の自由主義国家は、生活世界の文脈とは切り離された政治を構築している。科学においても法においても、普遍性とは、生活世界の文脈とは独立して有効性を持つものである。普遍性の信頼度は、均質性、平等、原子化、同質性のメタファーによって強化される。市民社会と国家の領土は重要な二つの水準である。前者は人口であり、後者は地政学的な空間である。両者は相互に対応している。なぜなら、同質の民衆だけが同質の空間の中で生活することが可能であるからだ。この政治的構築物〔＝近代国家〕は、支配的であるとともに恣意的であり、政治的に容認される範囲内で維持されるべき脇道に社会学的・政治的・文化的現実を押し込める。

多民族主義的な立憲政治は、このようなイデオロギーとは根本から袂を分かつ。一方で市民社会は、否定されることはないものの、複数のコミュニティ・民族および民族概念の存在の承認によって新たな文脈に位置づけ直される。他方で、国家の領土は、多様性の中の統一ならびに多様な自治の承認による政治統合という憲法の原理に従って、多様な地政学的・地勢文化的領土の関係を組織する〈統一と統合の地勢空間的枠組み〉へと変化する。

すでに述べたように、先住民族の自治は、多民族国家によって認知された、国際的な法的枠組みを持っている。この法的枠組みは、天然資源の管理とその搾取の利益の分配を規定する。〔先住民族は〕歴史的な正義を要求することで、数世紀にわたる国民的な連帯の残酷なまでの欠如を非難しているのである。多民族主義的な連帯の前提条件として、農民階級の先住民コミュニティを支えるアファーマティブ・アクションなど、真にポスト植民地主義的な原理に基づいて連帯を再創造しなければならない。

新しい国家組織と新しい計画

既述した多民族国家の思想に由来する変革はどれも、国家の新しい組織そのものを、すなわち公共政策および開発計画を担当する政治制度・行政官僚制度の全体を拘束する。エクアドル憲法とボリビア憲法を体系的に比較してみると、民族の複数性という考えが、エクアドルの場合よりもボリビアの場合においてより強い拘束力を持っていることがわかる。この点は、両国の新憲法の基礎にある政治的プロセスが説明するところである。

理論的に言えば、民族の複数性を尊重する原理は政治参加の原理と矛盾しない。反対に、民族の複数性の尊重は、より進歩的でより複合的な政治参加の思想をもたらしている。リベラルな共和主義にルーツを持つ市民参加とは別に、民族の複数性は、さまざまな民衆や民族の政治参加を承認する。これら二つの原理の接合と両者の間に存在しうる緊張関係は、さまざまな水準で国家の組織と機能に浸透している。

民族の複数性、異文化間対話(13)、民主的な政治参加の諸原理に従う国家の再建は、複雑かつ長期的な政治的過程である。当面の間、実践よりも原理や言説が先行している状態である。原理・言説と実践の乖離の大小は、民主主義の民主化の強度の大小の尺度となるだろう。

異文化間の対話を尊重する民主主義

民族の複数性という考えでは、異文化間対話は、歴史をつくる特権を持っている人びとの意志によって、すなわち特権的な人びとによる過去の出来事の後悔によってもたらされるのではない、ということが認められる。異文化間対話は、さまざまな関わり合いによってつくられた過去の歴史を背負う異なる民族的・文化的集団の間で合意を結ぶ、政治的な行為の結果である。このような政治的行為は、歴史的に受けた暴力を継承しながらも、異なる未来の機会を開く。したがって、民族の複数性というパラダイムのもとでは、異文化間対話は、異文化間の対話を尊重する民主主義として実現される。

ラテンアメリカにおいて、異文化間対話を尊重する民主主義は次のように理解される。

①民主的討議のさまざまな形態の共存(個人の投票や合意、選挙や政治家の任期制、職務を獲得するための闘争や職務を引き受ける義務・責任)。

②民主的な代表のさまざまな基準(西欧近代を起源とする数量的な代表制、古代先住民文化を起源とする質的な代表制)。

③個人の権利を効果的に行使する条件として、民族の集団的権利の承認(公民権の条件としての文化的市民権)。

④新しい基本的人権の承認(個人の権利であると同時に集団の権利でもある)。

⑤異なる文化間の互酬性に根ざした社会性や主体性を育む教育。

ボリビア憲法とエクアドル憲法は、異文化間対話を尊重する民主主義の理念を打ち立てている。たとえば、ボリビア憲法(第一一条)には、代表制民主主義、参加型民主主義、共同体的民主主義

(13)　interculturalidad。異なる文化共同体に所属する集団や個人の間のコミュニケーションや相互作用を表すスペイン語である。英語の多文化主義(multiculturalism)よりも動的なイメージを持つ言葉であり、本稿では「異文化間対話」と訳した。

の三つの民主主義の形態が認められている。これは、世界的に見て最も先進的な立憲民主主義を定式化していると言える。なかでも異文化間対話を尊重する民主主義は、西欧中心型の民主主義の伝統からどれだけ離れているかを示す二つの問題を提起している。

一つは、合意と全会一致を通じた正真正銘の意味での討議の性質、あるいは任期制による議員選出の民主的な性質をどのように立証するのか、という問題提起である。もう一つは、伝統的な先住民族コミュニティは、たとえば女性が組織的に差別されるなど民主的とは言えない〈飛び地〉を〈国家の中に〉構築している、という問題である。言い換えると、集団の権利を優遇することで、異文化間対話を尊重する民主主義は、個人の諸権利を侵害してしまうことになるだろう。

いずれにせよ、異文化間対話を尊重する民主主義には、諸々の対立を解決するための固有の審級がある。解決は、異文化間の〈翻訳〉作業をともなわなければならない。そして、異文化間の翻訳作業は、権利と義務の関係が固定不変ではないこと、すなわち法文化によって多様であることを考慮しなければならない。先住民族の法においては、共同体は権利の共同体である以上に義務の共同体である。したがって、義務を受け入れないものは権利を持たないのである。

もうひとつの異種交配は可能か？——台頭するポスト植民地主義的な異文化交配

ラテンアメリカの文脈では、異文化交配(mestizaje)は植民地主義と先住民族擁護(インディヘニズモ)の政策の影響を受けている。先住民の文化的アイデンティティが認知されてきているとはいえ、その進展は常に、西欧中心的で白人優位の文化への融合のプロセスと同一視されてきた。

それでもやはり、この支配関係の中には無視できない複雑性が存在する。たとえば、先住民のメインストリーム化は、民族の複数性をスローガンに掲げているものの、混血と見なされる人びと――現行の社会変革プロセスの重要な部分を構成する人びとである――の大部分の要望を不可視化もしくは抹消化する危険をはらんではいないだろうか。

異文化間対話(interculturalidad)はしばしば、その言葉の接頭辞のinter(〜の間に)が意味するように、異なる文化の間に共通して存在するものを知るという問題を際立たせる。特定の文化の再生・発達(intraculturalidad)と異文化間のコミュニケーションや相互作用(interculturalidad)の区別は、ある文化を他の文化と区別する境界線が社会的な産物であるだけに、つまり政治的・文化的闘争の条件とともに変わるものであるあるだけに、非常に複雑である(14)。

それは、二重の意味で複雑な歴史的プロセスである。なぜなら、第一に、異文化間の垂直的な関係を水平的な関係に転換する、つまり、〔さまざまな文化の間の関係を規定する〕巨大な過去をこれまでとは異なる未来をつくるための賭けに従わせなければならないからである。第二に、そのような諸文化間の関係の転換が憲法によって規定される枠組みの中で起こったとき、異文化間対話が相対主義に帰着することがあってはならないからである。

(14) intraculturalidadとは、国の中で特定の民族の文化が再生・成熟することを意味する。これに対して、interculturalidadとは、異なる文化の間に相互作用が起こり、異文化間の対話と交流、すなわち多文化共生が起こることを意味する。

異なる文化の間の共通基盤を知る以上に大切なことは、さまざまな差異性の間に平等・均等性・補完性・互酬性を認める方向へと、人びとの精神構造と主体性を徐々に変えていくような政治的・文化的運動を見つけ出すことである。そのとき初めて、異文化間の対話が実りあるものとして現れる。なぜなら、そのような対話は、現存するすべての文化が不完全なものとして現れる瞬間でもあるからだ。

それぞれの文化は固有の問題をかかえており、単独では、真にインクルーシヴな（包摂的な）社会を構築しようと決心した民衆の要望に応えることができない。ポストコロニアルな文化の交配は、いまのところ展望にとどまっているけれども、異文化間対話を生み出すプロセスにおいても、その結果として出てきた状況においても、双方向的で多元的である。

女性と国家の再建

一般的に見て、フェミニズムは、支配的な西欧中心主義的な理論体系の批判に決定的に貢献した。ポストコロニアル・フェミニズム、もしくはフェミニズム理論・言説の〈脱植民地化〉を目指すフェミニズムは、〈南〉の認識論、異文化間対話、ならびに民族の複数性を構築する際にきわめて重要である。だが、実際には、フェミニズムはしかるべき注目を受けてはいない。

ポストコロニアル・フェミニズムとは、以下で述べるパースペクティブを持つフェミニズム理論の総体のことを言う。①性差別を、人種差別と階級差別が際立つ現代社会に存在する支配と不平等のシステムの大きな枠組みの中で考察する。②過去数十年にわたって支配的である西欧中心主義的なフェミニズムの潮流から、ラテンアメリカのフェミニズム理論・言説を〈脱植民地化〉することを目的とする。③ラテンアメリカに固有の多様性に批判的な視線を投げかける。女性が抑圧された人びとのコミュニティの中で犠牲になっているということからもわかるように、さまざまな形態の差別を問い直し、多様性の中に多様性を認めていく。

いまのところ、ポストコロニアル・フェミニズムは、異文化間対話を尊重する多民族的な国家の再建のための理論を発展させるには至っていない。しかし、このフェミニズムの理論の視点から、国家の再建を何らかの形で構想することは可能である。

①累積する不平等について

単一の文化に基づく近代国家の根底には、支配と不平等のさまざまな形態の間には一見、共約不可能なものがあるという考えがある。この見かけ上の共約不可能性ゆえに、近代国家では、市民の法律上および形式的な平等に信用が与えられる。市民の間の差異性は多様であるから(潜在的に無限であるから)、差異性に対しては無関心であることが可能だ、という理屈である。

西欧中心主義的なフェミニズムは、この共約不可能性の考えを受け入れ、ジェンダー不平等の問題だけに特化する傾向がある。それはあたかも、他の形態の不平等はジェンダー不平等と同時に決定されないと主張するかのようである。そうすることで西欧中心主義的なフェミニズムは、女性の存在を本質化し、さまざまな女性の間にある大きな不平等の数々を隠蔽してきた。

ポストコロニアル・フェミニズムは、不平等が累積していくまさにその性質に注目することで、西欧中心主義的な批判の伝統と決別し、異文化間対話を尊重する多民族的な国家に、より深遠な脱植民地主義と脱資本主義の意味をフェミニズムの観点から与える。

②人種差別的な民主主義から異文化間対話を尊重する民主主義へ

先住民とアフリカ系ディアスポラの女性は、ラテンアメリカにおける人種差別的な民主主義の神話を誰よりも強く非難してきた。なぜなら、彼女たちは、女性として、また黒人や先住民として、この民主主義の神話の結果に長い間苦しんできたからだ。異文化間対話を尊重する民主主義への彼女たちの貢献は二点ある。

まず、「差異性の中で起こる不平等」は、自分たち固有の民族的・人種的アイデンティティを問い直し、見た目は均質的な共同体の内部で彼女たちが犠牲になるようなさまざまな差別を非難することになる。これは、多民族国家再建にとって重要な貢献となる。なぜなら、民族アイデンティティを強調する国民概念の肥大化を、すなわち、そうした国民概念が「被抑圧者は抑圧者になりえない」という無分別で偏った共同体的・集団的アクターに転換することを防ぐからだ。

次に、「平等の中の多様性」がある。ジェンダーの平等を達成するための唯一普遍の形式は存在しない。先住民族の世界観《コスモビジョン》では、男性と女性の関係はチャチャ＝ワルミ(chacha-warmi)として理解される。チャチャ＝ワルミは補完性を意味するアイマラ族やケチュア族の概念であり、「二重性」「互酬性」「共に歩む(caminar parejo)」などを含む、先住民族の主要な原理の集合体の一部を構成する。

この概念の中心的な考えは、男性であれ女性であれ、孤立して生きているならば、自分たちのコミュニティを知っている市民（あるいは人間）であるとは言えない、というものである。男性も女性も全体の中の半分であり、共に生きてこそ完全な存在を構築する。ただし、実践的な観点から言うと、男女の補完性は、女性の経済的な重要性を認知することを意味するが、同時に、女性の政治的な従属をも含意する。男女の補完性という考えは、象徴的次元においては公平な関係を創造しうるが、公的生活において女性を受動的な役割に限定してしまう可能性がある。

③土地、地域、水、森、天然資源としての身体

西欧中心主義的なフェミニズムは、リベラルな潮流であれ、急進的な潮流（マルクス主義および非マルクス主義的急進派）であれ、性差別の犠牲者たちの関係を脱領土化し、世界の異なる地域で起こっている差別の諸形態ならびに差別の犠牲者たちの間の等価性を理論化し、またそのような等価関係を政治的に構築しようとしてきた。このようにして、西欧中心主義的なフェミニズムは、経済のグローバル化の覇権に対抗するもうひとつのグローバル化の動きを構築することに貢献した。世界社会フォーラムは、そのなかでも最も際立った運動のひとつである。

しかし、西欧中心主義的フェミニズムにおける脱領土化の傾向は、性差別が起こるさまざまな文脈ならびにそれら具体的な文脈が女性の解放を目指す闘争に与える影響を無価値にし、さらには隠蔽するという負の効果を生んだ。土地や地域は、異なる運動にとって異なる闘争の意味を持つが、すべての運動において中心的存在である。先住民の女性にとって、それは自治と民族の複

数性の尊重を求める闘争である。農民にとって、それは農業改革と食料主権を求める闘争である。アフリカ系ディアスポラにとって、それは抵抗する奴隷たちの共同体の再構築を求める闘争である。いずれの場合においても、フェミニズムのパースペクティブは、理論によって理解される以上の幅広い闘争を支えてきた。

異文化間対話を尊重する民主主義のための教育および〈南〉の認識論から始まる国家の再建

〈南〉の認識論の二つの中心的道具は、知の生態学《エコロジー》(el ecología de saberes)〔知の多様性と相互依存性を尊重する世界観、第12章参照〕と、異文化間対話の伝統である。これら理論的・政治的な道具は、文明論的な議論の存在を認知し、異文化間対話を尊重する民主主義の構築と国家再建のプロセスにおける文明論的議論の帰結を受け入れることを可能にする。この議論の難しさは、それが以下のような公的な教育を市民とコミュニティのレベルで想定している点にある。

それは、①文明論的な議論を正当化し価値づける教育、②高レベルの不確実性とリスクを支える能力を持つ共生(convivencia)と対立(confrontación)の文化へ向けた議論を行う参加者を育成する教育、③文明論的な議論の舵取りを失うことに関して、旧来の政治階級をトレーニングする教育、④ルーツとなるアイデンティティとさまざまな選択肢を生み出すアイデンティティの脱構築のプロセスとの間を往来することを知っている、新しいタイプの非順応主義と反抗の精神を創造する教育、つまり、わたしたちがこれまで取り組んできたものよりもさらに高い能力を持った反逆の精神を創出する教育、⑤そして、複数の文化の間に共通する新しい意味の創出を目指す教育、すなわち、これまでとは異なる精神性と主体性を含む教育、である。

実験的な国家

おそらく、国家再建という歴史的プロセスが持つ政治的な性格をよりよく特徴づける言葉は、「実験主義」であろう。実際に、西欧中心主義的な近代立憲政治との根本的な決別は、実験的な国家の設立となって現れている。

国家再建のプロセスは完全に可視化されている状態ではなく、正確な道をたどっているのではないし、さまざまな市民や民衆が創造する道を常に進んでいるのでもない。近代自由主義（リベラリズム）に対峙する「万能なレシピ」は存在しない。すべての解決案は逸脱することがありうるし、逆生産的になることもありうる。すべての問題を解くことも、草の根からの体制変革的な立憲政治に固有のあらゆるアクシデントを予想することも不可能である。いくつかの問題への解答は、未来の制憲議会に託したままにしておくべきだろう。

実験主義は、再帰的な形態（＝批判的な形態）と非再帰的な形態（＝無批判的な形態）の二つを想定するだろう。再帰的な形態は、創設された制度が不完全であり、諸々の法律が短期的な効力しか持たないことを、諸々の移行段階において想定する。反対に、非再帰的な実験主義は、再帰的な実験主義を採用する政治形態をまったく仮定せずに、中断と矛盾を繰り返す政治的実践の結果として生じる実験主義である。

実験的な国家は、その制度と法律――すべての憲法に関しても――が明らかに躓いている近代国家に対する根本的な挑戦である。反対に、再建中の国家は、技術的な問題に対してだけでなく、政治的な問題に対する解決が移行的な性質を持っていることを想定する。国家再建のプロセスは、多分に対立を生み出すプロセスである。そして、長期的な移行の進行は、(民族、地域、階級、文化などの)さまざまな対立の軸が蓄積され克服されるかどうかを知ることに――あるいは、反対に、それら対立軸が中和されるかどうかを知ることに――かかっている。

実験主義の利点の一つは、さまざまな対立を一時的に停止し、絶対的な勝者も敗者も存在しない曖昧な政治的意味体系の創出を可能にする点にある。実験主義は、紛争の激化を緩和するために重要だと考えられる政治の一時代を創り出す。このような政治的効果は実験的国家の道具的次元である。それでもやはり、実験的国家の擁護は原理的な問いに基礎づけられるものでなければならない。なぜなら、実験的国家は民衆に法秩序を構成する権力を長期間にわたって維持することを可能にし、恒常的に実験が実行され、修正が行われるからだ。結果的に、法秩序を構成する主体と制定された憲法によって構成された主体との間に継続的な緊張関係を生み出す国づくりのプロセスの延長が起こるのである。

【原注】

〔1〕Sousa Santos, B de. (2009). *Sociologia Jurídica Crítica. Para un nuevo sentido común en el derecho*. Madrid, Trotta, pp. 542-611.

第4章 発展に対するオルタナティブとしてのブエン・ビビール
――周辺の周辺からの省察

アルベルト・アコスタ

1 世界の周辺にある社会のさらに周辺から現れたブエン・ビビール

ラテンアメリカでは、従来型の経済発展に対する批判の刷新が進んでいる。このプロセスはさまざまな特殊な性質を持つ。一方で、過去にこの地域で発展し提出された、さまざまな問いの伝統が維持・回復されている〔1〕。しかし、過去に形成された思想や批判は、その一部は強い影響力を持つものの、いまでは時代遅れとなり、忘却の脅威にさらされている。他方で、ラテンアメリカ独自の思想だけでなく、世界各地から取り入れられた新しい思想が社会に浸透しつつある。このため、経済発展概念の批判の刷新が可能となり、また二一世紀において過去の要求と新しい要求によりよく適応することが可能になっている。

この状況において際立っているのは次の点である。それは、従来型の経済発展に関する諸前提の多くは、批判的な発展理論／開発理論の潮流を含め、近代西欧文明固有の知的土壌の中で発展してきたのに対して、近年ラテンアメリカで現れているさまざまなオルタナティブな思想潮流は、これらの知識が持つ制約から脱却しつつあるということだ。

この傾向の新しさは、経済発展に対して近年なされている批判の多くは、ラテンアメリカや世界の他の地域に長い間存在している主流派ではない知識、すなわち支配的な知識によって周辺化された知識から出現している点にある。この文脈において、ブエン・ビビール〔善き生活〕についての考察は、程度の差こそあれ、さまざまな意味合いと解釈をともないながら現れている。ブエン・ビビールに関する考察は、単なるオルタナティブな開発モデルの提案にとどまるものではないし、一過性の政治的言説の覚書でもない。われわれの関心を引くのは、文明的な転換に満ちたより優れたビジョン、つまり経済発展パラダイムに対するオルタナティブを生み出すことである。そのためにわれわれは、民衆や先住民族に固有の知識や知恵に根ざした重要な要素を回復しなければならない〔2〕。

経済発展パラダイムに対するオルタナティブな提案の政治的な表現の中で最もよく知られているのは、エクアドル憲法とボリビア憲法である。エクアドル憲法ではブエン・ビビール、もしくはケチュア語のスマク・カウサイ(1)が、そしてボリビア憲法ではビビール・ビエン、もしくはアイマラ語のスマ・カマーニャとケチュア語のスマク・カウサイ(2)が、経済発展に対するオルタナティブとして掲げられている。さらに、他の先住民族や他の地域にもこれに類する考えが存在する〔3〕。

ところでブエン・ビビールは、二一世紀初頭にアンデス地域の国々で始まった政治過程によって生み出された独自の考えでもないし、これまでになかった新しい考えでもない。ブエン・ビビールは、民衆の闘争――とくに先住民族の闘争――が高まる中で発展してきたオルタナティブな生活を探求する大きな動きの一部である。それは植民地主義への抵抗の生き生きとした実践

（1）たとえば、エクアドル新憲法（二〇〇八年）の第三条第五項には、国の果たすべき義務として、「ブエン・ビビール（善き生活）に到達するために、国家の発展を計画し、貧困を撲滅し、持続可能な発展ならびに資源および富の公平な分配を促進すること」と規定されている。また第一四条には、善き生活のための権利として、「人びとが快適で生態学的にバランスのとれた環境の中で生活する権利を認める。この権利は、持続可能性、ならびにブエン・ビビール（善き生活）――すなわちスマク・カウサイ（sumak kawsay）――を保障するものである」と書かれている。公共政策を規定する第八五条第一項には、「公共政策ならびに公共財・公共サービスの給付は、善き生活（ブエン・ビビール）およびあらゆる権利を保障する方向で行われ、連帯の原理に基づき施行される」と規定されている。

（2）ボリビア新憲法（二〇〇九年）の前文には、「ボリビア国家は、主権、尊厳、補完性、連帯性、調和、および社会的生産物の分配・再分配の公平性の諸原理を尊重し、すべての人びとの間の平等に立脚している。これらの諸原理の中心には、善き生活（ビビール・ビエン）の追求がある。また、ボリビア国家は、国土に暮らす人びとの経済的・社会的・法的・政治的・文化的多元性を尊重する。そして、すべての人に水、労働、教育、保健、住居へのアクセスを保障する社会的な共生の原理に基づく」とある。また、国の原理・価値・目的を規定する第二章第八条第一項には、「ボリビア国家は、多元社会の倫理的・道徳的原理として、以下の諸原理を想定し、推進する」とあり、先住民の生活哲学が語られている。その中に、善き生活を意味する「スマ・カマーニャ（ビビール・ビエン）／suma qamaña（vivir bien）」がある。

とその結果を要約したものであり、資本主義的な近代に完全には取り込まれていない――もしくは資本主義的な近代の周辺で維持されてきた――多くの先住民族共同体で実践されている生活様式である。指摘しておきたいのは、ブエン・ビビールに関する議論は、新自由主義への抵抗を経由して、いくつかの国においては制度化されつつあるという点だ。

また強調すべきは、ラテンアメリカにおけるこのような議論は、〔西欧近代の〕進歩の思想の基礎を問い直す世界各地域の動きと歩調を合わせている点である。たとえば、さまざまな先進工業国で展開している脱成長に関する議論は、経済発展パラダイムの超克を目指すラテンアメリカの議論と共振している。

これまで先進工業国の生活様式は、いわゆる後進国にとって準拠すべきモデルの役割を果たさなければならなかった。しかし現在では、先進工業国を含めた世界全体が「歪んだ発展」を経験している。ホセ・マリア・トルトーサは、「現代世界システムは歪んだ発展を引き起こすように機能している」[4]と述べ、現代世界のパノラマを鮮やかに示している。つまり経済発展は不可能なのだ。

今日の世界では支配的な生活様式が、地球規模で実現不可能であることがしだいに理解されつつある。経済成長は社会的制約と生態学的制約に直面しているのだ。経済成長は、ある状況では生じている。とくに工業諸国では、経済成長はより顕著に確認される。だが、これら工業国は、地球環境破壊に関しては最も大きな責任を負っている。それゆえに、北側諸国は脱成長経済か少なくとも定常型経済への移行を行う時代に突入しているのである。[5] 北側諸国の脱成長は、南側諸国における脱資源開発主義の広がりと連動しなければならない。

それでもやはり、危機から脱出して正真正銘のオルタナティブを構築するためには、経済発展の地球規模での限界に対する警告の有効性ばかりに議論を集中させてはならない。この観点から言えば、ブエン・ビビールは、オルタナティブの構築と分析を行い、地球の複雑性を理解するための豊かな領域となっている。この文脈において、ブエン・ビビールに関するさまざまな考えは、これまでとは異なる世界を構想する手助けとなる。

これによって、たとえばブエン・ビビールを過去への回帰や先住民族の神秘主義的要望として見下すいくつかの誤解を取り除くことができる。ブエン・ビビールは、現在進行中のオルタナティブな生活の構築・再構築を表現するものである。このプロセスでは、さまざまな知識と感性が相互に影響しあい、交じり合い、雑種混交化《ハイブリッド》している。これらの知識と感性のすべてが、経済発展の批判や自然との新たな関係への模索などの似通った価値観を共有する。

興味深いことに、ブエン・ビビールのテーマが単に経済発展への新たな道を受け入れることではないということが少しずつ理解されてきている。主要な問題は経済発展へ至る道を知ることではなく、経済発展それ自体なのである。

2 ブエン・ビビール——構築・再構築中の提案

ブエン・ビビールは完成された提案ではない。実際のところ、新しい生活形態／生活の〈かたち〉を社会全体で構築および再構築するための契機として現れている。ブエン・ビビールは、憲法の条文によって定められた処方箋ではないし、新しい開発体制を計画するものでもない。それは生産力至上主義的な進歩の概念と一面的な発展概念、すなわち経済成長およびその他多くの類似する考え方が採用する機械論的世界観に基づく発展概念を解体するための質的に異なる一歩を構築する。さらに、ブエン・ビビールはこれら従来の進歩・発展概念を解体するだけでなく、内容豊かで複雑な、これまでとは異なる展望も提案する。

この提案の興味深いところは、それが、これまで周辺化されてきた社会集団から提出されており、これまで議論の対象とならなかった植民地主義起源のさまざまな概念との断絶を断行しようとしている点である。ブエン・ビビールは、根本的に見ると、西欧文明とは異なる世界観を構築しようとしている。この考えは〔ラテンアメリカの〕さまざまな共同体的ルーツに由来する。〔ラテンアメリカには、〕資本主義的ではない生活様式を実践している社会集団、つまり物質的富の際限なき永続的な蓄積として理解される旧来の発展・進歩概念の影響を受けていない集団が、いまも存在するのだ。

ラテンアメリカのこの現実は、五〇〇年にわたる絶え間ない植民地化のもとであっても——つまり、共和国として独立後も植民地主義の影響力は続いた——、これら共同体の多くでは資本主義の諸価値が浸透していないことを物語っている。重要なのは、これら先住民族共同体の実践と生活を理想化せずに回復することである。

先住民の知恵には、経済発展に類する考えは存在しない。彼らの知恵の中では、経済発展という考えはしばしば否定される。〔現在の生活状態と比べて〕以前の段階と以後の段階、すなわち低発展と発展という状態を想定する単線的な生活変化の考え、すなわち、西欧世界で確認されるような、物質的に豊かな生活の獲得に人間を向かわせる二分法は、存在しない。また、物質的富の蓄積や欠乏によって定義される豊かさや貧しさの概念も存在しない。

ブエン・ビビールは、常に構築と再生産を繰り返すカテゴリーとして捉えられるべきである。ブエン・ビビールは全体論的《ホリスティック》な体系なので、それを支える人間の行為を条件づける多様な要素を理解しなければならない。たとえば、知識、環境に対する倫理的・精神的原則、人間の価値、未来の展望などである。ブエン・ビビールは先住民族社会の生活哲学の中心カテゴリーであり、彼らの生活の多様性を認める。〔6〕

ブエン・ビビールが先住民族共同体から現れた多元的な概念であることを理解されたい（したがって、「多様な善き生活（buenos vivires）」、もしくは「多様な善き共生（buenos convivires）」と表現されうるものである）。また、この概念は、近代世界の技術がもたらす恩恵を否定しないし、近代文明の支配的な諸前提を問う他の文化・他の知恵の貢献も否定しない。ブエン・ビビールは多様な生き方を受け入れるとともに、それらを支え、文化の多様性と政治の多元性に価値を見出す。この多様性の尊重は、他者の労働や犠牲の上に成り立つ特権的集団の存在を正当化したり容認したりはしない。

この観点から言えば、旧来型の経済開発は、西欧の知識、とくに植民地主義的な知識を継承する文化の強制であると考えられる。したがって、〈知の植民地性(la colonialidad)〉[7]に反対する運動は開発主義との決別を意味する。容易に理解できることだが、この種の問いかけは、開発戦略の道具的修正〔=実用レベルでの改良〕の範囲を超えている。すなわち、いまや「経済発展に替わるオルタナティブ」の創出が一層必要とされるので、これら脱開発主義の展望は、一連の「オルタナティブな開発」理論が強調する異端派開発理論の潮流の批判的貢献を超克するだろう[3]。それゆえに、〔新たな社会目標としての〕ブエン・ビビールが重要なのだ。

このようにブエン・ビビールは、自然との調和を掲げ、永続的な資本蓄積という観念に反対し、使用価値へと回帰することで、経済発展に替わる展望の形成のための扉を開いた。ブエン・ビビールの強みはこの点にあるのだが、それはまた弱点でもある。なぜなら、思想と言説の間にはいまだに大きな隔たりが存在するからだ。思想と実践の間となれば、なおさらである。

いまのところ、歴史の逆説というべきか、ブエン・ビビールを憲法に規定するまでに至った国、ラテンアメリカの「革新的」政府であるエクアドルとボリビアでは、開発主義の基本テーゼと資源開発主義的な政策が進行している。実際にこれらの国では、「ブエン・ビビールの理念に立脚した社会主義[8]」を語りながら古典的社会主義との橋渡しを模索する者たちに反対して、資本主義の現代化が提案されている。ブエン・ビビールは、技術的・官僚的な曖昧模糊とした言語で彩られた官製用語に成り下がっているのだ[9]。それは国のプロパガンダと官僚に利用され、内容は乏しく、技術用語に成り下がっている。このような還元主義的で視野の狭いアプローチは、ブエン・ビビールの将来を危うくするものとなるだろう。

3　人間と自然の関係の再生を目指して

際限なき物質的拡張は、集団的自殺を導くだろう。地球温暖化、オゾン・ホールの悪化、淡水層の枯渇、農業と自然における生物多様性の破壊、土壌の悪化、地域共同体の生物空間喪失の加速化などの結果を見るだけで十分である。

人間中心主義的世界観に立脚する物質的富の機械的かつ際限なき蓄積に未来はない。従来型の〔＝西欧近代の〕進歩の思想に支えられた生活様式の限界は一層際立ってきており、重大な問題となっている。自然資源は、経済成長の条件とも開発政策の単なる客体とも見なすことはできな

(3)　人間開発、社会開発、持続可能な開発などのオルタナティブな開発理論と、それらを支える開発理論(たとえば、アマルティア・センのケーパビリティ理論)が、西欧近代の知識を克服できていないことを暗に批判していると考えられる。

い。科学研究の成果がこの点を証明している。

したがって、労働力を守り、労働者のために超過労働時間の埋め合わせをする、すなわち労働力の搾取に反対するだけが問題ではない。自然環境の略奪と悪化を通じて起こる地球の破壊の原因である、人間中心主義的な生産システムに対して生命を守ることが重要である。

人類は地球の一部であるということを、ローカル・レベルや国家レベルだけでなく、グローバルなレベルで理解すべきである[10]。人間を自然の外部に存在する者として捉えてはならない。人類は自然を支配する道を進むことはできない。それは救いのない道である。自然は無尽蔵な利益の源ではない。生物圏の限界は、すでに危険なまでに飛び越えられている。

人類が取り組むべき課題は単純であると同時に、きわめて複雑である。自然と人間との分断を克服し、両者の関係を再生させなければならない。それは、略奪的な生命観、略奪的であるゆえに容認されざる生命観によって引き裂かれたゴルディアスの結び目を結ぶような作業である[4]。この文明論的転換を達成するには、自然の脱商品化が不可欠である。人間の尊厳、各人ならびに共同体の生活の質の向上の尊重を見失うことなく——すなわち人権の包括的な尊重を見失うことなく——、経済的目標を自然のシステムの運動法則に従わせなければならない。

まとめると、人類は、生物圏のエネルギー循環と物質循環を保証する自然界の過程全体を維持する義務を負っているのだ。これは地球の生物多様性を維持することを意味する。そのためには、従来の人間中心主義的世界観から(社会を含めた)生命中心主義へと移行していかねばならない。これが、経済学によって始められた社会科学〔のパラダイム〕を再考するための基本的な準拠枠である。

以上で述べた問題提起は、もし新しい社会組織が本当に自然を尊重し、自然資源の再生能力に適応する範囲でそれら資源の利用を許す生活の新しい選択肢であろうとするならば、そうした社会組織の構築がどこへ向かうべきかを明確に示すものである。人間の行為の結果によって自然が不可逆的に悪化しないためにも、自然の再生産能力（環境収容力）を維持していかねばならない。

以上の省察でわたしは、エクアドルの憲法制定議会がたどった前衛的な歩みを概念的に描写してきた。二〇〇八年に採択された同国の憲法では、自然の権利が認められている。(5) つまり、自然を権利の主体として理解し、破壊されたならば修復される権利を自然に対して付与している。これは人類にとって一つの転機である。

自然の権利の承認は複雑な政治過程の産物である。権利の長い歴史を鑑みるに、権利解釈のこのような拡大はかつて考えられなかった。〔たとえば、〕奴隷解放ならびにアフリカ系アメリカ人、女性、子どもへの権利の拡張は、かつては馬鹿げたことだと拒否されていた。〔これらの権

（4）ゴルディアスの結び目は、難問の比喩としてしばしば使われる。つまり、自然と人間を分離して捉える西欧近代の生命観の克服はきわめて難しい問題である、ということ。

（5）エクアドル新憲法の第七一条には、「生命の再生産と実現の場である自然あるいはパチャママ（聖なる大地）は、権利を持つ。その存在およびその生命循環・構造・機能・進化の維持と再生は、尊重されなければならない」と規定されている。

利の獲得のためには〕「権利を所有する権利」が承認される必要があり、それは、彼ら・彼女らの権利を否定する法律を変えることを目的とした力強い政治闘争によってのみ獲得された。

自然に対する権利付与は、数百年来にわたる権利主体の拡大過程の一環として、自然を客体から主体に変えることを政策的に推進することを意味する。自然の権利の核心には、人間の「生存権(el derecho a la existencia)」の救出というテーマがある。[11] これこそが自然の権利の核心である。

権利なき主体もしくは所有の対象という身分から自然を解放することは、自然を権利の主体として承認する政治的努力を要請する。この観点は、あらゆる生物体が存在論的に見て同じ価値を持つことをわれわれが受け入れるならば、根本的なものである。ただし、それはすべての生物が同一であることを意味するのではないし、すべての生物が何らかの使用価値を持たねばならないとか、ましてや経済的価値を持たねばならないということを意味するのでもない。

この点において、先住民族の世界から現れるあらゆる貢献と闘争を強調しなければならない。彼らの世界では、パチャママ(聖なる大地)は生活の本質である。同様に、これもまた重要なことだが、〔科学の世界でも、〕地球を上位の生命組織と捉える他のさまざまな科学的根拠がある。たとえば、地球や生命を宇宙の進化の大きな過程の契機として捉える宇宙論的な理由がある。人間は宇宙の生命の一つの契機である。人間生命が存在し再生産されるには、その生存を可能にするあらゆる先行条件が必要である。

この観点から言えば、レオナルド・ボッフが指摘するように、過去から現在までのすべての生物間のつながりを認知することが大切である。あらゆる点、あらゆる状況において、全体を全体として捉えなければならない。

これらすべての試みは、人間と自然の関係の再生を模索する道を歩む条件を整えてきた。これこそが決定的に重要なことである。

4　ブエン・ビビールを基礎とする、これまでとは異なる経済

ブエン・ビビールを構築するための多くの行動の中から、経済に関する何らかの省察が得られる。何よりもまず理解しなければならないのは、社会の多様な要求や自然の再生能力よりも経済を高く価値づけることがあってはならないということだ。経済の本当の重要性は、それが、生態系の循環を守りながら、あらゆる場合において(多くの人びとの)社会的要求を優先させる新しい生産関係・消費関係の構築を手助けしなければならない点にある。

この目的を達成するためには、「経済主義」(あるいは経済学中心主義)の影響を断ち切る努力をしなければならない。経済主義は、経済学の分析モデルを現実と混同する経済学原理主義を生み出している。経済主義によってつくられた泥濘(ぬかるみ)から抜け出すためには、経済成長ならびに物質的富の永続的な蓄積を準拠枠として掲げる、経済発展の基本的考え方を解体することが必要である。

具体的には、歪んだ発展がもたらす不公平かつ不平等な社会構造を克服しなければならない。

社会の移行過程に関わるあらゆる政策とプロジェクトは、資源開発主義、グローバル経済への従属的な参入、生産装置の構造的な不均質性、市場の非効率性などの、現存する主要な「ボトルネック」の克服という観点から評価されなければならない。

これらの「ボトルネック」は相互連関しており、その論理を理解することは社会と経済の再編成を促しうる政策と改革を提案するための必要条件である。ボトルネックの「構成原理」を理解することで、経済発展の限界を示すさまざまな困難が明るみに出る。たとえば、社会の市場化の拡大に起因する諸個人の反応は社会的な非合理性へと導くし、(6) 自然の商品化に関連して起こるさまざまな現象は、環境破壊の悪化を引き起こす。これらの現実から目を背けていては、有効なオルタナティブの提案を行うことはできない。

当然ではあるが、生産関係の転換に必要な諸々の変革は一朝一夕に起こるものではない。問題となるさまざまな変革を整然と調和的に実行していくことを可能にする、多元的な移行のための基礎固めが必要である。これには複雑な移行の過程が必要であり、なかでも重要なのは、具体的な社会アクターを通じて連帯的な経済を構築することである。(12) 連帯的な経済は、学者の提案や憲法の条文だけからは生まれない。

この短期的な戦術は、長期的な視野の中で必要とされる諸々の変革をしっかりと見据えた構造的な対応を要求する。たとえば、自然環境の持続可能性の基準だけでなく、社会の持続可能性に関する最小限の基準も定義しなければならない。新しい社会への移行の出発点となる基本的な決定を行う際に、貧困の増大も生物多様性の喪失も想定してはならない。不可欠かつ喫緊の課題は、所得と富の分配の改善を可能にする諸々の対策を早期に採用することである。同様に、人種差別と世代間の不平等に対する闘争や、脱家父長制(despatriarcalización)と脱植民地主義(descolonialización)を目指すさまざまな取り組みを活性化しなければならない。

生産装置、一極集中化した権力構造、中央集権的な政治構造は、互いに互いを条件づけている。これら構造的条件の転換は、富の過剰な集中化に対抗する社会闘争の根本に位置づけられる。それはまた、連帯と互酬性、環境の持続可能性と正真正銘の民主主義に立脚した経済のための確固たる基礎の確立を目指す戦略を推進する社会闘争の根本にも位置づけられる。経済は連帯的でなければならないが、同時に、経済を自然の中に埋め込むという課題にも挑戦しなければならない。

市場は解決ではない。国家と社会を市場に従属させると、人間を商品関係と個人主義的な自己崇拝に従属させることになる。市場は国家と同様、適切な調整へと導く政治的な再構築を必要としている。個人と集団の必要性に従う社会関係として市場を捉えなければならない。つまり、資本の観点からだけでなく、社会の観点から財とサービスの交換を行う空間として市場を理解しなければならない。大切なのは、国家を媒介として、社会が規範とルールを設定して、市場を機能させる責任を担うことである。

次に、経済システムのすべてが市場の支配的な論理に組み込まれているとは到底考えられな

(6) 市場化による貧困の増加や格差の拡大が、社会的結合を弱め、社会を不安定にさせることを指していると考えられる。

い。なぜなら、社会保障や社会的給付が機能するための連帯や、民衆や先住民族の経済活動の中に存在する多様な連帯的・相互扶助的な関係など、市場以外の重要な原理の影響を受けているさまざまな社会関係が存在するからだ。同様の省察は、教育、保健、防衛、公共交通機関、金融サービスの提供や、公共財と共通善を生み出すその他さまざまな機能の提供についてなされうる。こうしたサービスは、需要・供給関係を通じて生産・調整される類のものではない。経済主体のすべてが営利に動機づけられているわけではないのだ。

支持されるべきは、商品関係によって決定されることのない〈ブエン・ビビール経済〉である。しかしまた、極端に国家主義的な経済観を推進してはならない。

外国に依存せずに国内に根ざした、連帯と互酬性と持続可能性を基礎とする経済のダイナミズムは、所得と経済活動のより良い分配を達成するためのさまざまな動きを強化するであろう。もっとも、そのような経済のダイナミズムは、国家の特別な政策と、そして何よりも、民衆のさまざまな組織が生み出す行動によって活性化されるべきである。このようにして、〈ローカル、国家、ラテンアメリカ地域を優先する〉現地の民衆のための市場の構築が促進され、その結果、経済の好循環が内発的に生じる。

以上で述べたことは、真に民主的な社会の創造へ民衆が参加することを意味する。市場が市民性を持たねばならないが、同時に国家は市民的国家になるべきである。つまり、市場においても国家においても社会の参加が拡大されなければならない。

人間は、自然の一部として、ブエン・ビビール経済の構築プロセスの中心に位置づけられる。

人間は経済の基本的要素でもある。この意味において、労働の尊厳を取り戻さなければならないし、そのためには、下請け契約のような労働の不安定化をもたらすあらゆる形態を禁止しなければならない。労働規範の違反はすべて、法的に罰則されるべきである。ケアの経済活動の強化もまた、取り組むべき課題である。さらに、周辺化された社会集団が国民経済か、少なくともローカルな経済の文脈において積極的に参加できるようになるための、金融政策・教育政策およびエンパワメント政策が必要である。

現存する重要な経済問題に挑戦するためには、要素還元主義的でタコツボ化されたものの見方を解体しなければならない。成功するか失敗するかは、物理的な資源の問題だけでなく、それぞれの国に暮らす人びとの組織編成能力、参加能力、およびイノベーションを起こす能力に決定的に依存する。ボトルネックの要因のひとつは、現存するそれぞれの文化に内在する人間的な能力を強化したり、その潜在性を高めたりする政策や制度の欠如にある。

ブエン・ビビール経済は、戦略的な資源――とくに再生不可能な資源――の公有化の原則を強化するが、同時に、より持続可能な視点からこれらの資源を利用していく動きも生み出す。同様に、これら資源の利用と公共サービスの供給に関して規制やコントロールを行うための有効な社会的メカニズムも必要である。たとえば、これらサービスの社会化は必要不可欠だ。

そしてまた、国家主導型経済、公共サービス、民間部門、混合経済、コミュニティ経済、アソシエーションによる経済活動、協同組合活動、家族的経済など、多様な経済形態を考慮することも可能である。さらに、すべての生産部門を積極的かつ公平に包括し連携させる連帯経済の枠組みのもとで、あらゆる集団に関して、生産者と所有者の基盤の拡大を模索しなければならない。このような方向で考察を進める中で、多様な生産活動の運営において労働者が決定的なアクターとなれるように、あらゆる種類の企業の共同管理の枠組みを強化しなければならない。

公平性の基準に則った富の再配分と所得分配、ならびに経済的資源へのアクセスの民主化は、社会的・連帯的経済の基本原則である。だからこそ、少数者の手に集中している経済活動の抜本的かつ構造的な再配分を進めるために、大規模な農業改革と都市改革が必要となる。

金融は生産装置を支援する役割を満たさなければならず、少数者への富の蓄積と集中のための単なる道具であってはならない。だが、現実には金融投機が進行している。銀行は経済活動に出資する機構でなければならず、少数の支配集団を温存させる空間であってはならないし、また、資本の集中的な蓄積の増加に対して融資する空間であってはならない。したがって、メディア事業など、金融活動と結びつかないあらゆる事業を銀行から切り離す必要がある。

これは、金融サービスが公共性に従うような新しい金融制度の構築とともに発展していくものである。民衆のための金融こそが、発展の推進力としての指導的な役割を担うべきである。金融システムの内部に公平な実践を生み出すために、信用組合など民衆のための多様な預金形態を意識的に育成すべきである。連帯的な生産活動を推進する公的な投資銀行の強化が重要である。

社会全体で民主的に構想されたユートピア的な未来の展望を掲げながらも、短期的なオルタナティブ戦略を集団的かつ状況に応じて構築しなければならない。たとえば、資源開発主義的な資本蓄積様式の克服のように、ラテンアメリカの「革新的な」政府が社会の底辺から提案され続けているさまざまな変革を構想するためにも、公共の討議を活性化する大衆的戦略をうちたて、圧力団体などを通してそのような戦略を拡大していかねばならない。

ブエン・ビビールを構築するためのあらゆる戦略が目指すべきは、国民的生活の能動的主体として民衆の参加を促進することである。したがって、ブエン・ビビールの目標は経済的なキャッチアップだけにあるのではない。民主主義の新たな形の創出への道として、これまでとは異なる社会と異なる政治を考えることが不可欠である。

5　困難だが不可欠なプロジェクト

これは間違いなく、複雑な作業である。とくにわれわれは、「不平等の文明」（ジョセフ・シュンペーター）である資本主義に挑戦することを考えなければならない。資本主義は本質的に、略奪と搾取によって成り立つ文明である。それは「生命と生命世界を窒息させることで生きながらえる」[13]システムだ。ブエン・ビビールは、資本主義体制のもとでは十分に実現されない、あるいは少しの居場所しか得られないだろう。そして、資本主義のグローバルな論理と実践によって常に脅威にさらされるだろう。

たどるべき道が民主主義的でなければならないゆえに、取り組むべき課題は一層複雑である。絶対主義的な方法でブエン・ビビールを強制することは容認できない。それぞれのタイミングでなされる対応は、より深化した民主主義の構築へと導くものでなければならない。現在とは異なる社会の構築は、平等と公平性と正義の拡大に基づきながら、「万人にとってより多くの自由を創出する取り組み」(ポランニー)を構想することで実現される。なぜなら、平等・公平性・正義をなくしてはあらゆる自由が失われるからだ。

ブエン・ビビールは、発展概念の解体によって始まる、新しい生活の形を社会全体で構築するための機会として捉えられる。主流の発展概念の克服は、近代特有の進歩の思想の派生とは異なる展望を構築するための質的に重要な一歩である。

求められているのは、西洋的生活様式の単なる模倣ではない、尊厳ある維持可能な生活様式を構築することであり、社会関係と自然環境の深刻な破壊が顕著な生活基盤を維持することである。

本稿における提案は、ラテンアメリカ社会によって活発に構想された、先住民族や世界のさまざまな地域の人びとの提案を反映したものである。この提案は世界中で展開しているさまざまな議論の中で構想されうるものであり、人類が望む〈大転換〉(=新しい文明への移行)を進めていくために必要不可欠である。

【原注】

〔1〕たとえば、ラウル・プレビッシュ、ポール・バラン、セルソ・フルタド、ルイ・マウロ・マリーニ、エンゾ・ファレット、テオトニオ・ドス・サントス、フェルナンド・エンリケ・カルドソ、オスワル

ド・スンケル、アニバル・キハーノ、アンドレ・グンダー・フランクなどの過去の著作がそうである。また、アニバル・キハーノ、マンフレッド・マックス・ニーフ、アントニオ・エリザルド、ユルゲン・シュルト、ホセ・ルイス・コラッジオ、ホセ・マリア・トルトーサ、コルド・ウンチェカなどの最近の著作も参照されたい。

〔2〕Acosta (2012)、CONAIE (2007)、Cortez (2010)、Oviedo Freire (2011) を参照されたい。

〔3〕ブエン・ビビールやアリストテレスの「善き生活」の探求と親縁関係にある思想的潮流は多い。紙幅の関係ですべてを挙げることはできないが、たとえば、ガンディーやヴァンダナ・シヴァの思想が参考になる。

〔4〕Tortosa, 2011.

〔5〕南半球では、多くの著者が経済の脱構築を問題提起している。たとえば、Leff (2008) を参照されたい。

〔6〕Viteri Gualinga, 2000.

〔7〕Quijano, 2001.

〔8〕Ramirez, 2010.

〔9〕具体的事例としては、エクアドルとボリビアの開発政策もしくはブエン・ビビール政策を参照されたい。

〔10〕「さあ、資本主義に対抗して多様な民衆を動員するのだ。われわれは、資本主義に対抗するプロレタリアートの闘争から、資本主義に対抗する人類の闘争へと移行したのだ」。つまり、「ブエン・ビビールの世界革命」を語らねばならない」(Prada, 2010)。

〔11〕Leimbacher, 1988.

〔12〕Coraggio, 2011.

〔13〕 Echeverria, 2010.

【参考文献】

Acosta, Alberto. (2012). *El Buen Vivir. Una oportunidad para imaginar otros mundos.* Abya-Yala, Quito, 2012 e ICARIA, Barcelona, 2013.

CONAIE = Confederacion de Nacionalidades Indigenas del Ecuador. (2007). *Propuesta de la CONAIE frente a la Asamblea Constituyente. Principios y lineamientos para la nueva Constitucion del Ecuador, por un Estado Plurinacional, Unitario, Soberano, Incluyente, Equitativo y Laico,* Quito.

Coraggio, Jose Luis. (2011). *Economia social y solidaria -El trabajo antes que el capital.* editores Alberto Acosta y Esperanza Martinez, serie Debate Constituyente, Abya-Yala, Quito.

Cortez, David. (2010). “Genealogia del `buen vivir´ en la nueva constitucion ecuatoriana”. En *Gutes Leben als humanisiertes Leben. Vorstellungen vom guten Leben in den Kulturen und ihre Bedeutung fur Politik und Gesellschaft heute.* Dokumentation des VIII. Internationalen Kongresses fur Interkulturelle Philosophie (Raul Fornet-Betancourt, editor), Aachen, Wissenschaftsverlag Main.

Echeverria, Bolivar. (2010). *Modernidad y Blanquitud.* Editorial ERA, Mexico.

Gandhi, M. K. (1990). *Svadeeshi -Artesania no violenta.* Instituto Andino de Artes Populares, Quito.

Gudynas, Eduardo y Alberto Acosta. (2011). “El buen vivir o la disolucion de la idea del progreso”. En Mariano Rojas (coordinador) del libro *La medicion del progreso y del bienestar -Propuestas desde America Latina.* Foro Consultivo Cientifico y Tecnologico de Mexico, Mexico.

Gudynas, Eduardo y Alberto Acosta. (2011). “La renovacion de la critica al desarrollo y el buen vivir como alternativa". En *la revista Utopia y Praxis Latinoamericana, Revista Internacional de Filosofia Iberoamericana y Teoria Social* Centro de Estudios Sociologicos y Antropologicos (CESA). Facultad de Ciencias Economicas y Sociales, Universidad del Zulia-Venezuela, Ano 16. No 53. Abril-Junio.

Gudynas, Eduardo. (2009). *El mandato ecologico -Derechos de la naturaleza y politicas ambientales en la nueva Constitucion.* editores Alberto Acosta y Esperanza Martinez, serie Debate Constituyente, Abya-Yala, Quito.

Leff, Enrique. (2008). "Decrecimiento o deconstruccion de la economia". *Revista virtual Peripecias,* No. 117, 8 de octubre, 2008.

Leimbacher, Jorg. (1988). *Die Rechte der Natur.* Helbling & Lichtenhahn, Basilea y Francfort del Meno.

Mill, John Stuart. (1984). *Principios de economia politica, con algunas de sus aplicaciones a la filosofia social.* Fondo de Cultura Economico, Mexico, 1984.

Polanyi, Karl. (1992). *La gran transformacion. Los origenes politicos y economicos de nuestro tiempo.* Fondo de Cultura Economica, Mexico.

Prada Alcoreza, Raul. (2010). "La revolucion mundial del vivir bien". *Plataforma Interamericana de Derechos Humanos, Democracia y Desarrollo,* http://www.pidhdd.org/content/view/1850/557/

Ramirez, Rene. (2010). "Socialismo del sumak kawsay o bio-socialismo republicano". En varios autores, *Los nuevos retos de America Latina : Socialismo y sumak kawsay.* SENPLADES, Quito.

Oviedo Freire, Atawallpa. (2011). *Que es el sumakawsay . Mas alla del socialismo y capitalismo.* Quito.

Quijano, Anibal. (2001). "Globalizacion, colonialidad del poder y democracia". En *Tendencias basicas de nuestra epoca: globalizacion y democracia.* Instituto de Altos Estudios Diplomaticos Pedro Gual, Ministerio de Relaciones Exteriores, Caracas.

Quijano, Anibal.(2000). "El fantasma del desarrollo en America Latina". En Acosta, Alberto (compilador), *El desarrollo en la globalizacion -El resto de America Latina.* Nueva Sociedad e ILDIS, Caracas.

Schuldt, Jurgen. (2012). *Desarrollo a escala humana y de la naturaleza.* Universidad del Pacifico, Lima.

Shiva, Vandana. (2009). "La civilizacion de la selva". En Acosta, Alberto y Martinez, Esperanza (editores), *Derechos de la Naturaleza -El futuro es ahora.* Abya Yala, Quito.

Tortosa, Jose Maria. (2011). "Mal desarrollo y mal vivir. Pobreza y violencia escala mundial". editores Alberto Acosta y Esperanza Martinez, s*erie Debate Constituyente,* Abya-Yala, Quito, 2011.

Unceta, Koldo. (2009). "Desarrollo, subdesarrollo, maldesarrollo y postdesarrollo -Una mirada transdisciplinar sobre el debate y sus implicaciones". *Carta Latinoamericana,* CLAES, No 7. http://www.cartalatinoamericana.com

Viteri Gualinga, Carlos. (2000). "Vision indigena del desarrollo en la Amazonia". Quito (mimeo).

第Ⅱ部

社会民主主義の隘路から抜け出す

——ヨーロッパ・北米の挑戦

第5章　ヨーロッパの左派——その歴史と理論を振り返る

ジャン＝ルイ・ラヴィル

はじめに

二一世紀初頭、ヨーロッパの左派は守勢に立たされている。彼らは政府の要請と社会運動側の要請との間で引き裂かれ、主流派経済学の推進する財政緊縮策へ強制的に転換するのか、それとも社会がこれまで獲得してきたものを守り、そして深刻化するエコロジーの問題に対処するために緊縮策と断絶するのか、という問いの間で困惑している。

現状を観察している多くの人びとにとって、現在の危機感は、左派を社会主義と同一視してきた長い歴史によって説明されるであろう。社会主義は、当初ユートピア主義的であったが、一九世紀後半には科学的社会主義となり、一方ではボルシェヴィズムを、他方では社会民主主義を生み出した。つまり、革命と改良主義の二つの選択肢が生まれ、両者は二〇世紀の左派の議論を特徴づけるようになったのである。

やがて共産主義体制の崩壊とともに、社会民主主義の選択肢しかなくなったが、いまやそれも、グローバリゼーションの嵐の中で転覆している。本稿は、左派が立ち往生するに至ったこの単線的な歴史を問うことを目的とする。

この非常にわかりやすい物語の背後に、最近二世紀を沸騰させたいくつかの分岐点を再発見しなければならない。歴史を振り返ると、三つの時代が引き出される。第一は、連帯的なアソシエーション運動[1]からマルクス主義の支配へ移行した時代である。第二は、社会主義のプロジェクトが普及した時代である。第三は、現代のさまざまな危機に直面する社会主義の様態が明らかになった時代である。

しかし、歴史を振り返る目的は、無力のままでいることに甘んじるためではない。左派の挫折は、現代社会の大問題であり続けている不平等の拡大と闘うための、利用可能なさまざまなリソースについての省察の源にもなる。これまで左派は、より公正な社会を期待する思想潮流として理解されてきた。その歩みを見直し、忘れられた過去を再生し、現在の不確実性を具体的に洗い出すことで、解放のプロジェクトという表現が提起するさまざまな認識論的問題が、一層明確に現れてくる。この点が、本稿の二〔一八四～二一九ページ〕で議論されることである。

（1）一九世紀前半の西ヨーロッパ諸国に現れた協同組合運動や労働者運動のこと。ラヴィルによると、これらの運動は、市民連帯による市場経済の統治と経済活動の民主化を目指すものであり、近代ヨーロッパにおける連帯経済の原型（プロトタイプ）とも言える。

一 ヨーロッパ左派の歴史を振り返る

1 フランス革命から一九六〇年代まで

フランス革命期の一七八九年以来、国民議会の代表者が一堂に会し、王政に敵対する者たちは議長の左側に並び、既存の秩序を擁護する者たちが右側に集った。この議会設立行為の論理に従って言葉が用いられ、〈左派〉は保守主義の対義語となった。しかし、このときから、ヨーロッパ左派は一般に思われている以上の紆余曲折を経て今日まで至っている。この点に関していくつか述べよう。

一九世紀前半に関して言えば、ユートピア的社会主義について語ることは、集団的な学習と制度の創設を通じて人間の解放の推進に関心を示していた最初期の左派の独自性を覆い隠してしまう。この実践主義的な最初期の左派運動は、民主的連帯の思想を促進した。伝統的な連帯とは異なり、民主的連帯の思想においては、相互行為の中で博愛の感覚を学ぶ自由な市民のアソシエーションを通じて、平等の政治的原理を経済的・社会的生活に延長することが重要となる。右派は、このプロジェクトを経済学的に非現実的だとして認めようとしなかった。民主化を求める闘いは、全国民に富をもたらすとされる資本主義の力学の名のもとで行われた。その後、連帯は慈善活動へ変容し、経済発展が貧困層に利益をもたらすまで、彼らの苦しみを軽減する一時的な装置でしかなくなってしまう。

アソシエーション運動は抑圧され、差別を受け、後景に隠れてしまった。右派の攻撃に対する労働者の応答は、草の根のさまざまなイニシアチブを提示するよりはむしろ、国際労働者同盟（インターナショナル）を通じての結束の模索として現れた。

この文脈において一九世紀後半には、マルクス主義が、その単純な議論にもかかわらず、労働者を組織化する理論となる。マルクス主義の中には、資本主義の鋭い批判と解放の思想におけるねじれが存在していた。資本主義の超克に優先順位が与えられたため、自主組織化運動が周辺化され、公共圏へのアクセスが無視される一方で、政治の領域は、経済の領域である下部構造に適応して機能する上部構造に働きかける公権力の行為と混同された。この見解に従って、労働者階級の戦略は、生産関係の変革に必要だとされる国家による経済の統制の確立に集中していく。

二〇世紀には、このプログラムを実現するために、ボルシェヴィズムがレーニンの提案を実行に移した。二度の世界大戦のトラウマをかかえ、米ソ冷戦の影響下にあったヨーロッパ大陸では、一九五〇年代頃まで、東ヨーロッパの共産主義国は資本主義のオルタナティブをもたらす地域であると考えられていた。だが、東ヨーロッパの体制の全体主義的性格は、体制崩壊に至るまでに、しだいに顕在化していく。並行して、マルクス主義の影響を受けたもうひとつの道が、社会民主主義によって提案された。この思想潮流は、普遍主義的な福祉国家が社会統合の強化に貢献した北ヨーロッパで、とくに影響力を持った。

ただし、革命主義と改良主義の間の激しい論争以外にも、混合型の第三の道が存在したことを忘れてはならない。それは、法制度を尊重しない右派との対立を経験した、南ヨーロッパの社会主義である。南ヨーロッパの社会主義では、国家の行動はより限定的で、社会的弱者の保護は社《エコ》会的経済《ノミー・ソシアル》(l'économie sociale)の組織化を通して対応した。

まとめると、社会主義のプロジェクトの多様性は、対照的かつ多様な社会変革の展望を描いている。しかし、そのいずれもが、最初期の左派政治が市民の表現行為の中に見出した社会的な力を忘れている。

一九六〇年代には、新しい社会運動が、社会闘争は資本と労働の間の闘争に還元されないことを明らかにした。この時代にわたしたちは、市民的表現行為の覚醒を目にすることになる。新しい民主化の要求が叫ばれ、家父長制や進歩のイデオロギーに染まった発展モデルが足元から動揺した。フェミニズム運動はそれまで伝統の支配を受けていたさまざまな問題を政治化し、エコロジー運動はより良い未来への前進という信仰に異議申し立てを行ったのだ。

だが、二〇世紀と同様、これらの要請は経済秩序の再生とともに黙殺された。新自由主義は市場社会のユートピアを再導入し、国家の肥大化を非難した。左派政党の反応はまとまりに欠けたままである。新自由主義の大きな影響を被った市民はというと、彼らはたじろぐことなく、抵抗と〔新しい社会づくりの〕プロジェクトを同時にもたらすさまざまなイニシアチブを増やしていった。しかし、これらのイニシアチブは代議制民主主義の水準での政治的媒介をいまだに模索中である。左派は消滅してはいないが、数多くの努力にもかかわらず、その構成要素は共通の展望のもとに集まるには至っていない。これが一で詳述すべき歴史の要点である。

2　ヨーロッパ左派の分裂

社会主義は、政治的に認知されるに至ったものの経済的従属を強いられ続けていたプロレタリアートが始めた再集団化の中で生まれた。だが、この最初期の社会主義を未成熟の段階、すなわち最終段階においてのみ意味をなす生成中の社会運動の未熟な表現と見なすことはできない。こうした進化論的幻想は、わたしたちの眼差しを変えるとすぐに消滅する。つまり、社会主義の予言的文書から目を離し、すでにその記憶が失われてしまったさまざまな社会的実践に目を向けなければならない。

アソシエーション運動の失われた記憶

Ｅ・Ｐ・トムソンが述べるように〔1〕、民衆の動員はユートピア主義の作家によって構想されていたが、それは、哲学的原理の適用によって達成する完全調和の社会を描いたものではなかった。アソシエーションというテーマは、この点から観て象徴的である。労働者の実態は、同時代の思想家が描いていた一般化された表象とは異なっていた。

後者によると、アソシエーションは社会に調和をもたらす運動であり、個人主義によって誘発された無秩序に代わって秩序を導入することを使命とする。実際のところ、労働者は、完全な世界の創造についての共同体的な試みを信じなかった。彼らは庇護者〔＝思想家〕の模索を放棄し、あまり理想化されることのないアソシエーションを好んだ。

その結果、救いの神のように庇護してくれる人びとの支援を受けずに社会的実験を行うリスクにさらされた。つまり労働者は、ユートピアの原理の布教者であると同時に離反者でもあったのだ。サン＝シモン、フーリエ、あるいはオーウェンの権威に対して距離を置きつつも、アソシエーション運動は、政治的要求と、熟練技術に基づく労働の組織化と、共済団体——その会員数は、たとえば一八一五年の英国では一〇〇万人に近かった——とが混合した社会集団を構築することで、人間の解放を模索した。〔2〕

「民主主義を体制の一形態に限定するのではなく、社会化の特殊な形態と捉えるかぎりにおいて、アソシエーション運動の推進力は根本的に民主主義的だった」〔3〕

これゆえに、最初期のアソシエーション運動は、それをナイーブな運動だと糾弾する差別的な見方を取り除くと、現代的意義を失わないメッセージを発するのだ。全市民の公共圏へのアクセスの自由を主張することから始まったアソシエーション運動は、社会的・経済的な民主主義を通して政治的民主主義を延長することに尽力した。一方で、政治と経済の分離に反対した。

一九世紀前半に台頭したこのアソシエーション運動は、倫理的側面を強調する民衆の経済活動——J・C・スコット〔4〕が農民の世界に見出したのと同様のモラル・エコノミー——を促進した。

まず、アソシエーション運動は、慈善や好意による人助けという考えに対抗する。そして、社会に参加する人びとの法のもとでの平等を前提とする、〈連帯〉(solidarité) という民主主義的な語義の上に自らの根拠を置く〔5〕。次に、互助活動と社会的要求の表出行為を軸にしながら、〔生活の〕自主組織化と社会運動を組み合わせる。そして、社会的実験に訴えかけると同時に政治体制の転換の重要性も主張する。アソシエーション運動は、さまざまな社会的実験を孤立させたままにしておくことに満足せず、制度と政府の行動に変革を起こす必要性を認めるのである。

保守的な右派は、国民政府が制定した法とルールに異議申し立てする民衆の勇敢さに恐れを抱き、民主主義の過剰がもたらす危険を強調した。つまり民主主義は、硬直的な階層構造によって培われた秩序の安全を保証してきた伝統的価値を転覆しかねない、と。

自由主義右派は、アソシエーション運動を前近代的な運動と見なし、近代的個人に固有の行動を誤解した、経済的進歩の思想とは相容れない運動である、と主張した。経済的進歩の思想によれば、資本主義の生産力は最終的に貧困を根絶するので、連帯は慈善活動の一環として一時的に必要となるにすぎない。悲惨さの軽減に対して向けられた政府の後援とパターナリズムの導入は、論理的に言って、労働者の発する言葉の自律性を無効化し、抑圧することになる。こうして、アソシエーション運動が展開するモラル・エコノミーに替わって、貧困者を教化する事業がやってきた。

連帯的なアソシエーション運動の周辺化によって、労働者共同体が分かち合いの生活様式と民衆の誇りの表現として守ってきた、さまざまな規範と相互扶助的な義務のすべてが失われたのである。これらの規範と義務は、さまざまな職業を結びつけ、人権を促進するものであった。この共有の資産は伝統に根ざしていたが、民主主義の理念の到来によって転換し、思想・社会的実験・制度変革の間に相互作用を起こす解放の意志を表すものとなっていた。より正確に言えば、この遺産は、より平等な社会への移行という問いを即座に提起したと言える。労働者の行動と思想は右派によって攻撃されたが、資本主義の支配を阻止する手段に関する問いは急進化していく。

こうして二〇世紀のヨーロッパ左派は、東ヨーロッパの共産主義と北ヨーロッパの社会民主主義という二つの変革の道に分かれた。さらに南ヨーロッパでは、多くの国で右派が強権発動を行ったため、権力へのアクセスは稀であった。

東ヨーロッパの共産主義と国家政治の盲目的崇拝

民主的な社会化の機会の増加を通して解放を考えていた一九世紀前半の連帯的アソシエーション運動に関する分析は著しく修正されて、決定論が強調されるようになった。一九一九年にトロツキーは述べている。

「歴史の運動の決定的な要素である生産活動の強力な諸力が、時代遅れの上部構造（私的所有制度、国民国家）の中で窒息しそうになっている。これら上部構造の発達は生産力を規制していた」

この監獄状態から抜け出すために、生産力は、「社会主義経済の世界的な組織化による自らの解放」を要請している。[6] この確信から導き出される戦略において、労働と生活条件の所有というテーマは、生産手段の所有権に焦点を当てるようになり、階級意識への言及が、期待される変革にともなう制度の構想に取って代わった。国家の消滅が想起されたにもかかわらず、解放は、当事者たる主体に外在的な行為、つまりプロレタリアートによる独裁を実現しうる啓蒙された前衛の行為に期待を寄せるようになった。第二インターナショナルに見られたこの傾向は、第三インターナショナルによってさらに強調される。人間主義者《ユマニスト》と民主主義者は非難され、民主的な中央集権主義と指導的な地下組織への服従に賭けるボルシェヴィズムが支持を集めた〔7〕。

ジョルジュ・ソレル流に言うと、暴力が真の政治的「神話」へ転換したのだ。暴力は、革命によって権力という武器を奪取し、自らに都合の良い法を活用できるプロレタリアートの力を示す間違いのない徴となった。マルセル・モースによると、政治の盲目的崇拝《フェティシズム》に陥ったことになる。「法は、社会の慣習に支えられるか、十分に強靭な社会的実践の上に確立するかしないかぎりは、暴力に依拠したとしても無力であるのに、共産主義者と無知な社会学者は、法が生み出しうる主権的秩序を信用している〔8〕」

一九二四年頃から、モースは、労働者の組織化のさまざまな試みをまとめあげるアソシエーション運動を放棄することの破局的結末を強調していた。彼によれば、「労働者の組織化の試みは本質的・根本的・原理的なものである。なぜなら、それなくしては、政治的行為に確固とした基礎が存在しなくなるからだ〔9〕」。モースにとって、法は全能な道具ではない。法は、「その背後に、法によって承認される倫理と、法によって表現される社会の心性《マンタリテ》が存在するときにのみ、有効となる〔10〕」。国政は、社会を注意深く観察してそこから着想を得ることによってのみ価値を持つ。

あらゆる革命のリスクは、それが確立せんとするルールが抵抗に遭ったとき、恐怖政治《テロル》に転じてしまうことにある。最初期の社会主義にとって解放は、「労働と生産の新しい形態および社会生活の新しいルールの発明、労働者の世界に固有の権利、そして労働者の世界の自律・自治を保証するあらゆるイノヴェーション」[11]を必要とするものだった。一九世紀が進むにつれて失われていったのは、この推進力である。

社会の慣習のさまざまな形態を再解釈し、多様な社会的実践や制度の確立を共同で行っていくことが忘れられた。その結果、労働者階級が、自ら生み出した制度によって自己を構築することで、労働者に固有のコモンズを発見してきた歴史的所作のすべてが忘れられるに至った[12]。協同《コオペラシオン》から生まれる集団的な学びが無視され、「経済領域」を包摂するとともに「自己統治の制度」の導入を目指す「政治的実践《プラクシス》」の代わりに、ポスト資本主義時代への空虚な暗示が登場したのだ[13]。

まとめると、支配の批判の中身が、解放を推進する実践的な道の模索から、解放という言葉を通過儀礼として言及することへと変容したのである。〔マルクス主義における〕歴史的過程の「科学的な」分析が、ポスト資本主義時代の到来の証となった。二〇世紀の社会実験は、解放のプロジェクトの再来が危険であることを苦々しいほどに強調した。それはまた、知的な議論が、資本主義の超克というはっきりとしない展望にいかにとらわれているかを示唆している。

北ヨーロッパの社会民主主義と福祉のシステム

社会民主主義が出現したのは、資本主義の超克という抽象的なスローガンへの準拠では不十分であったからである。社会民主主義は政府の介入を強調し、資本主義社会から社会主義的社会への移行は漸次的に達成させるという考えを擁護した。

民主的かつ段階的な変革に軸足を置く諸政策が、たとえばドイツのような国の大規模な労働党〔＝社会民主主義党〕で実施された。これらの国では、マルクス主義だけでなく、改良主義をも主張する政策オプションが採択された。E・バーンスタインによると、「史的唯物論に固執せずに」民主主義を社会主義の手段かつ目的として捉えることが重要である。「経済は常に支配的な要素である」が、他の歴史的運動に「無条件に影響を与えているわけではない」[14]。同時に、所有権への執着が放棄された。なぜなら、望まれる変革は経済的必要性の秩序ではなくて人類の解放に関わっているため、生産手段の共有化は〔社会変革の〕決定的な要素ではないからだ。〔ボルシェヴィズムの〕権威主義とは反対に、〔社会発展の〕さまざまな目標は、社会の合意を得なければならない。具体的な手段としては、選挙における中産階級と一般大衆の連携、市民組織の動員と公権力の確立を組み合わせた広範囲にわたる補完的方法への依拠（積極的な雇用政策、労働時間の削減、購買力と公的給付金の増加、公共サービス、公共事業、積極的な財政政策など）がある。

第二次世界大戦後、国民的合意を確立する必要性のもとで、国家と市場の補完的関係が、一九四五年から七五年までの「栄光の三〇年」の間、きわめて重要な役割を担った。ケインズ型の福祉国家（Welfare State）は、政府の市場への積極的な介入を通して経済発展を促進することを使命とした。他方で、ヨーロッパ大陸の福祉国家（L'Etat-providence）〔「摂理国家」とも呼ばれる〕は、社会的保護制度の一般化と社会保障政策によって、それまでの社会的国家（L'Etat-social）の形態を拡張した。国家は市場が生む不平等を是正しながら市場を規制し、維持し、市民に個人の権利を保障し、公共サービスのルールを定めた。さらに、〔国家による〕調整《レギュラシオン》を受けた市場は政府の再分配政策の延長上に位置づけられた。

この時代、社会民主主義は、市場を是正する再分配政策を動員しながら市場の力学を導くことができた。市場経済は、非市場経済、すなわち財・サービスの流通が政府の再分配政策に従う経済によって補完されていた。社会民主主義は長い間、修正主義であると嘲弄され、非難されてきたが、民主主義と資本主義の洗練化に貢献し、市場と国家の連携《シナジー》を通じて経済的かつ社会的な進歩の理想を普及するまでに至ったのである。社会民主主義は、社会主義体制への漸次的移行を構想することに尽くし、前衛主義に陥ることを拒否した。しかし、国家の盲目的崇拝と生産力至上主義にとらわれていた点ではボルシェヴィズムと同じであった。

これら二つの政治主導説は、資本主義に対する行動様態に関しては、生産手段の接収を選択するか、それとも〔さまざまな経済主体の間の〕交渉を選択するか、という点で対立していた。だが両者は、逆説的にも、社会主義の道の構想の責務を担う専門家に信頼を置く点では一致していた。エリート主義は、社会変革のこのような国家中心主義的構想の一要素であり、市民社会の成熟を断じて許容しなかった。にもかかわらず、両者がたどった結果はあまりにも対照的である。

あらゆる離反者を抑圧したために、東ヨーロッパ諸国の共産主義体制は崩壊した。北ヨーロッパでは、社会的対話に開かれていたことが不平等の削減につながった。社会民主主義は勤労者社会を推進していく。勤労者社会において雇用は、消費社会へのアクセスと社会保障の普及によって強化される生活条件の承認、社会化、均質化を実現するための最適な媒介であった。

南ヨーロッパの多様性

しかし、これらの結果はヨーロッパ全土に一般化されるものではない。南ヨーロッパでは、左派は大きな分裂に苦しんだ。

一九四五年から七五年までの間、フランスとイタリアの社会党は国政選挙で、常に共産党の後塵を拝していた。だが、これらの国の共産党は米国の断固とした反対に遭って政府から排除されていたので、フランスでは一九五一年初頭と五六年から五八年の間、社会党勢力が連立政権における左派陣営の仲介役を担っていた。他方イタリアでは、戦後に復活した社会党が、一九六四年になってからキリスト教民主党とともに政権を担う[15]。

独裁政権下のギリシャ、ポルトガル、スペインでは、社会党勢力は、地下での抵抗運動に積極的に参加していた共産党員ほどの存在感はなかった。そして、二大左派政党間の恒常的な分断に加えて、極左の圧力がかかった。極左は選挙ではふるわなかったが、社会運動の動員や共産党員に対するソ連の支配の批判において存在感を放っていたのだ。そのほかにも、制度的承認よりも直接行動に関心の強いアナーキストの活動家たちがいたが、彼らはスターリンの攻撃によって、そしてまたスペイン市民戦争中に、殺害された。

したがって、保守主義の支配する南ヨーロッパ諸国では大きな不平等が存在し続けていた。スカンジナビア諸国のように市民権と結びついた社会権を保証する、あるいはドイツのように勤労者の地位と結びついた社会権を保証する、北ヨーロッパの福祉国家(L'Etat-providence)の普遍主義的あるいはコーポラティスト的体制とは異なり、南ヨーロッパの国家の多く(イタリア、ポルトガル、スペイン、ギリシャ)は、〔国家を媒介とする〕社会的移転の水準が相対的に低い。南ヨーロッパ国家の補助的性格、すなわちその民間や教会の諸制度への依存が、国家の行動能力を減少させていた。

その代わりにこれらの国では、共同体を基盤とする「福祉社会[2](une société -providence)」の存続や集団管理型の企業〔たとえば、協同組合など〕の存在によって埋め合わされていた。[16] 社会的経済《エコノミー・ソシアル》(協同組合、共済組合、アソシエーション)のさまざまな組織が確固として存在していたため、集団的アイデンティティを保護できたのだ。もっとも、これら社会的経済の諸組織は従来のアソシエーション運動を継承しているとはいえ、その政治的野望を中和してしまったのだが……。

農村世界では、社会的経済は家族的生産活動の維持に貢献し、土地へのアクセスを求める闘争などの農民運動において無政府主義的社会主義の勢力を育てた。都市部では、社会的経済は労働者階級の中で最も洗練された集団と、地域の工業施設や職工施設の周囲に暮らす小市民階級を結びつけた。[17]

ある種の補完性を描くことができるだろう。つまり、社会民主主義は経済的イニシアチブよりも連帯を考慮していた。それはあたかも、民主的選択はすでに生産された富の分配に焦点を当てることができるだけだ、と考えているかのようだった。市場経済を資本制企業に委ねるアプローチは、経済規模の拡大局面の背後に長い間隠れていたが、社会民主主義に内在する弱点として現れた。これに対して社会的経済は、商品資本主義と富の生産を同一視することに異議申し立てする非資本制企業の普及を推奨した。

しかし、社会民主主義と社会的経済の合流はこれまで起こらなかった。なぜなら、両者はそれぞれヨーロッパの異なる地域に集中していたからだ。社会民主主義は、そのプロジェクトの中に社会的経済の活動を統合することなく、マクロ経済政策や福祉国家政策に傾倒していた。反対に、社会的経済は、集団管理的な企業活動に傾倒するも、その活動が自らを囲む制度的枠組みにどれほど依存しているのかを考えてこなかった。社会民主主義と社会的経済の双方の欠点は、それぞれお互いのことを、資本主義の氾濫のみを誘発すると見なしていたことにある。

実際には、国家による市場の規制も、集団による企業の自発的な創出も、当初掲げていた野心の高みには達していなかった。両者は最終的に、自らが闘ってきたシステムに順応してしまったのだ。

両方の場合とも、民主主義を代議制の次元に還元したことが問題であるように思われる。社会民主主義は、政党や組合において、代表者と成員との間の関係を検討せずに集団的交渉に依拠していた。社会的経済は、〔企業内での〕一人一票という形式的平等の原則を民主主義の作用であ

---

(2) 南ヨーロッパ諸国では、福祉国家の制度が北ヨーロッパ諸国と比べて脆弱であるため、地方自治体レベルで市民の自主組織を基礎とする連帯的な経済・社会活動が行われる。北ヨーロッパの福祉国家に対して、南ヨーロッパのこのような福祉モデルは「福祉社会」と呼ばれる。

ると混同していた。必然的に、役員選挙で選ばれた者はしばしば、罷免されることのない幹部としていつまでもその座に居座り続け、成員の効果的な参加が減退した。代表制民主主義への傾倒は、マクロ経済の水準でも、ミクロ経済の水準でも、市民参加の動員を不可能にする。一九六〇年代以降に現れたのは、民主主義のこの欠陥である。

3　危機に陥った左派

一九六〇年代末に新しい社会運動が現れた。左派は構造主義の残余の影響を受けており、まるで社会闘争が資本と労働の対立に限定されるかのように考えていたが、市民社会からは新しい問いが現れた。これら新しい問いは、経済成長、消費、生産、国家の役割に関する旧来の確信を動揺させる。かくして経済成長と進歩の混同が問い直された。生活水準の向上が生活様式の改善と一致するという考えもまた、自明のものではなくなった。消費社会は、大部分の家計にとって苦痛の軽減を意味したけれど、その後、宣伝広告技術による欲望・欲求の操作が引き起こす人間疎外というもうひとつの側面が露呈した。

生産活動においては、さまざまな市民組織の協調によって獲得したものがあるにもかかわらず、労働者は細分化された労働に対して異議申し立てを行った。彼らによれば、代議制民主主義は、労働者の直接参加を認めずに、彼らに沈黙を強いるのだ。

最後に、フォーディズムは、生産関係において、賃金上昇と引き換えに労働者を意思決定プロセスから引き離した。消費関係においては、フォーディズムはしばらくの間は福祉主義を維持したものの、福祉国家が提供するサービスの受取人は当初の構想とはかけ離れたままだった。この排除は、サービスへのアクセスの容易さによって埋め合わされた。

民主主義の開放から経済秩序の再建へ

したがって、新しい社会運動は、階級対立にあまり力点を置かずに、消費者・生産者・福祉サービスの利用者の自律性や表現行為に関するさまざまな問題を重視した。一九六八年五月に結実したこれらの新しい論点は、七〇年代に入り断片化していく。極左は、これらの課題における自らの存在感を強めたが、自主管理運動やオルタナティブな運動に携わる多くの活動家は、伝統的な政治行動とは距離をとった。反核運動が例証するように、彼らの関心は、政治権力よりも支配的な価値体系《コード》[3]の批判に注がれており、日常生活の多様な側面により注意を向けていた[18]。

最初の文化的危機はこのときヨーロッパ全土で顕在化し、スペイン、ポルトガル、ギリシャの民主化によってさらに拍車がかかる。共産党と社会党は、互いに敵対関係を誇示しながらも追い風に乗った。社会党は革命の言語を使ってその改良主義的な政策オプションを隠していたが、大西洋同盟〔ＮＡＴＯを中心とする反共同盟〕を選択したことで、政治的変化をもたらす候補とし

（3）この文脈では、消費社会の価値体系を指すと言える。

ての信頼を獲得した。なぜなら、社会党は共産党に反対する城壁となったからだ。並行して、ユーロ・コミュニズムは、チェコスロバキアへの侵攻〔一九六八年の「プラハの春」〕とポーランドでの非共産党系労働組合「連帯」の誕生後、ソヴィエト連邦の統制からの解放を模索していた。とはいえ、有権者にとってはまだ認めがたいものであった。

民主化の要素は、その後に起こった〔一九七〇～八〇年代の〕経済的危機をきっかけに歯止めがかかった。ヨーロッパ各国の政府はケインズ主義を破棄し、ワシントン・コンセンサスに象徴されるマネタリズムを採用した。マネタリズムは、経済競争力の回復のために国家の市場への介入を制限する必要性を主張する政策である。マネタリストの進攻に直面したのは、これまで以上に社会民主主義モデルと一体化した左派政権であった。つまり、かつての左派が持っていた多様性がなくなったのだ。

ベルリンの壁の崩壊とともに、南ヨーロッパでは共産党の影響力が後退した。民主的な社会主義は、フランスで擁護されたものであれ、スペインで要求されたものであれ、社会民主主義モデルと同一視された。社会民主主義は見かけの上では勝利したが、その結果、一九六八年五月の文化的危機の時代以来自らの土台が揺らぎ出していたことが忘れ去られてしまう。

社会民主主義の勝利は、自らの脆弱性について考えることを困難にした。社会民主主義は、弱点を検討する代わりに高い経済成長率へ依存するようになった。生産性が安定している対人サービス業の台頭とともに起こった生産活動の構造変化は、経済成長の緩慢化を誘発し[19]、景気刺激策の可能性は、企業や市場と同一視される経済的現実との妥協の中で模索された。国家はこの現実を上手く働かせなければならない。新中道派や第三の道の分析に特徴的な自由主義的な経済観が支持を集めた結果、社会民主主義は社会的自由主義[4]へと変容した。

社会的自由主義の現代化

「第三の道」の主要な理論家の一人であるアンソニー・ギデンズは、大きな歴史的サイクルの中で問いを位置づけた。ファシズムの後、右派は政治的空間を支配することが困難になり、ケインズ主義が規範となった。だが、英国のサッチャーと米国のレーガンの両政権が、規制緩和、民営化、競争原理の一般化というテーマを国際的なアジェンダに掲げた。

守勢に立たされた左派は、「グローバリゼーション、個人生活の変化、自然との関わり、という現代の主要な革命」に対応しなければならない[20]。国民国家中心のウェストファリア体制の枠組みが時代遅れになったことも見逃せない。公共精神を備えたエリートへの過度な信頼は、近代性の危機を経験した社会ではもはや成立しない。現代社会では、権威的な人物に対する大きな懐疑が出現している。

（4）自由主義思想の一潮流。自由市場経済を維持しつつも、社会的公正の実現を促進する諸制度の整備を主張する。一九世紀のJ・S・ミル、二〇世紀前半のJ・M・ケインズが代表的人物である。一九九〇年代には、新自由主義の行き過ぎた市場原理主義の是正を目指す「第三の道」論が、社会的自由主義の現代版として登場した。本稿でラヴィルは、第三の道論を批判的に扱っている。

しかし、従来の社会民主主義と新自由主義を超克する試みとして提案される第三の道は、平等と社会的保護の諸価値をあきらめない。そこで第三の道は、国家と市民社会の新たな連携を提唱する。ギデンズの提案する第三の道は、市民社会の刷新を支持し、ローカルなイニシアチブとローカルな公共性を維持し、非営利セクター[5]を巻き込み、コミュニティの活動によって犯罪防止を促進する。

だが、第三の道理論によれば、市民社会は、象徴的な機能を担うこともなければ、人的資源の質の改善のための社会的投資の保証を担い続ける国家の役割を背負うこともないだろう。科学と技術の問題にも触れる分権型の新しい討議形態は、社会の階層構造を問い直すことを念頭に置きながらも、民主主義の深化によって権威に正統性を与え直すために発案された。この思想潮流にとって、一九八〇年代における社会民主主義の行き詰まりは否定できない事実である。

反対に、社会民主主義の刷新は、その脱政治化が表面的なものでしかないところから起こりうる。社会参加と活動主義（アクティヴィズム）は、さまざまな社会運動を結びつけながら〈インフラポリティクス〉[6](infrapolitics) の登場に働きかけるアソシエーションの開花に立ち返る。[21] 政党政治への関心の低下を、〈政治的なるもの《ル・ポリティーク》〉[7](le politique) への関心の喪失と見なすことはできない。

ギデンズが述べる主要な革命の中でも支配的なのは、グローバリゼーションである。社会的・生態学的領域における諸々の提案は、これに適応しなければならない。情報伝達技術はグローバル化した金融市場を生み出したため、もはや資本主義のオルタナティブは存在せず、唯一の議論は、資本主義の統治と調整に焦点を当てるものでなければならない。このような経済決定論の復活は、改良主義の射程を狭め、企業の社会的責任や社会政策など、あまり期待できそうにない紋切り型の提言にたどりつく。

ギデンズ[22]のように企業の社会的責任を市民社会の闘争の獲得物と見なして賞賛することは、公的な規制を民間の規範に置き換えようとする大企業の目論見を隠蔽する。「責任なくして権利なし」という原則は、〔一九世紀の〕倫理的な社会主義の考えに立ち戻るものではある。しかし、公的給付の受給者に対して社会的責任を求める政策は、それが最も裕福な人びとの節度の欠いた生活を維持したまま実施されるならば、貧困層を体制に取り込む政策となる。

第三の道は、グローバル化した市場を所与のものと見なし、連帯を問題視することで、マネタリストの提案を基本にその政策を進めてしまった。第三の道は、民衆の創造性と連帯を信頼していなかったのだ。確かに、第三の道は、教育や保健をコストとしてではなく社会的な投資であると考えたが、そのサプライサイド経済政策への傾倒は、政治の役割の範囲を著しく制限した。国

(5) 欧米では、非営利セクターのことを〈サード・セクター〉と呼ぶ。ラヴィルの論文でも「サード・セクター」という用法がしばしば現れるが、日本では「第三セクター」という用語が別の意味ですでに存在しており、混乱を招くので、「非営利セクター」と訳している。

(6) 日常生活においてさまざまな抵抗の形態を生み出す行為。

(7) 民衆の手で社会秩序や制度を転換し、新しい統治(ガバナンス)の仕組みを構築することを指す。フランスの政治哲学者クロード・ルフォールによって導入された概念。政府による政策や統治を意味する la politique(ラ・ポリティーク)の対概念として用いられる。

際的な経済競争への開放、公的管理における準市場メカニズムの採用、民営化。これらの政策は、グローバル化した世界における国家のパフォーマンスを保証するために不可欠だとされる構造調整を進める目的で、保守政権によって導入されたのだが、現代化した左派が政権を担当してからも続いた。

その結果生じたのは、信頼の喪失である。左派の支持者は分裂し、左派は、その歴史的理念に忠実な潮流とエコロジーに配慮した潮流との間で再編成の試みが始まっている。だが、進歩主義的なアイデンティティを刻印された旧来の共産主義者・社会主義者から脱成長派に至る左派のさまざまな潮流の間で、エコロジカル社会主義は連携を見出すのに苦労している。

市民主体の運動

さらに、社会民主主義がそのプロジェクトを〔社会的自由主義へと〕婉曲化するまさにこの時期に、社会運動から現れたさまざまな動きは多様な道をたどる。

極左は共産党の衰退とともに完全に刷新したが、レーニン主義特有の政治権力の盲目的崇拝を払拭する以外のことはできなかった。トロツキー主義や毛沢東主義では、労働者階級の神話は修正されはしたものの、かたくなに維持された。期待される革命が先延ばしになるにしたがって、失業者の運動など、新しい運動の中での小集団の逸脱行為や異分子工作が増加する。急進的な言説の傘のもとで、ドイツ赤軍やイタリアの「赤い旅団」の影響を受けて武装闘争に傾くことも辞さないような、矛盾をさらに悪化させかねない行動に優先順位を与えるセクト主義が隠蔽された。

この政治的介入主義に完全に反対し、その他のグループは文化の転換を重視する。研究者の中にはこの路線を強調する者もいる。代表的な例はアラン・トゥレーヌである。彼はマルクス主義に通じる経済決定論を回避しようとして、集団へのあらゆる準拠を止めてこの主題に触れないようにし、「社会の終焉」を高らかに主張する。

その結果、エチエンヌ・バリバールがマルクス主義の行き詰まりのひとつとして警告する「主体の消失」に替わって、主体を大げさなほどに称える傾向が現れた。しかし、この傾向は、経済に関わる諸問題の現代性を否定するまでに至った。現代社会の行為主体《アクター》は経済問題に関心がなく、アイデンティティの問題に傾倒している、というのだ。

この立ち位置は主流派経済学の支持に加担するだけでなく、ナンシー・フレイザーがフェミニスト文化理論に関して見出した副作用も生み出した。つまり、フェミニスト文化理論は、アイデンティティに関する問いを優先することで経済決定論を拒否したが、その代わりに文化決定論に陥ってしまったのである。平等というテーマに取り組まなくなることで、アイデンティティ・ポリティクスを主張する理論は、逆説的にも新自由主義の教説と共鳴する。

過度な財政支出と社会保障を進めているとして福祉国家を糾弾するマネタリストのテーゼの中で奨励される市場化と、福祉国家の家父長制イデオロギーを非難するフェミニズムにおける「差異（différence）」の強調との間に、「危険な関係」が成立する。[23] アイデンティティの承認の要求は、ある側面では、再分配の正当性を攻撃するために利用されるのだ。

経済決定論から文化決定論への単純な置き換えを避けるためには、市民社会における革新の多元性とその政治上の変化を識別する必要性がある。社会運動は確かに分散化したが、市民社会は活動を続けており、社会参加は失われていない。たとえば、D・セファイは、社会運動の中から雑多な集団の統一性を認知する言葉が生み出されることの重要性について研究している。それは、現代の公共圏を占める雑種混交型の組織の存在を強調するためであり、「さまざまな公共性に対する省察」を刺激するためである。

「創出されるさまざまな実験領域や活動領域を横断して絶えず出現するアソシエーションや協力のプロセスに対する省察を刺激することである。このプロセスの観点から見ると、集団の行動は、その空間的—時間的、象徴的、制度的環境を変えるのだ」[24]

しかし、公共の諸問題の布置《コンフィギュラシオン》へのこの注目は、先述したアイデンティティ中心の分析傾向と一線を画して、文化の問題と社会的・経済的問題を結びつけるのであれば、価値あるものとなる。結局、社会参加の新しい形態が生まれるアソシエーションの世界は、オルタナティブな生産・交換・消費様式をも促進するのである。

入手できるデータはきわめて少ないが、これらによると、オルタナティブな経済実践は一般的に推測される水準よりもかなり広く普及している。たとえば、スペインのカタロニア地方では、三〇万人以上がオルタナティブな経済セクター〔協同組合や非営利組織など〕に関わっている。また、バルセロナの代表的な統計データに基づく調査は、同市内の人口の九七％が少なくとも一つのオルタナティブ経済活動に参加していることを示している。

この傾向は、二〇〇八年以降に飛躍的に加速化した。多くの人びとがオルタナティブ経済に賛同している。なぜなら彼らは、人間関係ネットワークへの参加を通じて、経済危機が引き起こした日常生活のさまざまな問題の対案を発見するからだ。また、一部の人びとは、「怒れる者たち《インディグナドス》」の抵抗運動への参加の論理的帰結として、オルタナティブ経済活動に参加している。抵抗運動への参加はいまや、地産地消運動、協同組合、シェアリング、強制退去させられた人びとに対する法的支援や居住支援サービスへの参加と融合している。これらの活動は、具体的な取り組みにおいては分散しているが、その多くが連帯経済《エコノミー・ソリデール》(l'économie solidaire)の名で認知されている。

目下のところ、しばしば非常にかけ離れている取り組みを同時に検証し、文化・社会・経済の間の境界線が混じり合う集団的行為を模索することが重要である。これらの領域を個別に注目していく戦略は失敗した。生活領域の専門分化に反対して、共通世界の意味についての議論が行われ、異なる行為の論理が接合されていく空間を考えていかねばならない理由はここにある。

新しい解放のプロジェクトの座標軸は、「市民のイニシアチブの多様性[25]」の中に模索されるだろう。しかし、これらの座標をどのように制度化していけばよいのだろうか。

公権力は、社会的行為における創造性を無視している。現在起こっているドラマは、社会を分断する溝の中に滞留しているままだ。つまり、これらのイニシアチブは、世界社会フォーラムで用いられた言葉を援用するならば、市場を称えることにとりつかれている政府の政策に抵抗しながら提案を行う運動である。市民のイニシアチブは政治化による取り込みを警戒している。政党が市民社会の台頭を無視しているので、なおさらそうである。この相互不信ほど残念なことはない。なぜなら、この不信は、新しい資本主義の暴走を阻止する力関係の構築を困難なものにしているからだ。

状況的な理由とは別に、市民社会と政府のこの深刻な分断は、既述した長い歴史によって説明がつくことを認めなければならない。この分断の要因は、大部分において、解放の現実主義的な意味が失われたことに起因する。左派の思想はしばしば、社会民主主義に典型的な保護政策の優先と、より急進的であることを望む潮流に特徴的な支配の分析との間で分断されてきた。だからこそ、解放のプロジェクトの再生の可能性は、理論上の諸問題の検討にかかっているのである。

二　解放のプロジェクトと理論上の諸問題

一では、左派のたどってきたさまざまな段階と転回点を分析してきた。根強く残る不平等を前にして、より公正な社会を望むことに動機づけられた左派の長い道程を見ると、解放のプロジェクトはこれまで常に必要とされてきたし、いまだに必要とされている。二では、一でとりあげた要素を、まずは解放のプロジェクトを妨げている思想に注目して検討し、次に解放の実現の条件に焦点を当てて論じていく。

過去の教訓は、可能な未来を描くために大切である。この観点から、改良主義的実践と革命理論という左派の二つの遺産を評価し、継承していかなければならない。妥協を迫られた社会民主主義は、資本主義の伴走者に陥ってしまった。他方で、ポスト資本主義を唱えることに満足する批判理論は、信頼に値する社会変革の展望を提供できなかった。

これらの行き詰まりを確認することで、資本主義と民主主義の緊張関係にこれまで以上の関心を注ぐアプローチに進むことができる。ユルゲン・ハーバーマスやアクセル・ホネットのような西欧の理論家が提案するアプローチは、ラテンアメリカから提案されるアプローチと対話を始めることが可能である。ラテンアメリカのアプローチは、社会的保護や支配など、既存の秩序の再生産を一方的に強調するテーマに流されることを回避する傾向がある。

1　社会的保護を優先する社会民主主義

社会民主主義は、労働運動とマルクス主義の核となる思想だった。この思想がプロレタリアート革命を裏切るものであると糾弾されたのは、第三インターナショナル（一九一九年）から一九二〇年代にかけてである。ボルシェヴィストとの論争のなかで、社会民主主義者は、新しい人間への期待と過去の破壊に基づくイデオロギーが自由を破壊する性質を持っていることを、予兆的に警告した。彼らの漸次的改良主義への傾倒は、周知の結果を生んだ。社会民主主義は資本主義を改良し、スカンジナビア諸国においては世界の中で不平等の最も少ない社会を創り、ヨーロッパ全土でも政権の座についた民主的左派政党による長期の社会的実験を提供した。

「栄光の三〇年」〔一六九ページ参照〕は社会民主主義の黄金時代を象徴している。その正当性は、共産主義体制の崩壊によって確認されたように思われる。全体主義は、ある意味でバーンスタインの予測を証明したのだ。革命の展望に彩られた二〇世紀の終わりに、改良主義的な展望が再評価されるようになった。

社会民主主義の段階別評価

ヨーロッパの社会民主主義は、中産階級の拡大を通して経済と社会の関係を安定化させる社会モデルと見なされている。この見解は、福祉国家を社会主義への踏み台として描いていた社会民主主義の最初期のプロジェクトの内容を忘却させる。

英国のB・ウェッブとS・ウェッブなどの著者によって擁護された本来の社会民主主義の構想は、アソシエーション運動の流れの中で一八七〇年から一九二〇年の間に練り上げられた。本来の社会民主主義は、社会参加の原則と市民的・政治的領域の平等原則を、経済を含めた社会全体に拡張することを目指していた[26]。個人の自由を削減する経済的抑圧に衝撃を受けたこれらの理論家は、人民の権利を拡大するために資本家の所有権を制限し、富の再分配を通して条件の平等を再建することを望んだ。

経済決定論に反対して不確実性の考えを復活させることで、社会民主主義は、個人であれ、集団であれ、人間の経験には経済原則に還元不可能な自発的・集団的およびプラグマティックな行動に基づく部分があることを認めた。当初、社会民主主義はボルシェヴィズムと一線を画し、社会変革の許容度に関してマルセル・モースの警告に共鳴した。その結果、社会主義は、全住民の中で文化の転換が起きないかぎりは勝ち得ないという意味において、倫理的なものであるということを強調していた。

社会主義をこのように捉えることは、社会をよりよく知ることを促す。ゆえに、教育が重視されるようになる。社会の歴史的発展の法則は、与えられたものではない。そうであるならば、倫理の再生は生活条件の実証的な研究なくしては起こりえない。民主的決定は専門家の調査によって用意されなければならない。

この推論は、議員の無関心、ならびに知識と権力のナイーブな分離を許すことの弱点を突いている。民主的な社会化のさまざまな形態に注意を払うプラグマティックな社会主義は、公権力が提供する集団的な交渉へ向かう。一般的には賢明な人びとであると思われている技術官僚の手に変革の手段を集中させると、政治家、組合員、企業経営者など、制度に組み込まれた行為主体《アクター》の間だけで改良主義的な行動がとられることになる。[27]

社会民主主義は、〈経済〉(規制された商品資本主義に依拠する活動領域)と〈社会〉(国家に帰属する活動領域)の区別を保証する。一九四五年に望まれた経済の社会への組み込みは、時間の経過とともに、社会の経済への従属へと反転した。一九五九年のバート・ゴーデスベルグ大会でドイツ社会民主党はマルクス主義を正式に放棄したが、この象徴的な出来事は、雇用者と労働運動の間の妥協という方向転換を示している。[28]経済的現実の考慮は市場経済の承認と同じ意味を持つようになり、市場経済における際限なき資本蓄積が、社会保障政策を追求するための必要条件と理解されるようになった。職業関係は、国民国家という調停役への信仰と経済成長が生む富の分配に依拠するリアリズムの最優先領域である。

一九八〇年代の危機に直面して、この戦略は、企業の利ざやを回復するために企業投資を促進し、競争力の回復、つまり景気回復の可能性を保証し、経済成長は社会正義の新たな実現の前提として位置づけられた。しかし、このシナリオは、国際競争の悪化によって大きなダメージを受けた。

国際競争では、経営者の労働コスト削減要求は決して満たされることがない。言い換えると、将来における利潤のよりよい再分配という展望は、目下の予算制約の背後に消えてしまう。賃金労働者として生計を立てなければならない生活様式のもとで、納税者は絶えず努力を求められている。だが、約束された賞与はやってこない。経済成長率が執拗に低いため、フラストレーションは一層強くなる。

生産活動の構造上、とくにサービス業の生産性が伸び悩んでいるため、成長の回復という約束は実現しない。環境の次元では、成長戦略のいくつかの試みは有害な結果をもたらす。経済回復がシェールガス開発の認可のような政策によって追求されるとき、生態学的な損害は、期待される経済成長を実現するために受け入れるべき代償となる。

社会的次元では、社会民主主義が尊重してきたとされる、市場経済活動と非市場経済活動（教育、保健、社会保障、対人サービスなど）との間の役割分担が、対人サービスや非物質的サービスが利潤の潜在的源となる経済では、混乱をきたすようになる。過剰な商品化の動きは、対人サービス業の事例によって例証されている。ベルギーや英国などヨーロッパの多くの国では、対人サービス業での雇用創出策が、富裕層に対する課税免除措置と同時に進行し、これらのサービスの制度化の様式が不平等を増大させているということが無視されている。また、社会統合はジェンダー関係を重視しない。

まとめると、雇用の源は、目標として孤立させられ、脆弱性に対するあらゆる省察を消し去る。関連する公共政策は、当事者の間の社会関係などの雇用の形態と質を無視することで未来を縛っている。ケアの倫理と政治は、共生のために決定的に重要なものであるけれども、失業に対する闘争の中で統計への執着が支配的になると、議題にならなくなる。ケアの倫理に関する理論的な議論はあるが、その実践への応用は難しい。なぜなら、公共政策は、雇用創出の名のもとにサービスの質を犠牲にするからだ。

社会民主主義は長い間、生態学的問題を過小評価し、経済問題と社会問題の分離を前提にすることで、国家の市場経済への介入の手段を構想できていた。近年に至るまで、エネルギー資源の枯渇はさほど重大事ではなかった。また、雇用政策は社会政策がもたらす平準化効果に反対することはなかった。現在、その伝統的な政策オプションに閉じこもっていては、民衆の失望を招くしかない。

三重運動

社会民主主義の歴史的遺産は否定できない。カール・ポランニーが言及した市場社会の維持不可能な性質の分析に従うならば、社会民主主義は次のことを証明したと言える。それは、社会の維持を保証する大転換は、封建的な保護制度や伝統的な助け合いを離れて、社会権の行使を通じた民主的な道を用いることができた、ということである。

しかし、福祉国家は自らが促進する民主的連帯を市場経済の拡大成長に依存する方向で維持しており、富の再分配のみに焦点を当てている。福祉国家は、民主主義の手続きと貨幣経済を利用し、市民を公的給付の受給者と見なした。そして、職業的なコーポラティズムに権力を与え、〔社会を構成する〕諸部門の差異を黙殺した。既述したように、公共サービスの利用者を〔市民としてではなく〕納税者と見なす傾向は、代議制民主主義の領域（政治家、企業経営者、組合の代表者）に仲介機能を集中させる。この領域では市民の発言は著しく無視される。要するに、社会民主主義は保護政策に傾倒するあまり、人間の解放という当初の目標を見失ってしまったのだ。

社会民主主義の成功と限界の評価は、長期にわたる〈三重運動〉の分析を通して進められうる。三重運動とは、本書第8章でナンシー・フレイザーが示唆しているところの〈市場化〉—〈保護〉—〈解放〉の運動である。これは、ポランニーが同定した〈市場化〉から〈保護〉へという二重運動論を複雑化したものだ。

ポランニーが述べる二重運動は、市場の支配に直面する社会の対応を理解するには不十分である。保護政策は社会的な階層秩序を強化したり導入したりする可能性があるため、解放とは区別されなければならない。伝統的な従属関係から人間を解放する役割を担う社会民主主義モデルは、一連の保護政策を導入したが、これらの保護政策は期待された解放の役割を果たさなかった。福祉国家が獲得したものがどのようなものであれ、市場と国家の連携の再生は、市民社会の参加を促す地平を構築することができなかった。

富の蓄積はもはや、社会正義の条件であるとは考えられない。〔たとえばGDPに代表される〕数量を基礎とする指標は、（サービスの質、環境の質などの）その他さまざまな目標に場所を譲らねばならない。なぜなら、生活様式の改善は、経済成長の総額や雇用総数よりも、むしろ市民社会の自己反省能力を刺激し、市民が自分たちの準拠するモデル〔社会発展モデル、生活様式など〕や雇用のタイプについて問い直すようになることによって起こりうるからだ（本書第7章のジャニ＝カトリスの論文を参照されたい）。

社会民主主義の不完全さを認めなければならない。社会民主主義を社会民主主義たらしめていた方法を単純に繰り返すだけでは、負の効果を増大させるしかないだろう。世界の有限性を考慮するならば、社会民主主義の弱点である生産力至上主義を放棄しなければならない（本書第6章のジュヌヴィエーブ・アザムの論文を参照されたい）。経済成長の盲目的な追求はもはや通用しない。持続可能な発展や開発の拒否など、経済成長パラダイムに代わりうるパラダイムについて議論を始めなければならない。つまり、経済と市民社会の意味を現代化しなければならないのである。

経済に関する嘆くべき混同

左派が市場経済を受け入れることは左派の現代化を意味するという考えが広がっているが、(8) こ

（8）たとえば、英国ブレア政権時代の「第三の道」理論は、このような考え方に基づいていた。

の考えは、市場社会と市場経済を混同している。現代資本主義のもとでは、さまざまな動機は個人の物質的関心に焦点が置かれる。フリードリヒ・ハイエクとミルトン・フリードマンが理論化するように、需要と供給の一致が物の価格を決定し、人間は抽象化され、財は〔貨幣価値によって〕共通評価される。市場社会が導入されるのは、人間の行動がこのようにして形成されるときである。市場社会では、市場は自己調整機能を持つと考えられ、社会関係全体に影響を与える。

ところで、筆者が別の機会にすでに述べているように、市場社会に反対することは、市場経済に賛成することとは矛盾しない。[29] 市場経済は、物的装置や法のルールなどの制度的な支えを介して構築されるさまざまな具体的な市場を通じて形成される。[30] 市場のこのような多元的なアプローチにおいては、たとえば、競争力だけに焦点を置く代わりに社会面・環境面を保護する条項を導入するなど、国際化した市場経済の規制が構想されなければならない。さらに、地域の生産者と消費者を結びつけたり〔＝地産地消〕、地域通貨・補完通貨を導入したりするなど、地域循環型の市場経済を強化することが可能である。[31]

これら市場のさまざまな領域が明らかになったならば、市場経済の領域だけにとどまらずに、ポランニー[32]が経済人類学から出発して導き出したその他の統合原理、すなわち、中央の権威から発せられる再分配や、互いに異なるが相互依存的な集団の間の互酬性を、市場経済に加えなければならない。

これらの原理は市場と同程度に妥当なものであり、市場と同一視されている経済と、国家と同一視されている社会との間の断層を乗り越える、多様な社会的・経済的論理を認める制度的環境を生み出しうる。時代遅れとなったのは、市場経済は生産的であり、非市場経済は非生産的である、という捉え方である。したがって、具体的な市場の多様性に、平等主義的な互酬性と政府の再分配を組み合わせた民主的な連帯の意味を加えることが妥当である。

このまさしく政治的な連帯は、慈善的なものでもなく、宗教的なものでもなく、貧困層だけを対象としたものでもない。政治的な連帯は、公権力と市民社会との新しい連合のことである。ウルリッヒ・ベックが指摘するように、この連合だけが自己抑制を失った資本の運動を阻止すると考えられる[33]。

ただし、この方向に進むためには、市民社会の定義を明らかにしなければならない。明確なのは、市民社会は、住民のニーズに対する反応や近隣関係によって特徴づけられる私的な領域のイニシアチブに関わるものではないということである。市民社会を私生活再生の行為の中に閉じ込めて、ニーズの領域に還元するこうした無味乾燥な概念に反対しなければならない。

市民社会を私的な利益の溜り場と見なすアプローチに内在する脱政治化傾向の対極に位置するものとして、市民社会を構成する主体の公共的次元が認められなければならない。これらの主体は組織形態の公共性だけでなく、公共の問題を顕在化し、制度的枠組みに介入する戦略を発展させ、幹部の指名や権力行使・社会的統制に参加することで、公共政策を共同で構築する。

市民社会と公権力の間の複雑な関係は、こうして公共的な行為のもう一つの輪郭を描きだす。この関係は公権力の活動に限定されるものではなく、「公共圏に接続し、共通善への準拠を必要とするあらゆる活動」を網羅している[34]。市場を越えて、経済の多元性は、ローカルなものであれ、国家的なものであれ、あるいはグローバルなものであれ、生産活動の仕組みが変化するなかで強まっていくだろう。

これら生産活動のさまざまな変化は、コモンズの創出へと導くだろう。この方向において、新しいタイプの公共サービスが脱商品化した諸活動に導入される。この新しい公共サービスでは、市民のイニシアチブが〔新自由主義政策のように、〕公共部門の縮減の肩代わりをすることにはならない。そうではなく、公共部門の経済活動とアソシエーションに基づく経済活動は、国家と市民社会の互恵的な民主化が働く相互依存関係の中でお互いに強化しあう〔35〕。

国家と市民社会の互恵的な民主化は、多くの国〔フランス、イタリア、スウェーデン、ポルトガル、スペイン〕で実践されているように、労働者とサービスの利用者の間の新しい協力関係を要請する。つまり、さまざまなメンバーの間の承認に基づく社会的協力に法的な地位を与えることが求められているのである。この新しい社会参加の形態は、無償の活動やボランティア活動も重視する。すでに述べた表現に従うならば、平等主義的な互酬性と政府による再分配という二つの民主的連帯の形態を結びつけることが大切なのだ。

2　批判理論と支配の分析

マルクス主義の分析は、労働の実体験を通してではなく、資本主義の生産プロセスに内在する規律訓練化を通して理解される労働の現実の中に、疎外の問題を位置づける。この事実態から出発して解放の源泉を実現化していくための探究が始まるが、労働とその他の活動の間の階層分化、プラクシスとして描かれる革命的行為との関係、プロレタリアートの様態については、曖昧なところが残っている[36]。

これらの問題を深める代わりに、科学主義と政治主導主義は、第二インターナショナル以来、それぞれにとって決定的だと考えられる解答を提供しようとしてきた。というのも、これらの解答は、権力者が隠そうとしてきたものを暴くと考えられたからだ。

マルクスからマルクス主義へ

一八四三年以来、マルクスは、解放のプロジェクトが「労働者階級に固有の闘争と希求を現代の視点から明らかにすること」[37]と定義される批判理論を必要とすることを強調していた。この観点から彼が生み出した分析は、使用価値に限定されずに交換価値を付与された労働に焦点を当てていた。交換価値としての労働は抽象的労働と形容されるもので、商品化のプロセスに従わされていた。この過程で、労働は疎外された労働へと転換する。この疎外状態のもとでは、搾取に基づく賃金報酬が成立する社会関係が見えなくなる。結論として、労働の価値形態において表現されるこの人類学上の暴力の止揚が最優先課題となる。

しかしながら、この必要を中心に組み立てられたマルクスの著作は一面的ではない。アクセル・ホネットが指摘するように、マルクスの著作の中に見られる二つのモデル、つまり表現主義[9](expressiviste)と功利主義(utilitarianiste)を区別しなければならない。

表現主義的なモデルは、専門知識・技術の剥奪に対する闘争や、労働者解放のベクトルとしてのアソシエーションを考察対象とする「制度、実践、言葉を再領有化する見えない労働[38]」に焦点を当てている。『ルイ・ボナパルトのブリュメール十八日』や『フランスの市民戦争』における分析は、このモデルの上に確立している。

この表現主義的なモデルにおいて、歴史的研究は、社会集団は自らが守る生活形態を媒介にして実践を起こすという規範的な確信に社会闘争を関連づける。かくして、「生産行為は間主観的な承認のプロセスとして理解されうる」。資本主義は、「労働が人間同士の間に導入する承認の紐帯を破壊する社会秩序[39]」である。労働者による労働組織の統御を推進する協同的なアソシエーションの中で、表出する社会闘争の倫理的文法が発見される。「戦略的な対立」だけでなく、「倫理をめぐる闘争」が労働の周囲に起こるのだ。

しかし、マルクスはこの第一のモデルから離れ、『資本論』においては、経済的な敵対関係が支配する功利主義モデルへと方向転換した。なぜなら、彼は「承認の要請を労働における自己実現の次元のみに限定した」からだ。社会関係のまさにその構造に内在するさまざまな利害の競合は、ひとつの闘争を導入することで十分に説明がつく。こうして、「倫理的な要請を尊重しないことから生じるあらゆる政治的問題が抽象化された[40]」。

マルクス主義のテーゼを支持する労働運動の転倒は、各国の労働運動の多様化とバクーニンとの対立が一八七六年に第一インターナショナル(国際労働者協会)の解体へと導く前に、六九年の第一インターナショナル大会においてこの第二の功利主義モデルを採用したことで起きた。マルクスの著作に内在する複雑性を排除して現れた選択肢は、科学主義の独占を保持する権威の言説のそれである。『共産党宣言』でその基礎が再検討された社会主義は、イデオロギーにとらわれたままである他のさまざまな分析とは異なり、歴史的運動の現実の開示として解釈された。[41]マルクス主義の通説が普及する社会の一望監視的な分析を基礎づけているのは、この確信である。

ゆえに、史的唯物論は、人間が自分の意志とは独立して生産関係——国家が承認する法的・政治的機構によって正当化される社会の経済構造——を形成することを証明すると主張するのだ。経済の理解は生産諸力の発展と生産関係との間に見られる資本主義の矛盾を強調したが、他方で政治は国家形態に還元されたのだ。

こうして、アソシエーション運動とは異なる方向が出現した。これ以後、労働者階級は、生産様式に働きかけて国家権力を奪取するために、階級意識に目覚めなければならなくなった。このような場合、解放の様態は、バリバール[42]が指摘する曖昧さから逃れていない。解放は労働者自身によってもたらされうるが、彼らの主体としての地位は否定されている。彼らが置かれている条

(9) 表現主義(expressivism)は、メタ倫理学の用語である。表現主義の立場によると、善悪や公正さなどの道徳判断は、事実の記述ではなく、ある主体がある対象物に働きかける際の評価的態度を表す。マルクスの理論における労働者階級の社会闘争は、資本主義体制に対する労働者の評価的態度を表すものであるので、表現主義の立場から理解される。

件は、階級への帰属をはずれた自律的な省察を禁じている。

支配の批判を優先するこの立場からは、二つの帰結が導き出される。協同組合とは反対の厳しい評価が示すように、資本主義的生産様式の内部にもたらされるさまざまな経験が消されてしまった。労働者階級の主張が、プロレタリアートに倫理的主体の地位の承認をもたらすことを阻んだ。そして、個人の道徳的一貫性という考えが、結果として、革命的知識人だけが暴いて非難することができる、既成秩序の維持に向けられた幻影に吸収された。革命的知識人に帰せられる役割は、その仲介が人間の潜在性の全体を完成する未来を準備する国家の奪取のために決定的であるだけに重要であった。

第二インターナショナルは、「科学的」社会主義が採択したこれらの優先事項を承認。一八八九年以降、国家の征服に対する関心から、党に対する組合の服従を優先するために、革命的組合主義(サンディカリズム)、労働者による自治運動、ゼネラル・ストライキを評価する立場を取り消した。

フランクフルト学派

ロシアにおけるレーニン主義の実践の行き詰まり、そしてその後ヨーロッパで起こったファシズムの権力掌握を背景に、一九三〇年代頃から批判理論の再生に向けたプロジェクトが起こった。フランクフルト学派特有の認識論は、現実と乖離した理論を拒否し、知的生活を歴史的発展の中に位置づける。思想は社会的闘争の形態の一つであり、基礎概念の構築を独占的に担う哲学や統一的な社会理論の構築を使命とする社会科学に見られるような全体化傾向を自ら防止しなければならない〔43〕。

テオドール・アドルノとマックス・ホルクハイマーの考察によれば、ファシズムは、資本主義が危機に瀕したときに採用する権威主義的な傾向のみによって説明されうるものではない。ファシズムの起源は、自然の支配を目指したがゆえに物象化の論理に陥った文明化のプロセスに特徴的な、道具的合理性において確認される。

彼らは生産力の発展の中立性を批判した。なぜなら、進歩と科学は人間による自然支配のプロジェクトと切り離すことはできないからだ。人間の世界との関わり方に対する彼らの批判は非常に包括的であったため、哲学理論は、フランクフルト学派設立当初のプロジェクトが目指していた学際的な社会研究に支えられる必要がもはやなくなってしまった。その結果、人間解放への関心も消えてしまった。

あからさまな失望へと陥ったこれらの立場は、支配的なシステムの統率力を細分化した。社会民主主義はその象徴的な事例だと考えられる。フランクフルト学派の反響は、「栄光の三〇年」の間、社会民主主義の社会的・経済的な成功によって中和された。社会民主主義が生み出した大きな妥協は、資本主義的生活への参入の構造を明らかにする批判理論の試みに二次的な重要性しか与えなかった。これらの試みが受け入れられるようになったのは、一九六〇年代の新しい社会運動の出現によってである。その代表的な試みにはヘルベルト・マルクーゼの仕事があるが、統治性に関するミシェル・フーコーの研究も権力装置の考察に貢献した。

批判社会学

批判的思考の進化は、ピエール・ブルデューの思想の影響を受けた社会学分野においても確認される。ブルデューは、象徴的暴力やハビトゥス〔一〇九ページ訳注(4)を参照〕という概念を発展させ、支配的な秩序への順応を生み出す隠された構造を批判した。資本主義的生活への参入の隠れた力を非難しながら、ブルデューは、「根本的に変わることのない状況のラディカルな批判」へとますます向かうことになる批判理論の認識論上の逆説を描いている。[44]

この逆説によって生じた問題は、リュック・ボルタンスキによって提起された。ボルタンスキによれば、支配という概念を拡張的に使用することは、社会関係を再生産という観点からのみ分析してしまうことになる。その結果、さまざまな規範が脳裏に叩き込まれ、それらが内面化されたり身体化されたりするため、抵抗の可能性が見出せなくなる。こうして、客観主義に染まった科学と現実誤認に陥る日常的な知識との間に非対称的な関係が生まれる。

盲目的と見なされるのが常である「土着の人びと」の主張と知識人特有の確立された明確な主張との間には、大きな溝が設けられている。土着の人びと(11)にとっては、自分たちの実践の真実に到達できないことが、行為主体《アクター》(10)を単なるエージェントに変えてしまうことになる。そのとき、行為概念は社会変革の概念としての意味を剥ぎ取られてしまう。[45]

従属状態からの解放を模索することから始まったヨーロッパの批判理論は、資本主義的支配の批判へと再び向かった。マルクス主義がその最も普及した形態において進めたこの傾向は、一九三〇年代以降のフランクフルト学派によっても、八〇年代の批判社会学によっても修正されえなかった。支配というテーマを相対化するどころか、批判理論は、支配が飽和状態に達していかなる脱出も望めないものとして世界を描いたのである。そして、悲惨さを記述するか、もしくは短期的な反逆へのロマン主義的な誘惑を可能性として残すだけとなった。短期的な反逆の中には、不可能な解放の痕跡が一瞬の間だけ見えるのだった。

ポリティカル・エコロジー

もう一つの批判の類型はポリティカル・エコロジーによって形成された。その先駆者の一人であるアンドレ・ゴルツを例にとると、彼はフランクフルト学派と同様に、生産力の発展への信仰を非難し、ソヴィエト主義を「資本主義の基本的特徴を漫画のように誇張したものであり、市場による自生的な他律を、経済機構全体の計画的で中央集権的な他律に置き換えるものである」と見なした。ゴルツによれば、革命的なプロジェクトの失敗は存在論的な理由による。「機能的労働と個人の活動を一致させるマルクス主義のユートピアは、巨大なシステムでは実現不可能である」[46]

社会民主主義は、資本主義の力学を修正し規制する展望――それは代議制民主主義の能力しか考察の対象にしていないのであるが、――について厳しく問いただされた。文明化の使命を福

（10）acteur ＝フランス社会学の用語で、自由意志で能動的に行為する主体を指す。
（11）agent ＝フランス社会学の用語で、社会構造に規定された諸個人を指す。

祉国家に委託することは、確かに、集団的交渉を制度化し、福祉国家が与える諸々の規制と制約によって経済合理性の拡大を社会的に許容可能で物質的に持続的なものにした。それでもやはり、政府の再分配政策、社会保障、社会的な保護政策は、社会を創出するものではない。これらは生活世界に根ざした連帯の紐帯の代替物にすぎない。福祉国家において、市民は行政管理の対象であり、社会給付の受給者であり、納税者であった。「市民は福祉国家の能動的主体ではなかった(47)」

エコロジー運動は国家権力への誘惑を放棄しており、支配に対する補完的なヴァリエーション以上の運動となっている。エコロジー運動は自治活動の実現を目的に掲げ、自治活動の領域を拡大すると考えられる自主組織現象にとくに注目している。そのため、この社会運動は、自主生産活動、共済組合、協同組合などの社会的実験を高く評価する。そして、アソシエーション運動と社会的経済によって開拓された社会変革の方法を再評価する。

この方法は、ゴルツが強調するように、一人ひとりに固有の自己決定の自由を重視しながら、模範的な社会的実験を練り上げる効果を持つ。ただし、自律性は複雑な社会化の過程を通じて獲得される(48)。この社会化の過程では、規範や伝統などの諸原理の内面化が、これら諸原理に対する反省的思考および批判と共存している。個人化が「社会化」の結果の一つであると考えるならば、〈個人なるもの〉は間主観的に「構築されたもの」であると同時に「脆弱なもの」である(49)。支配に対する抵抗の可能性は、人間関係の原子論化から脱出するために、もしくは伝統的共同体から脱出するために、市民社会におけるアソシエーションの実践を通じて主体が享受するさまざまな機会に依存する。

政治的行為は、個人の自発性や統一された階級主体の決断だけに依存するのでは決してない。政治的行為は、能動的な協働と間主観的なコミュニケーションが育まれる社会空間を通して構築される。ハーバーマス、ホネット、フレイザーに代表される批判理論の第二世代の理論的座標が具体化しているのはこの視座である。

3　資本主義と民主主義の間の緊張関係

ハーバーマスの理論は、民主主義の力学を福祉国家の導入に閉じ込めない形で描いている。アドルノとホルクハイマーと同様、彼は歴史を合理化のプロセスとして捉えるが、より幅広い理性概念を用いることで、理性を道具的もしくは戦略的な次元だけでなく、コミュニケーション能力の観点からも考える。人間の行為は、目的達成に向けた行為によって限定されるものではない。利害の打算によってではなく、相互理解を通じて行為主体が連携する行為の次元が存在するのだ。言語が存在するおかげで、主体は、自分が発した言表《エノンセ》の有効性の主張を出発点として、他者から了解を求めることが可能になる〔50〕。

理論が果たすべき役割は、この言語行為の次元に移動する。コミュニケーションに基づく民主主義と、貨幣と権力のシステムの、二つの論理が対立する。重要なのは、一方を他方に融合することができない和解不可能なこれら二つの論理の間の対立を実証的に分析し、規範的に評価することである。社会が終わりなき支配の世界であることはますますはっきりしてきているが、それだけがすべてではない。ハーバーマスが明らかにしているように、必要不可欠なコミュニケーション理性の能力に対する疑いから、コミュニケーション理性が民主的な法治国家によって強化される確信まで、社会はさまざまな緊張関係を媒介して構築されている。[51]

制度の領域

ハーバーマスは二つの根本的な区別を導入する。一つ目の区別は、社会の象徴界の再生産と物質界の再生産の間の区別である。もう一つの区別は、社会的に統合された行為の文脈と、システムとして統合された行為の文脈との区別である。

第一の区別に関して、象徴界の再生産は「言語を媒介してつくられた規範および社会的アイデンティティを構築する解釈の図式の維持と伝達」を意味し、物質界の再生産は「生物学的な個体によって構成される集団と物理的環境ならびに他の社会システムとの間に起こる物質代謝の調整」を意味する。第二の区別に関して、社会的に統合された行為の文脈とは、「規範、価値、善に関して明示的あるいは暗黙的な内省的合意が達成される」文脈のことであり、システムとして統合された行為の文脈とは、合意を求めなくとも、貨幣と権力を媒介にして協調が起こる文脈のことである。[52]

これら二つの区別から出発して、近代社会では四つの制度的領域が確認される。近代社会では、それまで差異化されていなかった物質界の再生産が経済と国家に託されるようになり、これに対して家族と公共圏が象徴界の再生産を担っている。しかし、経済と国家をシステムと見なし、公共圏と家族を生活世界と見なすハーバーマスの理論構成とは反対に、システムと生活世界との間の区別はそれぞれの領域に貫通して見られ、各領域内における力関係を表現している。

四つの領域は仕切られて固定されたものではなく、その中で活動する行為主体の働きによって絶えず再構築される。したがって、制度的構造はより不平等な様式の上で再構成されることもあるし、新たな民主化の機会に開かれる可能性もある。必然的に、学問研究は各領域におけるシステムと生活世界の対立に焦点を当てなければならない。

各領域を均質的な実体として捉えるのではなく、それぞれの領域が持つ両義性《アンビバレンス》の中で検討することが可能である。その結果、家族と経済は私的領域に限定されるものではないことが見えてくるし、公権力と公共圏の中に物質界の再生産と象徴界の再生産が交差していることがわかってくる。

家族は権力関係と貨幣関係から逃れられない。システムの統合メカニズムは、計算〔＝利害の打算〕・分配・適応に関わるあらゆる帰結をともなって生活世界に浸透している。家族は特殊な利害関心から距離を置くどころか、それらの利害関心が表出される空間のひとつである。そのうえ家族は、家事労働の分配に関して明らかなように、ジェンダーの強い影響を受ける福祉国家でつくられたルールによって修正されると同時に、勤労者と消費者の役割も担うことになる。

ポランニーによると、主流の経済観は、経済を市場経済と混同する誤謬を犯している。この還元主義的な考え方は、貨幣経済の半分を代表する政府による再分配の次元を見えなくする――ちなみに、政府による再分配の効果は、社会権の獲得や、利用者の声を顧みずに社会問題を（その意に反して）技術的に処理する効果をともなう社会的給付など、両面価値を持っている。家事労働やインフォーマル経済などの実物経済のさまざまな側面もまた、主流の経済観によって否定される。社会的経済などの資本主義的ではない事業は無視される。市民のイニシアチブに対しても同様のことが起こる。なぜなら、市民による連帯経済の要請は、社会的・環境的な負荷を論じる努力をしているのにもかかわらず、支配的な経済学の目には信憑性を持たないからだ。

　これらさまざまな経済活動は、利潤獲得の原理に従うものではない。主流派経済学の誤謬に陥らないためには、社会に存在する多様な社会的・経済的論理の総体を尊重することが不可欠である。J・K・ギブソン＝グラハム[53]は、実物経済の多様性に立ち戻ることを主張している。彼女の指摘は、功利主義を普遍的原理と見なす合理的経済人の決定論を受容しないための第一条件である。

　公共的な諸権力は、もはや万能な国民国家像と同一視できない。ローカルな水準と国際的な水準は公的規制においてこれまで以上に重要となっているけれども、公的規制はその内容においてこれらの水準の影響を受けている。これまで社会民主主義は、脱商品化された幅広い経済セクター（保健から社会的・文化的サービスまで）によって資本主義を抑制してきた。この社会民主主義に象徴される、国家が社会を後見する調整《レギュラシオン》体制に代わって、再商品化を推進する競争型の調整体制が出現した。競争型の調整体制は、公的サービスにおける民間企業の管理技術を重視する

「ニュー・パブリック・マネジメント」によって補完される。

さらに、公的サービスにおける消費主義の浸透は、公的サービスの特殊性を無効にする。それはまた、公的サービスのジェンダー化された側面を問題視することもない。公的サービスのジェンダー化は、福祉国家体制によって多少とも強調され、社会保険もしくは公的支援における男性を対象とするプログラムと女性を対象とするプログラムの違いとなって、これまで現れてきた。それでもやはり、公権力と市民社会の行為主体との間でルールの共同的な構築を促す「連携型の調整」は、とくに地域レベルの経済で競争型の調整体制の拡張に対抗している。制度のこのような創出は、公的な諸権力が政治権力を媒介して構築されるのではないことを示すものであり、公共性の原理そのものに対するより幅広い省察を促す。

つまるところ、公共圏は、公権力に正統性を与える代表のメカニズムを超えて、〈政治的なるもの《ル・ポリティーク》〉を構築する討議的次元を同定するのだ。ハーバーマスが正確に述べるように、「メディア権力は公共性の原理から純粋性を奪い」、「情報手段の集中化は、生活世界を既存のシステムの圧力に従わせる。したがって問われるべきは、どのようにすれば、討議を通じた世論と意志の形成が、市民社会の民主主義に固有の諸条件の中で組織されうるか、ということである」[54]。

この問いへの応答は、公共圏へのアプローチに二つの変更をもたらす。第一は、たとえばブルジョワ階級の公共圏と大衆層の公共圏の競合を回避しないために、公共圏の多中心主義を認知することにある。第二は、「世論形成の源にさまざまなアソシエーションの存在を考慮するように促す。アソシエーションのまわりには自律的な公共圏が構築されうる」[55]。アソシエーションに基づく社会関係のおかげで、社会は没個性化した／無気力な群集に還元されることはない。なぜなら、アソシエーションによる社会関係は「多元的な公共性の土台を形成するからだ。この多元的な公共性は、私的領域に埋没することがないものであり、また、自らの経験と社会的関心に公共的な解釈を与えることを求める市民、世論と意志の形成と制度化に影響力を発揮する市民によって構成されるものである」〔56〕。

社会システムと生活世界の対立がさまざまな強度をともなって各領域を横断していることを認めるならば、それらの領域が区切られたものではないという事実も付け加えておく必要がある。政治と経済の分離は、経済を公共の議論から除外し、形式的な市場経済の領域に限定することになる。公共圏と国家の分離は、自主組織のさまざまな形態と〔社会の〕公的な制御におけるそれらの連携の構想を不可能にする。家族と政治の分離は、家庭のような私的領域で起こる人権被害を黙殺する危険をもたらす。この観点から言えば、ハーバーマスの理論におけるシステムによる生活世界の植民地化への言及は、あまりにも画一的である。彼は、システムに対する生活世界の対抗運動を過小評価している。

ハーバーマスの理論と距離を置くためには、ホネットの議論に続くべきである。ホネットは、コミュニケーションを言語の次元だけに位置づけるのではなく、承認を求める闘争や、不正義や蔑みに対する反発と結びつけている。社会民主主義によって推奨される、国家が社会的・システム的統合の軸となる「制度的プログラム」〔57〕という対案は機能しないので、新たに思考される解放の道は、各領域の内部と諸領域との間に起こる民主化の過程を支援すると考えられる諸々の制度的媒介に対する用心深い態度となって現れる。

生活世界とシステムが結びつく場所では、解放を求める努力は、市民の問題関心を発展させる制度化の試みとなって現れる。各領域の境界と内部、そしてこれらの領域が重なり合う圏域では、諸々の制度的課題は社会の生成にとって決定的なものとなる。支配に注目する代わりに、支配の様態の分析を社会の中で連帯の紐帯をつくる中間的なネットワークをよりよく理解する作業と結びつけることに、優先順位が与えられる。連帯の紐帯を通じて、生活世界はシステムの命令に対抗して行動を起こす。市場もしくは革命によって融和した社会という幻想に反対して、〔社会内部の〕諸領域の間の分割が想定されねばならない。

根源的な民主化は、諸領域の分割の消滅としてではなく、異なる領域の内部との間における諸力の新たな均衡となって現れる。この方向における具体的な前進は、家族、経済、公権力、公共圏に関して、保護と解放を結びつける制度の創造を通して実現可能となる。フレイザーが主張するように、解放の政治は、不可侵の規範をその他さまざまな討議の結果によって置き換え、象徴界の再生産により多くの場所を与えるために、家族と公共圏を規制する統合メカニズムを後退させ、公権力と経済に対する生活世界のコントロールを再建すると考えられる民主的な諸制度を精錬させることによって、具現化されうる。

アソシエーション運動の再活性化

この点において、公共の討議の場は、日常的な経験を社会問題化するさまざまな範疇を安定させ、規範的なルールを確立するために重要である。[58] これらのアリーナを媒介して、権力によって公認されていない公共圏の支えを制度化するために、すでにハーバーマスに言及しながら触れたアソシエーションのネットワークを考慮しなければならない。おそらく、「世論形成から生まれた」さまざまな自発的なアソシエーションの中から、「国家領域と経済領域の外部にある」[59] アソシエーションを孤立させることには警戒しなければならない。ハーバーマスは、「経済的でもなく、行政からも自立した」いくつかのアソシエーションを理想化し、他の形態のアソシエーションを無視している。

むしろ必要なのは、アソシエーションの内部に多様な行為主体の参加を促し、さらにその外部では公共的な方向を重視するフォーラムを構築することで、アソシエーションが公共的な表現を行う能力を保証する空間を創出していくことである。これに付随して言えることは、組織の陳腐化が起こるのも、公共の議論に貢献しうる建設的な次元が維持されるのも、各アソシエーションの内部においてである。ゆえに、諸個人や諸集団が長い間奪われていた発言権を持つことを認めるために、さまざまな近隣公共圏の間に補完性を確立する必要が出てくる。

このようにして、「従属状況に置かれている社会集団のメンバーが対抗的な言説を発達させて普及し、自らのアイデンティティ、利害関心、ニーズに関する独自の解釈を提供することが可能になるのだ」[60]。支配的な言説に対して距離をとることで、対立的な視点を表出するために必要不可欠な、これら「社会の下層から形成される対抗的公共圏」[61] は、表出された意見を中間的な公共圏に移し、ハイブリッドなフォーラムの中での論争に熱中することになる。この中間的な公共圏では、表出された意見の集団的な影響力が強化される。そして、意思決定の民主的な装置へと道を開き、フレイザーの用語に従うならば、「強い公共圏」の中に「弱い公共圏」を侵入させることになる[62]。

ケインズ政策に代表される福祉国家の獲得物は、民衆参加を考慮することで補完されなければならない。代議制民主主義は、参加型かつ討議的な民主主義のさまざまな形態によって強化されなければならない。参加型で討議的な民主主義は、集団的行為に基づいて与えられるだけでなく、獲得されもする。

この動きに参加するために、アソシエーションは、企業モデルに基づいて運動を平準化する経営管理主義への感染を回避しなければならない。アソシエーションは、協同組合、共済組合、その他の社会的企業と連携しながら、社会的で連帯的な経済の枠組みの中で自らの特殊性を守るために、内部ではメンバーの参加の土台を、外部では動員能力を強化しなければならない。

社会的経済の文化と連帯経済の文化が交差するアソシエーションという均質的でない実体は、非営利セクターのような窮屈な定義から離れて、「市民的なイニシアチブ」を要求するかぎりにおいて、変革の力になることが可能である。これら市民的なイニシアチブは、「大きな制度」の支援を受けるならば、「社会の方向転換」へと働きかけ、さらには「〔社会発展の〕分岐点」における重要な役割を果たすことができる[63]。

社会を保護するために政府の再分配政策だけに傾倒していた社会民主主義の時代の後に重要になってくるのは、連帯の原理の力を再確認し、民主的連帯の二つの形態の補完性――すなわち、さまざまな権利と政府の再分配政策に基づく民主的連帯と、市民的紐帯と互酬性に基づく民主的連帯との間の補完性——を回復することである。歴史的観点と今日性の双方において、アソシエーションと公権力が分離されるものでもなく、代替的なものでもないことを考慮した場合、これら二つの実体の間の相互依存は受け入れられるのだ。

まとめると、資本主義と民主主義の間の緊張関係に注目することで、政治と経済の間の継続的な相互行為に関する新たな知識が得られる。この新たな知識は、ハーバーマスの理論的構成に基づくと同時に、その公共圏概念を修正するものである。公共圏は多元化し、アソシエーション運動に支えられ、社会的・経済的な問題と承認の政治が展開される場となる。

4　〈南〉の認識論的支柱

本稿の議論は、一つのオルタナティブではなく、さまざまなオルタナティブを通した解放の構想を導くことにある。このような議論は、ヨーロッパの批判的思考の多くの習慣と比べると不安定なものに見えるだろうが、反対に、ラテンアメリカで広く議論されている立場と共振する。ラテンアメリカでは、「懐疑主義に基づく解釈学(12)(l'herméneutique du scepticisme)」と「オルタナティブの基礎付け主義(13)(le fondamentalisme de l'alternatif)」が組み合わさって起こる「経済組織と連帯の非資本主義的な形態」の軽視が批判にさらされている〔64〕。

可能性の不在を検討する社会学と、可能性を創出する社会学

ラテンアメリカの議論との最初の合流点は、より大きな問題を解決する。西洋中心主義の社会理論は、支配に焦点を当てた理論だけでなく、ハーバーマスの理論も含め、ソヴィエト連邦崩壊、アラブの春、先住民運動など、過去数十年間に世界で起こった「最も革新的で最も変革的な諸実践」を見通すことはなかった。「理論と実践の間に」導入されたこの「実体なき関係」[65]は多分に問題含みである。

この実体なき関係は、これまで、「西洋近代の支配的モデルから離れる」努力を維持し、「抑圧され沈黙に服している〔理論的・実践的〕モデルに接近する」努力を続けることを難しくしてきた[66]。その結果、世界の多様性を示すことが妨げられてきた。ソウサ・サントスによると、世界の多様性の証明は、「可能性の不在を検討する社会学(sociologie des absences)」と「可能性を創出する社会学(sociologie des émergences)」を通して実現される。

可能性の不在を検討する社会学は、「現在存在しない物事は、実際には存在しないものとして、すなわち存在すると考えられているものと比べたときに、信用に値しないオルタナティブとして、能動的に生み出されていることを明らかにすることを目指している」[67]。非＝存在(non-existence)は社会の中で無視されており、その結果、劣等で、ローカルで、特殊なもの、非生産的で無益な

(12) ここでは、オルタナティブな実践の可能性を懐疑的に解釈する研究方法を指すものと見られる。
(13) オルタナティブに何らかの固定した基礎や本質を想定するアプローチを指している。

ものと見なされている。

これに対して、可能性を創出する社会学は、「単線的な時間概念の中では未来が欠如した状態として示されている物事を、複数のユートピア的かつ現実主義的な具体的可能性に置き換えることを目指す」。それは、「現に存在する現実に複数の未来の可能性とそれがもたらす希望を加えることで、現在の地平を延長する。そして、決定論が持つ機械論的思考をケアの規範的思考に置き換えていく」[68]。

その目的は、さまざまなオルタナティブの可視性と信用性を強化するために、それらオルタナティブが解放をもたらす可能性を強調することにある。学問的に厳密で批判的な分析を捨てずに、可能性を創出する社会学は、さまざまなイニシアチブを強めていく。支配的なシステムの影響を受けているという理由でさまざまな社会的実験が非難されることがあるが、可能性を創出する社会学は、多様なイニシアチブの潜在力を蝕むようなことはしない。

この二つの社会学は、〈南〉の認識論を象徴するものである。ここでいう〈南〉とは、地理的な実体ではない。それは次の「二つの前提」から出発している。第一の前提は、その世界についての理解が西洋の世界理解を大きく克服していることである。第二の前提は、世界の多様性が、きわめて多様な存在様式、思考様式、感受性、時間の観念、人間関係の理解、人間と人間以外の存在との関係の理解、過去と未来の捉え方、社会生活の編成方法、財・サービスの生産の方法と余暇の編成方法を内蔵していることである[69]。

〈南〉の認識論が北側諸国の現実の研究にどのようなものをもたらしうるのかを具体的に例証

するのは、民衆経済と連帯経済の事例である。民衆経済の見え方は、可能性の不在を検討する社会学によってのみ復元される。また、連帯経済の捉え方は、可能性の出現を模索する社会学を通して変わる。

民衆経済と連帯経済

ラテンアメリカにおいて、都市スラムの住民（ポブラドレス）が営む民衆経済は、一九世紀後半に彼らを「野蛮人」と見なす貴族階級によって無効とされた。民衆経済では、労働ならびに所得と生産の分配関係は、家族的帰属と共同体的帰属に従って編成されており、生命・生活の再生産の論理に従う〔70〕。

この民衆経済は、原始的で、停滞と同義である前近代的な形態として拒否された。この時代に特有の進化論は、植民地エリート階級によるトップダウン型の産業近代化政策および輸出政策を優先するあまり、民衆経済の根絶を正当化したのだ。この傾向はヨーロッパでも現れた。南側諸国の経済資源の併合は、ヨーロッパ内部での民衆経済部門の併合をともなっていた。B・ルッツによると、両者は多くの点で類似している〔71〕。ヨーロッパの民衆経済は、経済発展の障壁と見なされ、見捨てられたのだ。工業化の過程で労働と資本の対立の進展を見ていたという点で、マルクス主義の問題関心は逆説的にも自由主義経済思想家と一致する。

しかし、民衆経済は労働者主義の神話の中ではその消滅が認知されたものの、（農業開発、職人・商人の小企業、家族経済・自主生産経済によって構成される）社会的統合の多様な歩みでは無視できない役割を果たした。ドイツやフランスのような国では、二〇世紀前半まで、労働人口の約半分が民衆経済部門に属していた。

長い間無効とされていた民衆経済は、インフォーマル経済に関する研究を通して再発見された。この「巨大であるが見えない現実」[72]の評価に注がれた研究は、その後、インフォーマル経済を「裸足の資本主義」と解釈する自由主義経済学の潮流[73]と、形式的経済の機能的な裏側を形成するものであると解釈するマルクス主義経済学の潮流[74]によって発展していく。そして、ラテンアメリカの研究者たちは、この経済の大衆的な性質と「インフォーマル」という概念の限界を認めることで、複数の原理が絡み合ってつくられる民衆経済の混合的性質に光を当てたのだ。

民衆経済の混合的性質は、非合法の連帯、競争、搾取、暴力が複雑に絡み合う非合法経済からコミュニティ経済まで、さまざまな経済活動のスペクトルをまとっている。民衆経済の中では、生存のための労働しか行わない人びとの努力が、家族関係と不可分の、生活の再生産の意志として理解される[75]。

〈可能性の不在〉の包括的な再構築から出発した次には、ラテンアメリカで確認される連帯経済の出現や民主的連帯に基づく民衆の活動に尊厳を与える政治プロジェクトの出現など、〈可能性の創出〉が見えるようになる。この連帯化の戦略は、民衆経済に内蔵されている〈平等主義的な互酬性〉のさまざまな行為の推進に基づいている。そして、この戦略は、民間部門と公共部門の経済活動での新規雇用がディーセントな労働を万人に提供するには不十分となっている時代のヨーロッパを尋問するのである。

経済成長の回帰に関わるレトリックにもかかわらず、若い世代は、マフィア経済を選ぶのか、それとも連帯経済を選ぶのかという、北側諸国の都市界隈や南側諸国のスラム街に浸透するディレンマにますます直面している。この差し迫った文脈において、連帯経済という選択肢は、それでもやはり、雇用の可能性が最も低い人びとにとっての社会的自立の軸に吸収されたり、「ソーシャル・ビジネス」モデルに基づく自己投資型企業の集合体と同一視されたりすることをかたくなに拒否することを要求する。

この点から見て、シチリア島の例はわかりやすい。〔マフィア経済のような〕利権の支配への抵抗は、自治体の政策と市民によるイニシアチブの連携によって生まれる新しい公共的行為が実行されるかぎりにおいて有効である。その結果、マフィアに奪われた土地は社会的な協同組合によって耕されている。

南ヨーロッパでは、市民社会のネットワークの活動がさまざまな自治体での権力奪取を準備する力学を生み出した。〔シチリア島の〕メッシーナからナポリまで、新しく選出された地方議員は「連帯的な自治体」を提案し、コモンズ、居住区における参加型民主主義、連帯経済に関する委員会を創設することで、市役所を再編成している。民主主義と多元的経済は互いに強化され、国家を超える民主主義と市場を超える経済を構想するに至るのだ。

可能性の出現を模索する社会学における連帯経済の地位は、主流派社会理論における連帯経済に対する懐疑主義とは一線を画す。[76]結局、主流派社会理論の限界を正確に認識して解放の社会学を提案するリュック・ボルタンスキでさえ、「善良な意志と自己献身にあふれる行為主体からなる多分に勇敢な介入」以上のものを連帯経済の中に見ようとはしない。この残念な解釈は、南側諸国から現れている解釈とは対照的である。

このテーマに対して最もオープンマインドなヨーロッパの研究者が国際的な視座に敏感であることは、偶然ではない。たとえば、ピエール・ダルドーとクリスチャン・ラヴァル[77]は、「経済活動におけるアソシエーションは、〈共〉の領域を守る社会を準備しなければならない」と認めている。また、P・コルクフにとって、アソシエーションは「解放の力学の重要な構成要素」である[78]。だが、連帯経済が南側諸国では数十年にわたって研究されているのに対して、最も西洋中心主義的で日和見主義的な社会学の潮流にとっては、連帯経済は存在しないものとしてあり続けている[79]。

フェミニズムと脱植民地性

もうひとつの例は、フレイザーが指摘するように、「アイデンティティと差異の承認の要求」に焦点を置き、「政治経済構造の批判をないがしろにして文化的次元の批判[80]」に傾注し、市場化を国家主義からの解放と見なす第二世代のフェミニズムを批判する動きである。彼女が提案する「再分配と承認と代表の」さまざまな次元の均衡の再調整は、「専門家」の影響力と「英語圏の言説においてつくられた〈フェミニズムが占める〉特異な場所」——正確に言うと、南側諸国の運動が「覇権的な」フェミニズムにおいて問題視したもの——を意識化することで可能となる。

脱植民地主義的な視座[81]は、経済と政治の相互依存関係をこれまでとは違った方法で理論化する。それは、ジェンダー関係、階級関係、人種関係を交差させ、無気力な黒人女性あるいは先住民女性というイメージを放棄し、保護と解放の混合によって特徴づけられる彼女たちの経験と発言を復権させる[82]。

I・ゲラン、I・ヒレンカンプ、C・ヴェルシューがまとめているように、一方では、「〈政治的なるもの〉を再生する文化を通じて、〈政治的なるもの〉に傾倒する試みを並行して行う経済的実践があり、他方では、「具体的なサービスの提供をともなう、ときとして急進的な社会的要求と闘争の実践」がある[83]。彼女たちは、経済的領域と政治的領域が実践において結びつくことを強調している。彼女たちの研究の中で言及されている抵抗と政治的闘争は、日常生活の条件を改善するさまざまな行為と組み合わさっている。ここでもまた、〈南〉の認識論は、これらローカルなイニシアチブがいくつかのフェミニスト・ネットワークから受ける無関心や蔑みの犠牲者となることを阻止することができる[84]。

以上は事例の一部にすぎない。しかし、これらの事例は、本書に収録されているラテンアメリカと欧米の研究者の論文に書かれている展望が、〈北〉と〈南〉というカテゴリーを克服し、わたしたち北側諸国の人間が用いる諸前提を理解し、「文化の補完性の不可能性」をよく理解しながらも、世界の多様な経験の間に互酬的な理解と「双方向的な連携」[85]を促進することに役立つことを強調するものである。この対話は、その他の地域の研究者の研究を加えながら深めていかねばならない。

【原注】

〔1〕Thompson, E.P. (1988). *La formation de la classe ouvrière anglaise.* Paris : Gallimard, Le Seuil.

〔2〕*ibid.*, p. 379.

〔3〕Abensour, M. (2000). *Le procès des maîtres rêveurs suivi de Pierre Leroux et l'utopie.* Arlesa: Sulliver, p. 17.

〔4〕Scott, J. (1976). *The Moral Economy of the Peasant.* New Haven-London: Yale University Press.

〔5〕Leroux, P. (1863). *La grève de Samarez,* t.I. Paris: E. Dentu.

〔6〕Trotsky, L. (1963). *Terrorisme et communisme.* Paris: 10-18, p. 41.

〔7〕Gorce, G. (2011). *L'avenir d'une idée. Une histoire du socialisme.* Paris: Fayard, p. 118.

〔8〕Mauss, M. (1997). *Ecrits politiques.* Paris: Fayard, pp. 547-553.

〔9〕*ibid.*, pp. 72-78.

〔10〕*ibid.*, p. 554.

〔11〕Dardot, C, Laval, C. (2014). *Commun; Essai sur la révolution du XXIe siècle.* Paris: La Découverte, p. 368.

〔12〕*ibid.*, p. 224.

〔13〕*ibid.*, p. 403.

〔14〕Bernstein, E. (2010). *Socialisme théorique et social-démocratie pratique.* Paris: Editions Les nuits rouges, p. 58.

〔15〕Delwit, P. (dir.)(2014). *Où va la social-démocratie européenne?* Bruxelles: éditions de l'Université de Bruxelles.

〔16〕Hespanha, P, Portugal, S. (2002). *A transformaçao de familia e a regressao de sociedad-providência.* Porto: Comissao de Coordenaçao de Regiao Norte.

〔17〕 Estivill, J. (2009, Mars). “Espacios publicos y privados. Construyendo dialogos en torno a la economia solidaria”. *Revista Critica de Ciencias Sociales,* No. 84, pp. 101-113.

〔18〕 Melucci, A. (1996). *Challenging Codes.* Cambridge: Cambridge University Press, p. 41.

〔19〕 Baumol, W. (1967, juin). Macroeconomics of unbalanced Growth: the Anatomy of Urban Crisis. *American Economic Review,* pp. 415-426; Roustang, G. (1987). *L'emploi: un choix de société.* Paris: Syros.

〔20〕 Giddens, A. (1998). *The Third Way. The Renewal of Social Democracy.* Cambridge: Polity Press, p. 64.

〔21〕 Beck, U. (1994). The Reinvention of Politics. In U. Beck, A. Giddens, and S. Lasch, *Reflexive Modernization.* Stanford, California: Stanford University Press.

〔22〕 Giddens, *op. cit.,* pp. 49-50.

〔23〕 Eisenstein, H. (2005). “A Dangerous Liaison? Feminism and Corporate Globalization”. *Science and Society,* Vol. 69, No.3.

〔24〕 Cefaï, D. (2007). *Pourquoi se mobilise-t-on? Les théories de l'action collective.* Paris: La Découverte, p. 466.

〔25〕 Manier, B. (2012). *Un million de révolutions tranquilles.* Paris: Les liens qui libèrent.

〔26〕 Kloppenberg, J. (1988). *Uncertain Vicotry. Social Democracy and Progressivism in European and American Thoughtn 1870-1920.* New-York, Oxford: Oxford University Press, p. 220.

〔27〕 Gorce, G. (2011). *L'avenir d'une idée. Une histoire du socialisme.* Paris: Fayard, p. 207.

〔28〕 Bergounioux, A, Grunberf, G. (1979). *La social-démocratie ou le compromis.* Paris: Presses Universitaires de France.

〔29〕 Roustang, G., Laville, J-L et al. (1996). *Vers un nouveau contrat social.* Paris: Desclée de Brouwer.

〔30〕 Le Velly. (2012). *Sociologie du marché.* Paris: La Découverte.

〔31〕 Blanc, J. (2013). “Penser la pluralité des monnaies à partir de Polanyi”. In *Socioéconomie et démocratie. L’actualité de Karl Polanyi,* Hillenkamp, I. Kaville, J-L (dir), Toulouse: Eres, pp. 214-269.

〔32〕 Polanyi, K. (2011). *La subsistance de l’homme. La place de l’économie dans l’histoire et la société,* (traduit et présenté par . Chavance). Paris: Flammarion, pp. 77-88.

〔33〕 Beck, U. (2003). *La société du risque.* Paris : Flamarion.

〔34〕 Laborier, P., et Trom, D. (2003). *Historicités de l’action publique.* Paris: Presses Universitaires de France, p. 11.

〔35〕 Walzer, M. (2000). “Sauver la société civile”. *Mouvement,* No.8, pp. 20-21.

〔36〕 Honneth, A. (2013). *Un monde de déchirements. Théorie critique, psychanalyse, sociologie.* Paris: La Découverte, Ch. 2.

〔37〕 Marx, K. (1971). *Lettre à Ruge.* Dans Karl Marx. *Correspondance, tome 1 1835-1848*. Paris: Editions sociales, p. 300.

〔38〕 Rancière, J. (2007). Introduction. Dans J. R. A. Faure, *La parole ouvrière, 1830-1851.* Paris: La fabrique éditions, p. 15.

〔39〕 Honneth, A. (2000). *La lutte pour la reconnaissance.* Paris: Le Cerf, pp. 174-175.

〔40〕 *ibid.*, pp. 174-178.

〔41〕 Lefort, C. (1986). Relecture du Manifeste Communiste. Dans *Essais sur le politique.* Paris: Le Seuil, pp. 195-212.

〔42〕 Balibar, E. (2001). *La philosophie de Marx.* Paris: La Découverte.

〔43〕 Renault, E. et Saintomer, Y. (dir.) (2003). *Où en est la théorie critique?* Paris: La Découverte, pp. 7-30.

〔44〕 Rancière, J. (2003). Ethique de la sociologie. In *Les Scènes du peuple.* Paris: Horlieu, p. 365.

〔45〕 Boltanski, L. (2009). *De la critique. Précis de sociologie de l'émancipation.* Paris: Galilimard, pp. 41-45.

〔46〕 Gorz, A. (1988). *Métamorphose du travail. Critique de la raison économique.* Paris: Gallimard, pp. 59-60.

〔47〕 *ibid.*, p. 227.

〔48〕 Arato, J, Cohen, A. (1993, juillet). Un nouveau modèle de société civile. *Les Temps Modernes,* No. 564, pp. 40-70.

〔49〕 Renault et Saintomer, *op.cit.*, p. 22.

〔50〕 Habermas, J. (1987). *Théorie de l'agir communicationnel, tome 1,* Paris: Fayard, pp. 295-297.

〔51〕 この点については、Habermas, 1987 *op. cit.* および Habermas, J. (1997). *Droits et démocratie.* Paris : Gallimard を参照されたい。

〔52〕 Fraser, N. (2012). *Le féminisme en mouvements. Des années 1960 à l'ère néolibérale.* Paris: La Découverte, pp. 33-37.

〔53〕 Gibson Graham, J.K. (2008). "Surplus Possibilities: Post Development and Community Economic". *Singapore Journal of Tropical Geography,* Vol. 26, No. 1, pp. 4-26.

〔54〕 Habermas, J. (1993). *L'Espace public.* Paris: Payot, pp. 16-20.

〔55〕 *ibid.*, p. 32.

〔56〕 Habermas, 1997*, op. cit.,* p. 394.

〔57〕 Dubet, F. (2002). *Le déclin de l'institution.* Paris: Le Seuil, pp. 21-83.

〔58〕 Cefaï, D. Trom, D. (2001). *Les formes d'action collective. Mobilisation dans les arènes publiques.* Paris: EHESS, pp. 17-18.

〔59〕 Habermas, 1997, *op. cit.*, pp. 30-32.

〔60〕 Fraser, N. (2003). “Repenser la sphère publique : une contribution à la critique de la démocratie telle qu’elle existe réellement”. In E. Renault et Y. Sintomer. (éds.). *Où en est la théorie critique?* Paris : La Découverte, p. 119.

〔61〕 Callon, M. Lascoumes, P. Barthe, Y. (2001). *Agir dans un monde incertain, essai sur la démocratie technique.* Paris: Le Seuil.

〔62〕 Fraser, 2003, *op. cit.*, pp. 128-132.

〔63〕 Gadrey, J. (2010). *Adieu à la croissance-Bien vivre dans un monde solidaire.* Paris: Les petits matins, Alternatives économique, p. 169.

〔64〕 Sousa Santos, B., et Rodriguez Garavitos, C.R. (2013). *Alternatives économiques: les nouveaux chemins de la contestation.* In Hillenkamp, I. et Laville, J-L. (dir.) *Socioéconomie et démocratie. L’actualité de Karl Polanyi.* Toulouse: Eres, pp. 133-134.

〔65〕 Sousa Santos, B. (2011). Epistémologies du sud. *Etudes rurales,* No. 187. Paris: EHESS, p. 29.

〔66〕 *ibid.*, p. 33.

〔67〕 *ibid.,* p. 34.

〔68〕 *ibid.,* pp. 36-37.

〔69〕 *ibid.*, p. 39.

〔70〕 Quijano, A. (2008). “Solidaridad y capitalismo colonial moderno”. *Otra economia* Vol. 2, pp. 12-16; Coraggio, J. (2004). *De la emergencia a la estrategia*. Buenos Aires: Espacio Editorial.

〔71〕 Lutz, B. (1990). *Le mirage de la croissance marchande.* Paris: Maison des sciences de l’homme, p. 172.

〔72〕 Hart, K. (1973). “Informal income opportunities and urban employment in Ghana”. *Journal of Modern African Studies,* Vol. 2, No. 1, pp. 61-89.

〔73〕 Soto, H. D. (1994). *L'autre sentier. La révolution informelle.* Paris: La Découverte.

〔74〕 Lautier, B. (2004). *L'économie informelle dans le tiers monde.* Paris: La Découverte.

〔75〕 Coraggio, *op. cit.*

〔76〕 Boltanski, L. (2009). *De la critique. Précis de sociologie de l'émancipation.* Paris: Gallimard, p. 17.

〔77〕 Dardot, P, Laval, C. (2014). *Commun; Essai sur la révolution du XXIe siècle.* Paris: La Découverte, pp. 497-505.

〔78〕 Corcuff, P. (2012). *Où est passée la critique sociale? Penser le global au croisement des savoirs.* Paris: La Découverte, pp. 207-228.

〔79〕 Hély, M. (2008). *L'économie sociale et solidaire n'existe pas*. Récupéré sur La vie des idées: www.lavie des idées.fr

〔80〕 Fraser, 2012, *op. cit.,* p. 296.

〔81〕 Verschuur, C., B., et Destremau. (2012). "Raccomodage de la pauvreté ou engagement féministe dans les quartiers populaires de San Cayetano et Gamboa en Amérique Latine". *Autrepart*, No. 61, pp.175-190.

〔82〕 Rauber, I. (2002). Mujeres piqueteras: el caso de Argentina. Dans F. R.(cord.), *Economie mondialisée et identités de genre.* Suisse: UNESCO.

〔83〕 Guérin. I, Hillenkamp. I, Verschuur. C. (2014). "Economie solidaire et théories féministes: pistes pour une convergence nécessaire". *Revue d'économie solidaire, Açores*.

〔84〕 Hersent, M., et Guérin, I. (2014). Une approche internationale des initiatives de femmes dans l'ESS. *Revista de Economia Solidária*, No. 7, pp. 45-63.

〔85〕 Sousa Santos, 2011, *op. cit.*, pp. 42-43.

第6章　生態学的カオスの脅威と解放のプロジェクト

ジュヌヴィエーヴ・アザム

世界中で不平等が拡大し、生態系の悪化が進んでいる現在、わたしたちはかつて経験したことのない問題に直面しています。人間と自然の支配を可能にしてきたこのプロセスを拒絶するには――つまり、いまや地球上の人類の生存を脅かしているこのプロセスを拒絶するには――、どうすればよいのでしょうか。問題を先送りせずに状況を変えるために、世界の有限性を認め、生態学的なカオスがもたらす脅威を認めるには、どうすればよいでしょうか。自由が制限されることに対する恐れを克服し、そして自由主義者が喧伝するさまざまなこけおどしも乗り越えて、これら生態学的な制約を解放の欲望と結びつけるには、どうすればよいのでしょうか。

1　生態学的な危機なのか、それとも生態系の崩壊なのか?

生態系の悪化の加速化は、生態学的な「危機」を経験しているということと同じではありません。環境破壊の一部は不可逆的ですし、環境汚染のいくつかは継続したり拡大したりしているので、「危機」以前の正常な状態に戻ることは期待できません。福島第一原発事故のさまざまな結果は、その大部分がいまだ過小評価されており、予見できないものですが、この事実を痛ましいほどに思い起こさせます。

同じように、気候変動が起こり、温室効果ガス——その寿命は人為的に修正できません——が大気中に蓄積し、拡散を続けています。そして、生物多様性の減少は、生命の喪失と再生の自然なリズムとは関係のない速度で進んでいます。世界の未来を考えるとき、これらの出来事に直面すると、社会と人間の完成に向かって人類が長い行進を行っているのだと信じ続けることはもうできません。現在進行中の後退とカタストロフィ（破局）は、隠したり無視したりすることもできません。また、すべての人にとって良い結果を導く過渡的な危機と悪、すなわち、より良い未来へ向かうための必要な通過点である、と考えることもできません。

生態学的な崩壊は、社会と経済組織の解体を開示する出来事です。社会と経済組織は、自らが生物圏の一部であり、人間と生態系を結びつける重要な紐帯の一部であることを無視してきました。生態学的な限界を外国の土地の征服や植民地化によって先延ばしするか、もしくは技術革新によって一時的かつ局所的に削減することが可能であった間は、これらの経済・社会モデルは有効かつ持続可能であるかのように思われていました。経済と金融のグローバリゼーションは、これらの限界を先延ばしにしようと試みることで、逆説的にも限界を顕在化させたのです。

この破局は、新たに構成された世界を開く救済の瞬間へと導く弁証法的な契機ではありません。つまり、ヘーゲル哲学の伝統が教えるような、善を生み出す悪、革命的転換の前に起こる災いといったものではないのです。この破局は、世界におけるさまざまな変調を示すだけでなく、世界それ自体とその可能性の動揺、そして人間社会の動揺も示しています。

人間社会は、社会を人間的たらしめているものの消失もしくは喪失に脅かされているのです。わたしたちは、世界の終わりについて形而上学的な考察を行う時代ではなく、むしろ、現実に起こりうる終焉と向き合う時代に生きています。言い換えると、あらゆるイデオロギー化した破局主義と宗教的妄想を回避して、世界の根本的な変化を把握しなければならない時代に生きているのです。したがって、世界の転換を望むだけでは、もはや十分ではありません。共通世界を可能ならしめている人間の制作したさまざまなものを無に帰す破壊的な諸力に対して、世界を〈維持する(conserver)〉ことも必要なのです。(1)

確かに、世界を制作することを求めずに、維持するためだけに行動したいという気持ちを訝しく思うことはできるでしょう。しかし、実在の世界が人間の行為と技術によって無制限に転換し再構築されうるという理由をもって実在の世界を否定しようとするのも、また疑わしいものです。

2　運命の共同体と政治共同体

生態系の崩壊が目前で起こっています。局所的にしか感じられないかもしれませんが、生活世界全体で起こっています。それは人類をグローバルで具体的な共同体に変えています。人類は運命共同体となっているのです。この運命は、人間の生活を可能にし、望ましいものにしている他の生物種を除外して考えることはできません。「人類」という抽象的なカテゴリーは、帰属感覚をもたらす政治的なカテゴリーではないかもしれませんが、地球に暮らす人びとの具体的な形を描いています。

生態系の破壊や気候変動は、社会的帰属や国民的帰属とはまったく無関係ですし、さまざまな支配の形態とも無関係です。しかし、富の蓄積、および一部の人びとへの富の集中は、地球の破壊を加速化させています。同時に、生態系の破壊がもたらすさまざまな結果は不平等を拡大させ、最貧困層の生活を不安定にし、支配の結果を強化しています。この運命共同体は、差異、多様性、紛争、権力関係をなくすのではなく、むしろそれらに新たな次元を加えているのです。

資本主義の進化と生態系の破壊が密接に関わっていることは、よく知られています。ただし、この事実を認めたからといって、生態系の崩壊の原因を資本主義的過程と階級構造に帰趨するこ

（1） 著者は、『有限の世界の時代――ポスト資本主義へ』(*Le temps du monde fini. Vers l'après-capitalisme*, 2010 未邦訳)において、ハンナ・アーレントの共通世界論を援用しながら、グローバル資本主義の過剰が全人類の共通世界を地球規模で破壊している現状を批判している。ここでの「共通世界」「制作」「世界の維持」といった表現も、アーレントの『人間の条件(The Human Condition)』(志水速雄訳、ちくま学芸文庫、一九九四年)の議論と合わせて味わっていただきたい。

とはできません。

もちろん、資本主義的な生産・消費モデル、それに対する信仰やイメージ、およびそのようなモデルの普遍化によって、世界はかつて想像しなかったほどに小さくなりました。そして、豊かさの幻想の中で希少性という考えが支配するようになりました。資本主義的蓄積は、これまで以上に、先進工業国以外の国に生産力至上主義的な発展モデルを普及する明るい未来を描いています。仮にそうであるとしても、このモデルが生き延びることができるのは、それが人類全体に約束する恩恵を排除し、地球を徹底的に破壊することによってのみです。しかし、社会主義モデルはよりよい対案ではありませんでした。むしろ、ときにはより悪い結果をもたらしました。

さらに、資本主義を構成する時間軸の中だけにとどまっていては、生態系の崩壊や気候変動を理解することはできません。資本主義の地平よりも長い歴史を振り返ると、今日決定的となった主要な変化は、ヨーロッパで資本主義が誕生する前に始まりました。それは、宗教的、哲学的、政治的、地政学的、科学的、技術的な変化です。一九世紀に展開したような、資本主義に対する闘争という表現では不十分です。なかば超越的な社会的規範として確立した進歩と近代化への信仰は、解放への扉を開くどころか、むしろその道を塞いでいます。

運命共同体、あるいはエドガール・モランにならって「祖国地球(Terre Patrie)〔1〕」を語ることは、この運命が回避不可能であることを意味するものではありません。運命(destin)は、宿命(fatalité)ではありません。危険を意識することで、全人類にとっての破滅的危機という状況の中から、宿命を逃れるチャンスが出てくるように、地球規模での意識を生み出し、強固にしていく必要があります。

「高まる危険の中で、危機を救う美徳もまた大きくなる」[2]とフリードリッヒ・ヘルダーリンが述べているのは正しいです。重要なことは、災いの中から約束の土地や輝ける未来が現れる可能性を夢見ることではありません。むしろ、わたしたちの生物学的な生存と、さらに強く言えば、〈生命的で詩的な跳躍（élan vital et poétique）〉を保証する〈共通の家〉に暮らすことが大切なのです。

これこそが、世界の数々の社会運動が、反システム運動[2]と呼ばれる闘争への参加を通じて表現していることです。これらの闘争は、支配的な社会モデルの基礎と表象を問い直しています。これらの闘争は、富のよりよい分配を提唱するのではなく、豊かさそのものを、すなわち豊かさの意味、その生産の条件、およびその決定のあり方を問い直しているのです。

自然の富の過剰な搾取に対する抵抗は、あらゆる大陸に存在します。これらの抵抗運動は、人間と自然を資源に還元し、そこから経済的価値の最後の一滴まで搾り出そうとする開発主義を拒否しています。これらの運動が表明する民主主義の願望は、市場による統治を拒否し、同時に、政治を国家の規制策に還元することも拒否します。政治共同体を代表するとされる国際的な諸制

（2）イマニュエル・ウォーラステインが世界システム論で議論している反システム運動のことを指すと考えられる。資本主義世界システムの構造的矛盾を顕在化し、世界システムを内側から転換していく性質を持つさまざまな社会運動である。それらは、反植民地主義運動、労働運動、エコロジー運動、フェミニズム、先住民運動、反グローバリズム運動、反開発・脱開発運動など、多岐にわたる。

度は、二〇一二年六月のリオデジャネイロでの地球サミットで起こったように、絵に描いたように産業ロビーと金融ロビーに侵食されているものの(3)、共同体と政治社会の価値を認める能力を市民にもたらす試みは数多く存在します。

3 アントロポセン（人新世）の時代

今日、気候変動に関する生活経験と多くの学術報告書が明らかにしていることがあります。それは、自然に対する人間の活動の影響です。わたしたちは気候変動の影響を受けているだけではなく、気候変動を引き起こしています。わたしたちはアントロポセン（人新世）の時代、すなわち、人間の活動が原因で自然環境の大幅な変化が起こる新しい時代に生きているのです。地質学者のポール・クルッツェンは、こう述べています。

「アントロポセンの始まりは、一八世紀後半にまで遡る。南極と北極の氷に閉じ込められている空気を分析すると、その頃から二酸化炭素とメタンガスの世界規模での濃縮の増加が始まったことがわかる。この時期は、ジェイムス・ワットによる蒸気機関の発明（一七八四年）とも一致する[3]」

アントロポセンの時代は、再生可能エネルギーから石炭エネルギーへの転換、そしてその後は石油エネルギーへの転換、すなわち、化石燃料に基づいて温室効果ガスを産出する熱工業モデル

(un modèle thermo-industriel) の台頭によって始まりました。大気中の二酸化炭素濃度に関する研究は、二つの断絶の時期があったことを明らかにしています。第一の時期は石炭の利用が拡大した一八世紀末であり、第二の時期は石油の大量消費が始まった一九四五年以降です。かくして、人類は地質学的に見ても影響力を持つようになりました〔4〕。

この事実からわかるように、人間社会の歴史と地球の長い歴史は、もはや無関係と見なすことはできません。現在起こっている気候変動が人間の活動に起因しているということは、これら二つの歴史が絡み合っていることを示しています。

アントロポセンの時代を生きるということは、社会科学の領域、とくに経済学の領域において、社会の進化がその外在的要素——つまり、自然の制約——に従属すると認めることを意味します。社会科学は、産業社会を経済的・社会的法則によって統御された自己充足的なシステムとして理論化しました。自然の忘却は経済理論の盲点です。一九世紀の政治経済学者ジャン＝バプティスト・セイは、述べています。

「自然の富は枯渇しない。そうでなかったら、われわれは自然の富を無償で獲得できないだろう。増えることもなく、枯渇することもない自然の富は、経済学の対象ではないのだ〔5〕」

もちろん、経済学の理論モデルは今日、生産コストに自然環境の損失コストを含めることで、

（3）二〇一二年に開催された「国連持続可能な開発会議（リオ＋20）」では、「グリーン・エコノミー」の名のもとに、地球環境破壊に対する新自由主義的な対案が推進された。

これらの仮説を見直そうとしています。ところが、経済学の言説は、その本来の伝統に逆らって生態学的なデータを取り入れようとするとき、自然に価格をつけることで問題を解決しようとします。それは、まるで自然が何の損害もなく、商品交換ならびに一般均衡のゲームに参入することが可能であるかのようです。それはまた、生物学的な時間と経済学的な時間が同等であるかのように扱っています。グリーン・エコノミクスは、経済システムを生物圏のサブシステムとは捉えずに、その正反対のこと――経済循環への自然の包摂――を実現しようとしています。

批判的な思想においても、経済活動を生物圏の中に含めて考察することは、長い間周辺化されてきました。カール・マルクスとフリードリヒ・エンゲルスは、経済の自然への依存を過小評価していました。資本主義経済の自然に対する特殊な依存形態についても、まったく同様です。ウクライナの学者セルゲイ・ポドリンスキー[6]は、経済と自然の熱力学的な関係の研究を通して政治経済学を批判する視点を持っていましたが、マルクス、エンゲルスとポドリンスキーとの対話は中断してしまいました(4)。

マルクス、そしてとくにエンゲルスは、生物圏と社会の間の交換活動に関して機械論的な思考にとらわれていました。「あらゆる変化においても物質は永続的に同じであり、その属性が失われることは確実にありえない[7]」とエンゲルスは述べています。これらの条件において、生産活動の発展は資本主義システムの内部、とくに資本と労働の間の矛盾とその基底である所有関係に限定されます。工業化のプロセスと生産力の発展は、人間解放をもたらすと見なされるけれども、自然を低く価値づけ、客体化し、反自然的な人間主義(ヒューマニズム)を育てるに至りました。

マルクスは次のようにも主張しています。

「ここにこそ資本の偉大な文明的影響がある。資本は社会を、過去のあらゆる発展段階が人類の局地的進化と自然崇拝の状態のように見える水準にまで高める。自然はついに人間にとっての純粋な客体となり、単なる効用の問題となる。自然はもはや、それ自身が力を持つものとしては見なされないのだ[8]」

しかし、ジャン゠バプティスト・フレッソとファビアン・ロシェール[9]が分析しているように、気候と人間活動の関係に関する議論、なかでも森林破壊に関しては、一八世紀末から一九世紀初頭のヨーロッパにおいて重大な問題でした。一八二〇年代には、多くの研究者集団がこの問題を研究しました。工業化の医学的・衛生学的帰結に関する研究についても同様です。その後にやってくる自然と人間の関係の忘却と抑圧は、社会的事実の説明から環境要因を排除した社会科学の影響力を例証しています。最終的に、一九世紀末の科学と技術の進歩に対する信仰が、これらの

（4）ポドリンスキーは、一八八〇年にSlovo誌に発表した論文「人間労働とそのエネルギー分配との関係」で、マルクスの労働価値説と熱力学の法則の融合を試みた。同じ年に彼はマルクスに手紙を書き、自身の研究が『資本論』の一環をなすことを強調した。マルクスはエンゲルスとともにポドリンスキーの研究について議論したが、ポドリンスキーの主張はエンゲルスによって退けられた（René Passet, *Les grandes représentations du monde et de l'économie à travers l'histoire*, Paris, Les Liens qui libèrent, 2010, pp. 468-473 参照）。

問題を消滅させ、科学の進歩による自然の制約の克服という観念に信頼を与えたのです。

資本主義発展における自然の制約という問題は、一九四五年以降に新たに出現しました。一九四八年頃から、ヘンリー・フェアフィールド・オズボーン・Jrは、その著書『略奪された惑星[10](*Our Plundered Planet*)』の一章全体を割いて、「人間というこの新たな地質学的な力」の出現がもたらす危険を説明しています。

広島と長崎への原爆投下は、蓄積された破壊力の表出でした。それは、いかにして人類が、環境を根本的に変更し破壊することができるかと同時に、自らの選択がもたらす帰結を統御できなくなったのかを例証したのです。ヒロシマとナガサキの場合、破壊の形態はまったく制御できないものでありましたが、それは政治的選択の望んだ結果でした。気候変動、そしてより一般的には生態学的破壊にとって、見通しはより複雑です。なぜなら、それは政治的・経済的・技術的選択の望まざる、沈黙した、往々にして知覚不能な帰結だからです。

しかし、第二次世界大戦後の時代における議論は、基本的には、科学者の世界か、もしくは軍事業界の中で行われました。というのも、軍事業界は、生態学的な変化がもたらすさまざまな課題にその戦略を適応させていこうと考えていたからです。生態学的破壊に関する議論が公共的な場に現れたのは、現代社会が解体のプロセスに直面しなければならなくなった一九七〇年代以降です。当時、工業国に現れてきた危機はすでに、経済成長と生産力至上主義に基づく政治の危機でもあり、大量生産・大量消費の生活様式の危機であるとともに、欲望を有効需要へ転換するように組織された社会の危機でもありました。

この社会モデルの地球規模での生態学的帰結、すなわちエネルギー資源と鉱物資源の大量消費は、一九七二年に刊行されたローマクラブの報告書『成長の限界』で明らかにされ、環境問題に対する地球規模での新しい意識が生まれていきます。この意識とともに生まれたのが、資本主義批判を急進化し、エコロジー運動の出現によって示された、ポリティカル・エコロジー(5)に対する特殊な省察と欲求に関する批判理論です(11)。当時の社会運動は、テイラー式労働の拒否、自治、自主管理、労働時間の削減の要求、大量消費の批判など、生産力至上主義の拒否を明示的あるいは暗黙裡に表明していました。

この契機は、一九世紀初頭の第一期労働運動を想起させずにはおれません。当時の労働運動は、産業革命によって引き起こされた、生活様式と生活環境の悪化ならびに民衆文化の破壊に対して、行動を起こしました。英国の歴史家E・P・トムソン(12)は、その英国労働者階級の形成に関する著作で、これらあらゆる民衆の経験を発掘しましたが、彼らの経験は、科学的マルクス主義の継承者と「進歩的」左翼によって見下されました。その結果、ジャン＝ルイ・ラヴィルが分析しているように、「民衆の経済の過小評価が体系化された(13)」のです。

(5)　ポリティカル・エコロジーは、自然愛護の観点からではなく、大量生産・大量消費の生活様式が環境と社会のインターフェイスにおいて引き起こすさまざまな構造的暴力を克服する思想運動として、エコロジーを位置づける。対案として、脱消費主義的な社会システムの構想を挙げている。一九七〇年代に登場した主な論者は、アンドレ・ゴルツやコルネリウス・カストリアディスなど。

4　一九八〇年代に起きた断絶

生産力至上主義モデルの行き詰まりのあらゆる結果は、一九八〇年代に現れました。南側諸国が債務危機に直面する一方で、北側諸国では大量の失業と社会的排除が生じたのです。債務危機への対応として構造調整政策が各国で導入され、農作物と鉱物資源の輸出を維持するために生産力至上主義の経済政策が推進されました。その結果、社会的・生態学的な危機が起こりました。危機への政治的対応を行ったのは、権力の座についた新自由主義の連合体です。新自由主義者たちは、権力と失われた経済成長を回復するために経済と金融のグローバリゼーションを強要しました。それは、各国社会の内部と国際社会全体に競争原理を導入し、労働コストを最大限削減し、自由貿易を絶対化して世界化するという大胆な政策をともなうものです。「貧困と戦争から救われた世界」というこの約束は、いくつかの変奏をともないながらも、支配的な政治エリートと経済エリートの大部分によって受け入れられました。資本主義のフィールドが大幅に拡張されたのです。

「労働力の再生産」は魅惑的な商品世界（社会的保護、教育、保健）にとり込まれ、労働は単なる資源と調整のための変数に還元され、最低限の購買力の分配と成長の追求によって生存を保障するだけとなりました。同時に、水、土地、森林、生物多様性、生物種、知識などのコモンズは、その規模と暴力性において、一八世紀以降の英国で起こった囲い込み運動（エンクロージャー）に匹敵するほどの搾取を受けました(6)。

さらに、新自由主義政策は、この生産力至上主義モデルを地球全体に拡張させることで、想像を絶する水準で資源に対する負荷を増大し、加速化させました。経済のグローバリゼーションは、際限なき市場化と経済成長に反対するあらゆる制約を攻撃することで、逆説的にも世界の生態学的限界を顕在化させました。初版の刊行から約四〇年後に出版された『成長の限界』の改訂版〔14〕は、わたしたちが置かれている状況に関して少しの疑いも許しません。つまり、わたしたちは、成長の限界を飛び越え、状況の逆転がもはや不可能となるいくつかの閾値を越えてしまったのです。

二〇一三年三月に『サイエンス』〔15〕誌に刊行された研究によれば、近年の地球温暖化は「前例のない」ものであり、過去の温暖化の時代と比較にならないほど急速に進んでいます。一万一〇〇〇年以上にわたる気温の異常を研究することで、同論文の著者は、現在進行中の温暖化は気候の

（6）当時の英国の農村に存在した開放耕地（open fields）を、所有者を確定させて排他的に利用すること。議会主導で進められた結果、開放耕地は現地の小作農の共同管理から一部の大土地所有者の所有物となり、多くの農民が失業した。たとえばカール・ポランニーは、『大転換――市場社会の形成と崩壊』（吉沢英成他訳、東洋経済新報社、一九七五年）において、市場社会の台頭の契機となった歴史的出来事として囲い込み運動を評している。

自然的な変化に起因するという考えを論駁する補足的要素を提出しました。温暖化を産業革命以前の気温と比較して二度以内に抑えるためには、大気中の二酸化炭素濃度を三五〇ｐｐｍ以下に戻さないといけません。ところが、実際は四〇〇ｐｐｍに近づいています。

5　有限な世界において、人間の解放と自由はどんな意味を持つのか？〔16〕

左派が自然と環境について語っていることを要約するならば、啓蒙の精神への回帰が必要だということです。左派の思想家は多様で、それぞれのニュアンスも異なりますが、彼らは、理性の自由な行使によって人間の精神は常に前進していくという考えを共通して保持しています。彼らは、歴史を理性の描いた計画が完成するプロセスとして、単線的に捉えています。すなわち、超越的な規範や外から与えられた制約や目的から諸個人を解放して自律性を獲得するプロジェクトを完成させるプロセスとして、歴史を捉えているのです。

知識と学問は、思弁的な議論を離れなければなりません。なぜなら、世界を理解することだけが目的ではないからです。純粋に人間的な構想に従って世界を再構築しなければなりません。新自由主義は、あらゆる制約をはずれた人間像――つまり、万能で自己準拠的な個人という人間像――を構築することで、この啓蒙主義の立場を急進化しました。

この解放のプロジェクトは、自然と人間を引き離し、自然および人間の管理・支配およびそれらのプロメテウス的な転換を行うものとして理論化されました。それは、左派の大多数が採用する生産力至上主義の主要な源泉であり、彼らが生態学的な問題を考えることができなかったり、もしくは困難をかかえたりする主因です。むしろ彼らは、生態学的問題を拒否していると言ってもよいでしょう。というのも、エコロジーの要請を提起することで問題となるのは、自然環境の保護だけでなく、人間の諸活動が生み出す新しい関係性やそれらと生態系との新しい関係を決定することだからです。

それは、資本主義的な主体性と際限なき拡大成長という想念の総体を根本から問いただすことを必要としています。しかし、これらの問題は忘れ去られているか、過小評価されてきました。この資本主義の拡大の道を追求することは、生産された富の際限なき蓄積が幸福と進歩と正義の条件であるという観念を永続させ、技術的な救済の幻想の維持を追い求め続けることになります。今日このプロジェクトは、地球の有限性に関する意識や、蓄積された統御不可能な技術の力に対する地球の極端な脆弱性に関する意識とぶつかっています。それはまた、すでに強調した生態系の破壊と、エネルギーと食料の危機にも直面しています。エコロジーが社会民主主義の危機の中心を占める理由は、ここにあります。

無限に続くと考えられていた第二次世界大戦後の高度成長の影響で、左派陣営では、貨幣的富の再分配による不平等の是正という社会民主主義の理想が強化されました。経済成長は正義の条件と政治の最優先目標となりました。一九五〇年代から六〇年代において、先進国では、高度成長が社会的不平等のある程度の削減を可能にしたのは事実です。

その結果、際限なき経済成長がもたらすさまざまな利益に関しては、それがたとえ当時の社会民主主義にとって、国家による是正策と分配策を必要としていたとしても、ほぼ全般的な合意が確立されていました。第三世界諸国の資源の搾取に見られるような生産力至上主義の負の側面は、当時、見過ごされていたのです。この時代は、経済成長の諸々の帰結の経済的・社会的な大きな妥協の上に成立していました。たとえば、大量消費と経済的な安心《セキュリテ》は、労働の質とその保証の放棄、消費における社会的疎外の容認、際限なき拡大成長プロセスにおける生態学的制約の無視と引き換えに実現されました。

一九七〇年代に危機が顕在化しても、経済成長は中心的な政策目標として推進され、政治家と経済官僚の間に混乱が広がりました。左派陣営の一部は、自由貿易の普及、経済のグローバル化、および金融自由化に成長の回復の希望を見出していきます。(7) 経済から政治の要素を少なくすることで、「近代主義的な」左派は、経済のグローバル化が人類にとっての解放の政治プロジェクトとなると信じたのです。彼らは、工業・金融分野の多国籍企業が牽引するこの経済モデルが、資本の制約に関するあらゆる思想を否定する点においてそれ自体有害であり、とくに生態学的理由から見て普遍化不可能なものであるということを無視していました。今日彼らは、「緑の」経済成長、もしくは「社会的でエコロジカルな市場経済」という希望を育んでいます。

この考えは、「人的資本」や技術資本による自然資本の代替が際限なく可能であるという信仰に支えられています。「知識経済」を経済成長の新たな源泉として推進する左派は、これらの活動が自然資源に対する大きな負荷を克服する奇跡を起こさないということを無視しています。自然環境と人間生活に対して資本主義と新自由主義政策が破壊的な衝撃を与えることによって、社会の根本が揺らいでいます。この時代において、エコロジーの言説は脱政治化され、倫理的な立場に還元され、新たな経済成長のための呪文に成り下がりました。

世界規模で不平等が拡大し、システムの周辺で多くの人びとが根源的な排除と否定を被り、生態学的危機は広がり、いくつかの生態学的破壊は不可逆的になっています。そのため、経済成長による不平等の是正という方程式は完全に時代遅れとなりました。物理的制約と社会的制約にぶつかっているため、経済成長というこの論理が不条理であることは明らかです。

わたしたちの未来が大量生産・大量消費の生活に居座り続けるのであれば、ある領域で実現された経済活動は別の領域で代価を支払うことになり、資源に対する負荷は全体的に見て縮小せず、むしろ増加します。ポリティカル・エコロジーは、資本主義の法則への順応に基づいて構築されるのではありません。それは、資本主義批判を再活性化させる、欲求の批判理論を通じて実現されます。しばしば呪文のように響く反資本主義の言説を唱えることが重要なのではありません。そうではなく、世界を実質的に支配している資本主義が地球と社会にとって支持不可能となっていることの確認が大切なのです。

結論として次のことを述べましょう。

限界を考えることを拒絶する、すなわちある種の決定論の拒絶は、政治的に最も急進的なグ

（7）たとえば、一九九〇年代後半の英国労働党（ニュー・レイバー）の「第三の道」政策が典型である。

ループも含めた、左派の思想文化の一部をなすものでもあります。なぜなら左派の思想文化では、解放と自由は、あらゆる決定論との決別とその克服の上に考えられてきたからです。

決定論の拒絶は、さまざまな形態の急進的な反自由主義思想を育てました。それでもやはり、これら反自由主義の思想潮流は、際限なき自由を享受する自律的個人という自由主義的信念を保持する思想グループに属しています。資本主義、経済的自由主義、生産力至上主義の根本的な問い直しが、地球がこれらをもう支持できないという事実から、つまり根扱《こ》ぎにされた多くの人びと(masses déracinées)(8)の広大な仮住まいとなったこの世界が維持不可能となっているという事実から起きている理由の一つは、ここにあります。

生態学的な破局が、その意味するところを十分に理解したとき、体制転覆的になりうるのはこのためです。生態学的な破局は、解決不可能な限界を顕在化する出来事です。それは、人間の条件の中でも自然に根ざしている部分を明るみに出す出来事であり、全能の神のようにふるまう人間によって、人類と社会を無限に統御可能で再生産可能な社会的制作物に還元することに寄与した要因のすべてを拒否する必要を明らかにする出来事です。〔生態学的破局を前にして〕思想がこのように混乱することは、実り多いことです。それは新たな主観性を要請します。それは、新しい問題提起を認知し、具体的で信頼するに足るさまざまな状況を育む物語を要請します。

資本主義経済の全般的な拡大の限界を認めることは、「自然の」法則への服従や人間の創造的な力の放棄を意味するものではありません。それは、社会や人間を経済法則に順応させて、そこから抜け出せなくする、資本主義の際限なき拡大プロセスに代わって、自制を含めたさまざまな選択を行う能力を認知することを意味します。左派にとってそれは、あらゆるものを犠牲にして経済成長の追求に身を委ねるのではなく、〈政治的なるもの《ル・ポリティーク》〉の道を再発見し、解放の思想を再生することになるでしょう。

自然環境を考慮することは、経済競争と戦争を追求する代わりに、人間の自律的な能力を守り、人類の生活の場を救い出して維持し、討議的民主主義のプロジェクトを実践し、人間同士および人間と自然との間の協働を求めていく闘争と、密接に関わるのです。

【原注】

〔1〕Edgar Morin, *Terre Patrie, Paris*, Point Essais, Point, 2010.

〔2〕Friedlich Hölderlin, “Patmos, Au landgrave de Hombourg”, *Poèmes, Gedichte*, Paris, Aubier, 1986, p.409.

〔3〕Paul J. Crutzen, “Geology of Mankind”, *Nature*, Vol. CDXV, No. 6867, January 3, 2002, p.23.

〔4〕Dipesh Chakrabarty, “Le climat de l’histoire : quatre thèses”, *RiLi*, No. 15, janvier-fevrier, 2010.

〔5〕Jean-Baptiste Say, *Cours complet d’économie politique, t. 1*, Paris, Guillaumain, p.168.

〔6〕Juan Martinez-Alier, “A Marxist Precursor of Energy Economics, Podolinski”, *The Journal of Peasants Studies*, No. 9, 1982, pp. 207-224.

（8）著者は、『有限の世界の時代——ポスト資本主義へ』（前掲書）において、シモーヌ・ヴェイユの「根をもつこと（l’enracinement）」を援用しながら、グローバル資本主義が地球規模で根扱ぎ現象（déracinement）を引き起こしていると論じている。ここでの議論も、ヴェイユの議論とともに味わっていただきたい。

〔7〕Friedrich Engels, *Dialectique de la nature,* Paris, Edition sociales, 1968 (1883), p.46.

〔8〕Karl Marx, “Grundrisse”, *Oeuvres, t. 1,* Paris : La Pléiade, Gallimard, 1857, p.260.

〔9〕Jean Baptiste Fressoz et Fabien Locher, “Modernity’s Frail Climate : A Climate History of Environmental Reflexivity”, *Critical Inquiry,* Vol. 38, No. 3, 2012, pp.579-598.

〔10〕Fairfield Osborn, *Our Plundered Planet : La planète au pillage,* Paris, Actes Sud, 2008 (1948), p.42.

〔11〕André Gorz, *Ecologie et politique,* Paris, Galilée, 1975 ; Guy Debord, *La planète malade,* Paris, Gallimard, 1971 ; Rachel Carson, “Printemps silencieux”, *Books, livres et idées du monde entier,* No. 39, janvier, 1962.

〔12〕Edward P. Thompson, *La formation de la classe ouvrière angalise, nouvelle édition avec un préface de François Jarrige,* Paris, Seuil, 2012. また、以下の著作も参照されたい。François Jarrige, *Face au monstre mécanique, une histoire de la résistance à la technique,* Paris, Ihmo, Radicaux Libres, 2009.

〔13〕Jean-Louis Laville, *Politique de l’association,* Paris, Seuil, 2010, p.59.

〔14〕Donnella Meadows, Dennis Meadows and Jorgen Randers, *Les limites à la croissance* (*dans un monde fini*), Paris, Rue de L’Echiquier, 2012.（訳注―本書は、二〇〇四年に英語で刊行された *The Limits to Growth, The 30 Year Update* のフランス語訳であり、ヨーロッパとカナダでは、ともに二〇一二年に翻訳刊行された。そのため、アザムは同書を指して「初版の刊行から四〇年後に行われた改訂」と述べているのだが、正しくは、「初版の刊行から三〇年後に行われた改訂」である。）

〔15〕http://www.sciencemag.org/content/339/6124/1198.abstract.

〔16〕本節の詳細は、下記の拙著を参照されたい。Geneviève Azam, *Le temps du monde fini, Vers l’après-capitalisme,* Paris, Les Liens qui libèrent, 2010.

第7章 生産力至上主義との決別、解放の条件

フロランス・ジャニ＝カトリス

イントロダクション

フォード主義的妥協は、ある時期、社会的安定の土台でした。それはまぎれもなく、資本主義の歴史においてかつてないほどに、連帯に向かう社会を表現する諸制度の構築を可能にしていました[1]。前代未聞のリズムで進行する近年の経済的・金融的・社会的危機は、これらの妥協を脆弱

(1) 第二次世界大戦後から一九七〇年代前半までの先進工業国は、製造業を中心に大量の安定雇用を創出するフォード式生産様式のもとで実現した経済成長の果実が、さまざまな社会保障政策を可能にしていた。フォード主義的妥協とはフランス政治経済学のレギュラシオン学派において用いられる用語で、フォード式生産様式によって維持されてきた、経済と社会の間のこのような良好な協調関係を指す。

にする危機の兆候ですが、それは、福祉国家の再検討と賃金労働者の安定した雇用関係の解体によって引き起こされています。しかし、驚くことに、金融化した過剰な資本主義が引き起こす諸々の兆候は、資本主義の視座が拠って立つ進歩の主要な基準を揺るがしてはいません。

はたして、社会が自らに与えている制約について反省的な分析を行わずにして、真に解放的な社会のプロジェクトを考えることができるのでしょうか。たとえば、経済成長の有限性を意識しているにもかかわらず、際限なき経済成長を追求し続ける社会を構想するのは、妥当なことでしょうか。

本稿で筆者がとりあげる「豊かさ指標」による考察は、当然のことながら、解放の問題をすべて説明し尽くすものではありませんし、明らかにこの問題の中心課題でさえもありません。とはいえ、「豊かさ指標」の考察は、わたしたちの社会の表象の力学が持つ二面性を把握するための発見的《ヒューリスティック》手法として役立ちます。

「豊かさ指標」についての省察は、カール・ポランニーの用語を援用するならば、「社会を構築するプロジェクト」[1]が持つ普遍主義的な経済中心主義を思い出す機会となります。この省察は、今日すべての市民に証拠(preuve)として与えられ、なおかつテストすべき対象(épreuve)として与えられる[2]、経済成長への際限なき熱狂を明らかにします。それはまた、経済と民主主義の乖離の拡大を明らかにする機会でもあるのです。

1　豊かさの価値の計算可能な基礎

豊かさを社会的に判断する際の主要な基準である国内総生産（GDP）は、国民経済計算システムに基づいて、第二次世界大戦直後につくられました。この計算システムは、どの活動が生産的であるかを特定します。また、この計算システムは、中心的な指標として国民総生産（GNP）――当時はGDPよりも好まれて使用された――を普及させました。GNPは国民経済の生産高を測定します。他方でGDPは、一年間にある領土（しばしば一国内）の市場で取引された生産活動の全体と政府支出を評価します。このように形づくられた計算システムは、長い歴史の中で、何が生産的なものであり、何が豊かさであるのかを、徐々に修正を加えながら表してきた結果、生まれました。

まずは豊かさについて考えてみましょう。ドミニク・メダ[2]が明確に強調するように――彼女

（2）ここで著者は、フランス語のpreuve（プルーヴ）とépreuve（エプルーヴ）が音声的に近いことから、両者を並べ立てて表現している。経済成長への際限なき熱狂は、市民社会の現実を形づくっている明確な証拠《プルーヴ》である。同時に、市民は自らが嵌《はま》っているこの熱狂を検証していかねばならないので、この熱狂は試験《エプルーヴ》――テスト――対象でもある。

の著作は、豊かさの政治経済学の分野において正真正銘の前進をもたらしました――、豊かさ概念に対する現代的な応答を確立したのは、トマス・マルサスです。マルサスは、経済規模の拡大成長の表示と測定の重要性を強調しました。ドミニク・メダが明らかにしたように、この豊かさ概念およびその外延には、数量化可能な要素のみが入れられました。彼女は驚きを隠せません。「豊かさが財とサービスの交換のみに還元され、その他のあらゆる活動、異なる形態の社会関係、異なる形態の進歩と世界の価値づけが軽視されることを、わたしたちの社会はどのようにして受け入れることができたのだろうか〔3〕」

次に、生産的なもののまさに定義について検討してみましょう。人間の活動の生産的性格に関する萌芽的直観は、農業生産活動のみが真に生産的な活動であるという認識のもとに、一七五八年頃にフランソワ・ケネーに代表される重農主義者《フィジオクラート》によって導入されました。この認識は、農業活動における生産高と収穫高を測定する能力に著しく依拠していました――もっと言うならば、依存していた、と言ってもよいでしょう。

アダム・スミスに始まり、その後の一九世紀の政治経済学の伝統のすべてにおいて、人間の生産活動の中に工業が含まれ、サービス活動の大部分は非生産的活動に分類されるようになりました。二〇世紀に入ってからは、現代的な国民経済計算システムが開発され、それとともに国富の国際比較のための社会的・技術的装置が構築されていきます。その結果、しばしば躊躇があったけれども、サービス活動を富の計算に含めることが正当化されました。

躊躇があったのは、当時の議論では、工業は形に残る蓄積可能な財、すなわちわたしたちの社会の「本当の」豊かさを生産するという点において、豊かさは第一義的には工業的な豊かさであるという考えが強かったからです。技術革新、雇用、貿易におけるその役割を考慮するならば、工業は経済成長の駆動力でした。「工業の緊急事態」[4]を論じたり、「工業なくして未来はない」[5]ことを認める近年のさまざまな論文は、社会的効用の強いサービス部門よりも巨大工業部門における雇用の喪失を心配するように政治家や専門家を促す、この立場を暗示するものです。

躊躇が起こるもう一つの理由としては、政府が生み出すサービスをＧＤＰに含めることは、一九七〇年代なかばに問題となったように、公共部門の活動が経済的価値を創出するという考えに行き着きます。これは、〔小さな政府を標榜する〕自由主義経済学者やアングロサクソン世界の経済学者の一部によって批判されている考え方です[6]。

豊かさに関する通念《コンヴァンシオン》は、このように数世紀にわたって徐々に再構築されてきました。フランソワ・フルケがその国民経済計算の系譜に関する著作において検証しているように、これらの試行錯誤は〈権力の思想〉を表現しています。

「『生産的』という神聖な言葉によって要約される問題の射程は次のように理解される。何を生産するのか？　権力を生産するのだ！」[7]。

ＧＤＰの増加と物質的財の継続的な拡大成長――それは、一九世紀と二〇世紀の間、自然資源の過剰搾取を通じてのみ可能でした――に基づく経済機構は、事実上、破綻しています。この行き詰まりは、この発展モデルに対する鋭い批判を再生する機会です。ＧＤＰに対する最初の批判の口火を切ったのは、サイモン・クズネッツでした。彼自身、大恐慌後の時期の米国国民所得の計算を米国議会から要請され、この現代的なマクロ経済指標〔＝国民経済計算システム（National Account System）〕の最初のプランを促進した人物です。[8]

クズネッツがとくに警戒したのは、この指標が国の豊かさ指標として使用されるときにわたしたちが陥る可能性のある誤解についてです。その警告は、マクロ経済計算の中には非貨幣・非市場のさまざまな次元（ボランティア、世帯内活動）が含まれていないという事実に基づいていました。また、この警告は、いくつかの経済活動は、個人もしくは社会の豊かさに対して非常に有害な外部性〔たとえば、公害など〕を生産するという事実も強調していました。かくして、ウィリアム・ノードハウスとジェイムス・トービンは、「都市化に内在するコスト」を語りました。その後、一九七二年に刊行されたメドウズの報告書〔＝ローマクラブ『成長の限界』〕による異議申し立ては、最もメディアの注目を集めました。この報告書は、際限なき経済成長の利益という信仰と決別したのです。

経済成長が経済、人口、社会的ニーズにもたらす諸々の帰結に関する非常に悲観的な結果は、一九七〇年代と八〇年代には、少しばかり忘れられたか、もしくは議論の脇に追いやられました。逆説的ですが、経済と金融の大きな危機(3)に対処するために、これらの結果は忘れ去られたのです。

一九八〇年代の終わりになってようやく、ブルントランド委員会が、現在世代と将来世代のために生態学的な持続可能性の強力かつ緊急な要請を確立する議論を行いました。(4) 豊かさ、幸福、良い生活に関する新しい指標を求める動きは、この文脈において捉えることが可能です。[9] 多かれ少なかれ、この動きは、主要な豊かさ指標と政府の主要な道具立てによってでは、社会の直面する中心的な問題を認識することができない、という考えに拠っています。

2　新しい指標か、それとも指標の終焉か？

経済成長とＧＤＰを社会の目標に掲げることに異議申し立てをする大きな動きにともなって、進歩や豊かさや生活の質に関する新しい指標の確立を目指す多様なイニシアチブが現れています。一九九〇年代初頭、二つのプロジェクトが同時期に異なる文脈から出現しました。それぞれのプロジェクトは、新しい指標の作成に向けて正真正銘の推進力を与えました。

まず、一九九〇年に国連開発計画（ＵＮＤＰ）が、持続的で人間的な発展のために諸国民は教育、保健、経済的資源へアクセスできなければならないという考えから、最初の人間開発指標[5]（Human Development Index = HDI）を発表しました。人間開発指標は異議申し立ての文脈から現れたものです。ＵＮＤＰが目指したのは、国際通貨基金（ＩＭＦ）が過剰債務に陥った途上国に強制した構造

（３）一九七〇年代前半から先進工業国に顕在化したスタグフレーションなどの景気後退、八〇年代の金融自由化後に頻発した金融危機を指すと考えられる。

（４）一九八七年にブルントランド委員会が発表した『われわれの共通の未来（Our Common Future）』において、持続可能な開発（sustainable development）概念を提案したことを指している。

調整政策(とくに輸出主導型産業と公共サービスの民営化への政策転換)が、深刻な人的被害を生み出したことを示すことでした。

この複合的な指標は、これまでとは異なる方法で豊かさを計算することを可能にし、国の「力」のヒエラルキーを一変させました。つまり、高い発展水準を持つ国に関して、一人あたりＧＤＰとＨＤＩの間にもはや相関関係を見出すことはできないのです。

同じ時期に、研究者は、環境の持続可能性に関する物理学的な指標を発達させました。エコロジカル・フットプリントを開発したのです(6)。この指標は、後に市民社会のネットワーク、とくにグローバル・フットプリント・ネットワークと世界野生動物基金(ＷＷＦ)によって大々的に普及しました。エコロジカル・フットプリントは、世界規模の経済成長の動態、とくに先進国の経済成長が生態学的に持続不可能であることを強調します。この指標は、自然資源に関する人類のニーズが、一九八〇年代初頭から、地球の生物再生産能力――すなわち生物学的に再生産可能な地表面積の全体――を大幅に上回っていることを示す機会となりました(10)。

その他の国際機関は、ごく最近になってこれらの問題に関心を持ちはじめたにすぎません。彼らは、生産力至上主義的な資本主義が社会的結合(cohésion sociale)と地球生態系に対して与えた損害を、少なくとも暗黙裡に認めています。かくして二〇〇七年には、欧州議会によって「ＧＤＰを超えて(Beyond GDP)」というシンポジウムが開催されました。一部の専門家と市民社会の成員は、このシンポジウムをＧＤＰという宗教にメスを入れる最初の公式の試みと捉えました。

すでにこれより以前に、世界銀行は、彼らが「持続可能性」と呼ぶ、「貨幣化」された指標

〔＝豊かさを貨幣価値で示す指標〕を作成していました。たとえば、「調整純貯蓄[7](epargne nette adjustée / adjusted net savings)」と、国連環境計画と一緒に作成した「包括的な豊かさの指標[8](Inclusive Wealth Index= IWI)」です。しかし、これらの「貨幣化」された指標は、生産力至上主義を打破す

---

(5) 国連開発計画が一九九〇年に、バングラデシュの経済学者マブーブル・ハクやインドのノーベル経済学賞受賞者アマルティア・センの指導のもとで作成した開発指標。各国の発展度を、一人あたり国民所得、平均余命、識字率(二〇一〇年以後は、平均就学年数に改訂)の三つの指標を組み合わせて測定する。また、毎年刊行される『人間開発報告書』には、人間の安全保障、ジェンダーと開発、人権、水資源問題、多文化主義、ミレニアム開発目標など、国際開発体制が取り組むべきアジェンダに関する包括的な議論が特集されている。

(6) 地球の生物学的に生産的な空間(biologically productive space)(たとえば、森林、耕作地、河川、海など)を、資源利用やごみの廃棄などを通じて人間がどれだけ利用しているかを示す指標。単位は、地表面積の規模を表すグローバル・ヘクタール(gha)が用いられる。一gha＝一万㎡。これまで、人類全体の一人あたりエコロジカル・フットプリントと、各国国民の一人あたりエコロジカル・フットプリントに関する指標が作成されている。

(7) 国民純貯蓄(net national savings)に教育への支出を加算し、さらにエネルギー資源、鉱物資源、森林資源の損害コスト、および二酸化炭素排出による損害コストを引いて算出される。

(8) 二〇一二年の「リオ＋20」において提案された指標。各国の富を、あらゆる形態の資本(経済的資本、人的資本、自然資本)を考慮に入れて算出する。社会の進歩、ウェル・ビーイング、持続可能性を包括的に示すことを目的とする。

るにはほど遠く、豊かさの中身を貨幣的言語で表現しているという点で、大きな欠点をかかえています。これらの貨幣的言語は、これまで考慮の対象とならなかったさまざまな資本（自然資本、人的資本、社会関係資本）を豊かさの中に統合するために維持されています。

進歩や持続可能な発展に関する新しい指標の必要性を長期的な視点から認めることを可能にしたのは、ジョセフ・スティグリッツが主宰する委員会の取り組みです。二〇〇八年にフランスのサルコジ大統領（当時）が設立したこの委員会は、すでに何年も前からこれらの問題に取り組んでいたフランスの組織や研究者の多く――たとえば、ドミニク・メダ[11]、パトリック・ヴィヴレ、ベルナール・ペレ、ジャン・ギャドレーとフロランス・ジャニ＝カトリス――を苛立たせました[9]。

スティグリッツ委員会は、ＧＤＰと経済成長を社会の目標として盲目的に使用することを批判することに知的なお墨付きを与え、〔ＧＤＰに対する〕異議申し立ての動きを可視化させます。同委員会が二〇〇九年に刊行した報告書[12]は、生産のフローの計算に基づくＧＤＰの古典的な限界を指摘し、計算方法が「量（ボリューム）」のドグマの制約を受けているサービスの生産を、より洗練された方法で評価するための諸々の提案を行いました。ボランティア活動と世帯内活動の最大限の評価も主張しています。というのも、これらの活動はＧＤＰの計算対象とならないため、公共政策において過小評価されているからです。

より一般的には、スティグリッツ委員会は、「ウェル・ビーイング（物質的・精神的に満足した生活を送っている状態）」をより正確な方法で把握するためには、生産活動の計算よりもむしろ、消費活動の計算から出発するほうがよいという考えを前面に出しています。また、毎年の経済成長を維持するために漸次的に使い果たしていくと予想される富のストックは、基本的には、これから発明されるか洗練されるべき指標によって評価されるべきだと提案しています。

この報告書の刊行に続いて取り組まれた仕事、とくにフランスでの取り組みは、フランス国立統計経済研究所（ＩＮＳＥＥ）にとって多くの手がかりを模索する契機となり、経済学者やいくつかの主要な国際機関にとっても、その経済学的姿勢を補強する機会となりました。この問題への彼らの取り組み方は、近年までは社会的・生態学的な批判に関する動きの一環でしたが、現在では、開発中の新しい指標の妥当性を検証しています。

かくしてＩＮＳＥＥは、諸個人の心理学的調査を通じて生活の満足感や幸福感を大胆に総計する、コストのかかる調査を実施しました。「主観的」と呼ばれる指標が、このようにして生活の質と進歩に関する社会的判断を生産する空間に浸透していきます（「主観的」とは、「生活の満足感」や「幸福」といった準拠枠が、それらを語る主体によってのみ共有されるという意味）。主観的指標の推進者は、基本的には功利主義的な経済学者、認知心理学者、そして彼らを好むメディアです。彼らは、さまざまな場でこの指標の正当性を支持してきました。

第一に、彼らは、不可避的に主観的なパースペクティブに関わる次元を客観的に表示する能力がこの指標にあることを認めています。数量化のこの様態は、たとえば、（公共サービスの使命、

（9）フランスにおける豊かさ指標の問い直しが市民社会と連携した研究者集団から起きているのに対して、スティグリッツ委員会はフランス政府主導によって組織されたからだと考えられる。

その効率性などを含めた)指標で考察されるさまざまな概念の多次元性を克服し、各人が自分の欲望と自分自身に固有のイメージにまかせて豊かさを語る傾向を克服することを可能にします。

第二に、主観的指標は、諸個人の多様な選択と選好から成る集合的な体系を示しています。

第三に、集団的な主観性の度合いを測定するこの方法は、選好と豊かさ像を示すプロセスにあまり時間がかからず、アンケートの管理とデータの回収だけですみます。この点において、主観的指標は、さまざまな社会的利益の統合と関連づけに長い時間を要する作業や討議的民主主義のプロセスと比べたとき、優位な立場にあります。

このような方向性〔＝社会的利益の統合や討議的民主主義〕は経済学者の行動範囲や政府の活動範囲を超えますが、それだけでなく、主観的指標の試みは、その分析と結果の双方において、共通善の保全という問題に関して行き詰まりを見せています。[13] スティグリッツ委員会の報告書出版後の迅速な成果として二〇一二年にＩＮＳＥＥが新たな手法で行ったアンケート調査は、「生活の質と福祉はしばしば両立する」という謎めいたタイトルがつけられており、多分に意味深な結果を生み出しました。

この調査報告では、とくに、「環境の質に関する認識あるいは社会における緊張関係に関する認識は、主観的な幸福に大きな影響を与えない」[14]と記述されており、共通善の保全が主観的な指標において著しく無視される可能性があるという仮説に有効性を与えています。言い換えると、個人の幸福の総和は一般利益(l'intérêt général)の追求を保証しないのです。

これらの問いに対して一部の経済学者は関心を示しましたが、それは、社会と生命の貨幣化を際限なく追求する道を選ぶこととなりました。たとえば、「生物多様性が供給するサービス」の価値付けを理論化したり、もしくは社会的領域において、人間の行動の社会的影響を貨幣化したりする試みです。人間の生活の多様な次元を貨幣換算して数量化することは、カール・ポランニーが述べる「価値付けの統一へ向けた運動」のひとつです。[15] 一般的に、正の影響もしくは負の影響の貨幣化は、次の二つの理由から支持されます。

第一に、その教育的かつ市民的美徳に関わる目的からです。貨幣化は、自然の価値の問題を、自然の内在的価値――利用されない次元を含む――と自然が提供するサービスの両方において、固定化することを可能にします。経済学者は、価格のつかない財、（ポランニーが言うところの）擬制的商品、あるいは非市場的かつ非貨幣的なサービスを貨幣価値に換算するとき、「自然に注意を払う者はいないので、価格がなければ、自然という財は消滅せざるをえない」という考えを同時に発展させます。こうして、自然が人間に提供するサービスに対する価格やコストを決定する取り組みが増加します。

この取り組みの正統性は、無償であり計算の中に入らないという点で欠陥を持つ何らかのもの――しかしそれは、人間にとって有用なもの――に価値を与えることから生じます。それでもなお、しばしば見落とされることがあります。それは、自然もしくは自然が提供するサービスの貨幣化は、貨幣的な等価が存在しないのに貨幣的な等価に依拠することを要求する、ということです。

自然が提供するサービスに価格を付与することは、これらのサービスを商品として扱うことであり、「自然環境を資源ならびに市場経済の外部性と見なす」〔16〕ことです。富が持つさまざまな次元の考察を促すとされる貨幣化された指標の増加は、市場の自己調整機能というフィクションの拡張を示しています。

このフィクションは、「擬制的商品」(つまり、価格を持たないにもかかわらず、貨幣的評価に従う商品)という考えを、自然が提供するサービスや諸活動の社会的貢献に延長するものです。〔自然や人間活動の〕さまざまな影響を貨幣価値に換算することで可視化するこれらの方法は、倫理的に中立ではなく、また現実の単純な還元でもありません。これらの方法は、ある大きな計画《デッサン》、大転換の帰結なのです。

この計画の中では、もはや市場化を逃れることができません。大転換は内側から進められています。それは、意図的に選択された計算単位を使って、内密に数値化を行うことで進められています。主要な左派政権と右派政権の中に見出される社会科学のこの新たな普遍文法は、人間、生物、それらの行為と関係、そしてもちろん、進歩や豊かさの価値付けにおいて、経済学が覇権を持っていることを示しています。

3　経済至上主義は常に生産力至上主義に基づいている

一九九〇年代初頭より、経済成長を進歩の唯一の指標と見なすことへの異議申し立ては急進化しました。しかし、それは、「はたしてGDPは、計算すべきものを計算するのだろうか」という問いを直接的に問題とはしませんでした。この異議申し立ては、むしろ生産力至上主義の批判に立脚しています。

この批判によると、社会が陥った最大の行き過ぎは、経済成長の追求の中に見出されます。つまり、この異議申し立てを行う人びとは、経済成長への執着が長い間定着し、その執着が主要な問題となっている、と主張しているのです。ただし、「執着（obsession）」という言葉はそれほど強い表現ではありません。一九七二年のローマクラブ報告書〔『成長の限界』〕の著者であるデニス・メドウズは、二〇一二年に経済の状況について質問を受け、次のように説明しました。

「あなたの採用する唯一の政策が経済成長に立脚するものだとすると、あなたは経済成長の終焉について語ることを理解したいとは思わないでしょう。なぜならそれは、あなたが何か新たなものを創造しなければならないことを意味するからです。『ハンマーを持つ人には、すべてが釘に見える』という興味深いことわざがあります[10]。経済学者にとって、経済成長が唯一の道具です。したがって、すべてが経済成長のためのニーズに見えるのです[17]」

経済を成長させるために経済成長を際限なく追求するこの思想は、三重の確信の上に成り立っています。まず、理想的な生産モデルは生産力至上主義であるという確信。次に、富の波及（ト

(10) 米国の心理学者アブラハム・マズローの言葉である（"If all you have is a hammer, everything looks like a nail."）。

リックルダウン)は、社会のピラミッドの頂点から始まり、最貧困層にまで及ぶという確信。最後に、この思想は、技術——つまり、科学技術——の進歩と技術革新に対する無制限の信仰に立脚しています。ひとつひとつ検証していきましょう。

生産力至上主義の理念、そして「栄光の三〇年」(一九四五〜七五年)の間におけるフォード主義的妥協の理念は、進歩の方程式のさまざまな鍵を財・サービスの生産の継続的かつ無制限の追求の中に安住させていました。これらの理念は、その目的、つまり過剰生産物の解決を消費主義に求めることについてあらゆる考察を行うことなく、なかでも、資源と自然の有限性についてさまざまな考察を行うことなく、そうしていました。諸々の緊張は存在しましたが、それらは短期的なものでしかありえませんでした。なぜなら、トリックルダウン効果の理念は、かつて一度も実証されはしなかったけれども、普遍的かつ永久不変の法則であると思われていたからです。

トリックルダウン効果は、政治家と彼らのブレーンである専門家(たとえば、社会党政権のフランソワ・オランド大統領の経済政策相談役であるフィリップ・アギオン)の大部分が根底で信じていました。この理念が主張するのは、たとえ経済的富が最富裕層に独占されていたとしても、ある条件のもとでは、資本あるいは経済的富の増加は、時間の経過にしたがって常に最貧困層に行き渡る、ということです。したがって、分かち合うべきケーキの継続的な増大を保証することが何よりも重要でした。結局のところ、これら支配的なモデルにおいては、技術の進歩に対する際限なき信仰が解決不可能な問題として現れてきます。

この視座のもとでは、経済成長それ自体は問題ではありません。しかし、経済成長が持続可能性と結びつくためには、技術革新、すなわち「グリーン」（＝環境にやさしい）と形容されるテクノロジーに投資し続けなければなりません。つまり、経済成長それ自体を環境にやさしいものにしなければならないのです。

あらゆる過剰が、しかも他の何よりも前述した過剰が、逆生産性[11]（contre-productivité）を生み出しました。トリックルダウンのイデオロギーと技術進歩の美徳への信仰に突き動かされた生産力至上主義的な経済成長の追求は、社会的にも（たとえば、経済的・社会的不平等の前例のない増加、社会的結合の崩壊、あらゆる形態の暴力の増加）、生態学的にも破局的な結果を生み出します。このように、気候変動、生物多様性の喪失、再生不可能な自然資源の枯渇などの深刻な生態学的問題は、人間の活動と経済成長に直接的に結びついていることがわかります。

その兆候のひとつとして、一九八〇年代初頭以降、エコロジカル・フットプリントは、「世界の富」の増加に対して強い相関関係を示していることが挙げられます。フランスの環境破壊に関するバランスシートは、温室効果ガス排出量の減少を示している点で際立っているけれども、フットプリント（たとえば、炭素のフットプリント）は時間の経過とともに増加し続けています。

（11）人間の生活の質の向上に役立つはずの諸制度が、ある水準を超えると、逆に社会の効用を減少させ、さまざまな問題を引き起こしはじめること。二〇世紀の思想家イヴァン・イリイチによって導入された用語である。たとえばイリイチは、一九七〇年代に刊行した一連の著作の中で、交通システム、学校制度、医療制度の逆生産性を検証している。

したがって、全体として言えるのは、いくつかの指標は過去数十年間に公共政策の目的となりましたが、その一方で、わたしたちの発展モデルが直接的に引き起こす重大な損害は無視されているということです。GDPの量的な拡大と消費の拡大については、圧倒的な集団的信仰(communion collective)が形成されています。この信仰は、すべての先進国経済が一九七〇年代なかば以降に経験している失業の増加によって正当化されています。この失業は、資本主義に対する金融権力の支配が強まったために深刻化しましたが、ある種の拘束(ブレーキ)として機能しています。つまり失業問題は、資本主義が陥った危機の多次元性の理解を阻むものとして、また、脱=経済学化した想像力の構築もしくは再構築を阻むものとして機能しているのです。

この盲目状態は集団的なものです。それは、世界のいたるところで展開しているさまざまなイニシアチブの把握を不可能にしています。なぜなら、これらのイニシアチブは、エリートや権力が主張するような経済的パフォーマンスの構成要素とは見なされないからです。かくして、社会的で連帯的な経済活動は特殊な道を開拓し、しばしば生産力至上主義のプロジェクトからは離れていますが、構造的にも数字の面でも過小評価されています。

ある条件のもとでは、この経済活動は地域社会の持続可能な発展に大きく貢献し、同時にそのプロジェクトは市民にとって意味あるものであったとしても、です。きわめて持続可能な社会経済的状況を構築もしくは再生するこの経済活動には、協同組合運動、市民運動、民衆教育運動、持続的なシェアハウス、食べ物の地産地消、連帯的な金融組織などが含まれます。しかし、同時に、これらの活動の影響は、よくて無視されるのが関の山です。

4　豊かさの政治経済学のために

何らかの指標に基づく公共政策の機械的な運営は、「何のために生産し、何のために消費するのか」という問題に関して、社会全体がどの程度の反省能力を持っているかを問うものです。それはまた、地球規模ならびに局所的な生態学的問題の持つ不確定性や、不平等や不平等と密接に関わる社会的結合に関する社会的問題の持つ不確定性など、ますます根本的な性質を帯びる不確定性によって特徴づけられる諸問題と対峙するための戦略を練る能力をどの程度持っているかを検討するものです。

豊かさの決定とその測定法の構築は、いかなる場合であっても道具的合理性の行使には還元できないし、ある本質の発見と同一視されるものではありません。豊かさの政治経済学に関する研究の数は、ますます増えています。それらは、どの点において豊かさが社会的構築物という慣習的特徴を持っていると言えるのかを明らかにするものです。これらのイニシアチブは、〔豊かさに関する〕主要な基準を支える理論的土台を克服することを目指していますが、筆者がすでに特定したいくつかの問題にぶつかる可能性があります。

まず、専門家が貨幣的言語以外の言語を用いてこれまでとは異なる価値付けを行うことができないという問題です。また、個人主義的な民主主義観が支配的であるため、ウェル・ビーイングの定義が人それぞれになってしまうという問題があります。これらの問題を克服するために、あらゆる可能な場所で以下の実践が急務であることは間違いありません。それは、ボリビアやエクアドルですでに実践されているブエン・ビビール運動のように[12]、豊かさ指標によって照射された問題を〈市民〉が批判的に咀嚼すること、そして、〔豊かさに関する〕民主的な省察の様態を刷新していくことです。

二〇一〇年にINSEEが不平等に関する多次元的な指標の知識を改善する中で発展したのは、集合的な豊かさに関する考え方です。たとえば、〔二〇一〇年の統計によると〕主要なヨーロッパ諸国の一人あたりGDPは、米国のそれと比較して約二五％低いことが知られています。一方、調整された可処分所得、すなわち、教育や保健に関する公共支出の見積もり――それらは世帯を直接支援する支出です――を加えて世帯が最終的に手にする所得を用いるならば、各国の豊かさの展望は変わってきます。日本の生活水準は米国のそれと比べて四〇％劣るし、フランスと英国は米国よりも優れた生活水準を獲得します。つまりこれは、現実を比較する新しい方法です。この推論を富の計算に含まれない諸活動にまで拡張してみることは可能でしょう。

たとえば、社会的で連帯的な経済活動の非貨幣的・非市場的な「生産物」もしくは影響力、アソシエーションによる労働の社会的効用の測定、さらには、地域社会における社会関係の密度や社会参加のためのさまざまなネットワークの密度の考察です。フランスでは、ノール・パ・ド・カレ地域圏〔＝北部の地域圏。中心都市はリール〕が、新しい豊かさ指標の作成と使用に関して先駆的な役割を担っています。二〇〇三年以来、同地域圏は域内のあらゆる豊かさの指標を作成する戦略を展開しています。複数のアクター（フランス銀行（la Banque de France）、居住の権利のためのアソシエーション（Droit au logement）、貧困層の支援団体（Secours populaire）など）と一年間協力し、社会の健全さ（santé sociale）を測る指標を作成しました。

その後、ノール・パ・ド・カレ地域圏は、市民がこれら新たな指標に関して要点を捉えた賢明な見解を持てるように、普通の市民の参加を目的とする市民会議を組織しました。市民からのさまざまな提案の中には、常設のフォーラムを設立して一般利益に関するこれらの問題をモニタリングすべきだという要求がありました。

より急進的な動きとして、市民社会から現れたいくつかの社会運動体は、新しい豊かさ指標という考えそのものに豊かな土壌を見出しました。これらの運動体の大部分は豊かさの測定に反対はしませんでしたが、むしろ、進歩を「脱＝測定化」する、つまり進歩を多元的に表現することを目指しました。[18] これが、（豊かさ、進歩、持続可能な人間開発、生活の質などの）「新しい指標」の作成を目指すローカルな運動の方向性です。

このようにして、これらローカルな運動は、豊かさのための新たな政治経済学の基礎の再構築を目指しているのです。各イニシアチブは、地域の状態もしくは進歩を表現する道具をさまざまな

(12) ジャニ＝カトリスによると、これらの国の運動には、コミュニティ組織やアソシエーションを支援し、「共に善く生きる（ブエン・ビビール）」という理念を省察するための、市民参加を通じた公共政策の決定メカニズムが存在する。

な方法でつくることを望んでいます。各イニシアチブは、少なくとも彼らの報告から判断すると、政府の他律的なテクノロジーに対して自律的な空間の発展もしくは再生を望んでいます。

ただし、これらのイニシアチブは、「持続可能な」地域に関する単一かつ統一的な展望を提供していないという点において、一般的に言われている以上に秩序を欠いています。しばしば企業の持続可能な開発のバランスシートの中で見られるグリーン・ウォッシング〔CSR報告書などで、意図的に環境汚染の情報を隠蔽すること〕に類似しているイニシアチブもあるし、独自の豊かさと進歩のビジョンを推進する技術官僚によって組織されるイニシアチブもあるからです。

これらのイニシアチブは、市民社会から出現したとき、新しい豊かさ指標は常に政治的なビジョンを具現化しており、それは強力な社会的な座標軸を構築する、という考えを強調しました。かくして、これらのイニシアチブは、豊かさと進歩の定義を共同で構築することの重要性を強調しました。同様のイニシアチブは世界のいたるところに存在します。

本書では、ボリビアとエクアドルにおけるブエン・ビビールのアプローチが紹介されています。この視座では次のようなことが言えます。アマゾンでは、サラヤク地域〔＝エクアドルのアマゾン地域南部パスタサ県にある地域〕の住民が、彼らの広大な地域で石油開発を行う多国籍企業に対して抵抗を模索しています。彼らの闘争をよりよく理解してもらうために、サラヤク地域の住民は彼ら固有の豊かさ指標を発展させました[19]。

その他のイニシアチブとしては、ブータンの国民総幸福が挙げられます。これらのイニシアチブはすべて、短期的な経済成長とそれがもたらす〈意味の喪失〉に抵抗しています。ヨーロッパや他の地域でシェールガス開発に対する反対運動が起こるのも、同じ理由からです。なかでも、カナダの「国内のソフトな生産活動の指標（produit intérieur doux）」運動[13]に影響を受けた市民組織は、豊かさとは何か、そしてまた社会共通の善やより良い生活とは何か、について、まさにその定義に関わる問題を市民の手に奪還することを提案しています。

これら「豊かさを問い直す組織（collectifs richesse）」——彼らは自らをそう呼んでいます——は、議論、世論の喚起、ならびに民衆教育を通じて、「豊かさをつくる主体」を市民の手に取り戻すことを提案しています。これらの市民組織は、「これまでとは異なる計算方法」の構想を提案しています。これらの企ては、政府の指標の再構築を目指すというよりはむしろ、経済成長モデルに対して異議申し立てをし、市民主体の指標作成を通じて社会の新しい選択を形成することを目指しています。彼らの切り札は、イニシアチブの中心に民主主義を置くことです。

（13）一九九〇年代末にケベック州において、貧困層や不安定労働者（プレカリアート）を支援する社会運動の一環として始まったオルタナティブな指標づくり。国内総生産（フランス語ではPIB=produit intérieur brut と表記される）の枠組みではしばしば見落とされるか過小評価される、非貨幣・非市場の経済活動（ボランティア、連帯経済）を可視化するために作成された。ＰＩＤ運動は現在、フランスにも広がっている。

5 結論

以上の省察から二つの教訓が導き出されます。

第一の教訓として言えることは、豊かさ指標作成の多様な運動は、技術官僚にゆだねられた制度化の権力がこれらのイニシアチブの一部――その社会変革の能力は、最初の時点では本物である――をどのように歪めてしまうかを示している、ということです。人間開発指標は二〇一〇年に修正され、その高度な専門性は、それまで人びとが同指標に積極的に期待していた公共の議論の道具としての性質を奪ってしまいました。同様に、経済協力開発機構(ＯＥＣＤ)は、個人主義的なデジタル民主主義の波に乗って、各人にインターネット上で複合的な豊かさ指標の加重を修正するよう促しました。そして、より良い暮らし指標(Better Life Index)を正当化し、それをアングロサクソンの生活様式を有効化する道具としてしまいました。

第二の教訓はより楽観的です。それは、社会運動の中において、そして社会運動を通してこそ、解放の運動――すなわち、文明の移行(トランジション)が成功するための条件――の諸要因を構想することが可能である、ということです。新しい豊かさ指標の中では、いくつかのイニシアチブは、〔社会に存在する〕潜在的な力のさまざまな表象に関して、数字と統計が持つ力の重要性を建設的に考察することを可能にします。この点において、これらのイニシアチブは、民衆教育を通じた解放と一致します。そして、これらの指標を通して可能になるのは、実に多くの活動が、経済効率性の物差しに従う場合にはほとんど正当化されないけれども、その影響力のスペクトルを他のさまざまな基準にまで拡大すると完全な正当性を持つことが示されるということです。

これはまだ萌芽的な段階にすぎません。しかし、さまざまな市民組織の中には、技術官僚的な支配と経済学的査定の対極において発達する解放の動きの要因が存在しています。

【原注】

〔１〕Polanyi, Karl. (2007). Le sophisme économiciste. *Revue du MAUSS,* No. 29, pp. 63-79.

〔２〕Méda, Dominique. (2008) [1999]. *Au-delà du PIB. Pour une autre mesure de la richesse. ed.* Champs Actuel.

〔３〕*ibid.*, p. 13.

〔４〕Colletis, Gabriel. (2012). *L'urgence industrielle.* ed. Le Bord de l'eau, coll. Retour à l'économie politique.

〔５〕Levet, Jean-Louis. (2006). *Pas d'avenir sans industrie*. Paris, ed. Economica.

〔６〕Vanoli, André. (2002). *Une histoire de la comptabilité nationale*. Paris, ed. La Découverte.

〔７〕Fourquet, Francois. (1981). *Les Comptes de la puissance. Histoire politique de la comptabilité nationale et du plan.* Encres, Editions Recherches, p. 7.

〔８〕Vanoli, *op. cit.*, p. 36 et ss.

〔９〕FAIR. (2011). *La Richesse Autrement.* Hors-Serie Alternatives Economiques, No. 48, février.

〔10〕Boutaud, Aurelien, et Gondran, Natacha. (2009). *L'empreinte écologique.* La Découverte, collection Repères, Paris.

〔11〕 Méda, *op. cit.*

〔12〕 Stiligtz, Joseph, Sen, Amartya, and Fitoussi, jean-Paul. (2009). Report of the commission on the measurement of economic performance and social progress. *Report to the French President.*

〔13〕 Jany-Catrice, Florence et Méda, Dominique. (2013). Les nouvelles mesures des performances économiques et du progrès social : le risque de l'économicisme. *Revue du MAUSS*, No. 41.

〔14〕 Amiel, Marie-Helene, Godefroy, Pascal, et Lollivier, Stefan. (2013). Qualité de vie et bien-être vont souvent de pair. *Insee Premiere*. No. 1428, janvier, p. 3.

〔15〕 Polanyi, Karl. (1983) [1944]. *La grande transformation, aux origines politiques et économiques de notre temps.* Paris, ed. Gallimard, Bibliotheque des sciences humaines.

〔16〕 Bouleau, Nicolas. (2011). Raisonnement économique et biodiversité. *mimeo*.

〔17〕 Meadows, Dennis. (2012). *Les Limites à la croissance*. Rue de l'Echiquier, coll. Inital(e)s DD.

〔18〕 Jany-Catrice, Florence. (2010). La longue marche vers de nouveaux indicateurs sur les territoires. *Revue Savoir/Agir.* ed. Du Croquant, No. 10, pp. 93-101.

〔19〕 Santi, Daniel. (2012). *Vivre en harmonie : le projet politique des Sarayaku.* Revue Projet, No. 331, décembre, pp. 50-55.

第8章 社会のすべてが商品となるのだろうか?
——資本主義の危機に関するポスト・ポランニー的省察

ナンシー・フレイザー

1 三つの次元における危機

わたしたちは現在、きわめて深刻で複雑な危機の時代を生きています。しかし、この危機を解釈するための概念的枠組みを持っていませんし、ましてや解放を実現する方向でこの危機を解決することに役立ちうるような枠組みも持っていません。今日の危機が多次元的なものであることは明らかです。それは経済的・金融的次元だけでなく、生態学的、社会学的、政治的次元に及んでいます。これらの次元の中で、わたしは次の三つをとくに重要なものとしてとりあげたい。

第一に、生態学的な次元があります。生態学的な危機は、地球の再生不可能な資源の枯渇、地球温暖化に見られるような生物圏の破壊の進行によって現れてきています。

二番目としては、金融化によってもたらされる危機があります。これは、どこからともなく現れた、実体のない(証券の)紙切れの上での価値しか持たない大きな影の経済(シャドウ・エコノミー)をつくりだしました。この影の経済は、しかし、実物経済を破壊し、何十億人の民衆の生活(livelihood)を脅かす可能性があるものです。

最後に、社会の再生産に関する危機があります。これについては、新自由主義の影響のもとで、一部の人たちが「ケア」とか「感情労働」と呼ぶものに対する——より広く理解するならば、社会的紐帯を創造し維持するために必要な人間的能力に対する——抑圧が強まっていることが挙げられます。たとえば、若者の社会参加を促したり、コミュニティをつくったり、社会で共有されたさまざまな意味、情動的な能力、社会的な協力関係を支える価値の地平を再生産したりする仕事などに対する抑圧です。

こうした危機の水脈は、個別に見ても十分に恐ろしいものです。それらすべてを合わせて考えると、実に不安で恐ろしい未来図が現れます。現在の危機の際立った性質、その類例のない深刻さは、生態学的、金融的、社会的次元の三つが組み合わさっている点にあります。

これらの条件のもとでは、あるひとつの結論が必然的に導き出されます。それは、現代批判理論はこれら三つの危機の次元のすべてを包括するものでなければならない、ということです。批判理論がこれら三つの危機の次元のひとつひとつの特性を明らかにしなければならないのは、もちろんのことです。しかしまた、批判理論は、危機の生態学的次元、金融化の次元、社会の再生産に関する次元が相互に連関しているその様態も明らかにすべきです。最終的に、批判理論は、これら三つの危機の水脈がわたしたちの社会の深部構造におけるある共通の源から出てきており、これら三つの水脈がある共通の文法を共有している可能性を検討しなければなりません。[1]

しかし今日、わたしたちにはそのような批判理論が欠けています。危機に関するわたしたちの通俗的な理解は単一の側面――その多くは経済的側面か生態学的側面――に焦点を当て、それらを他の側面とは独立したものとして扱うか、あるいはその他の側面よりも重要なものとして扱う傾向があります。多くの場合、エコロジー問題に取り組む理論家は、自然の危機を金融危機と切り離します。他方で政治経済学分野の批判理論家の多くは、金融に関する領域をエコロジーと結びつけることに失敗しています。いずれの陣営も、社会の再生産に関する危機に多くの注意を払っていません。社会の再生産の危機は、ジェンダー・スタディーズとフェミニスト理論の領域となっており、それゆえに学問研究の中で孤立しています〔2〕。

しかし、そのような「学問研究の批判的な分離主義」は非生産的です。現在の文脈では、危機は明らかに既述した三つの次元において起こっているので、生態学的次元、経済的次元、社会的次元を結びつけるこれまで以上に幅広い統合的なアプローチが必要とされます。一方では経済還元主義を断ち切り、他方ではわたしが「エコロジー還元主義」と呼ぶ傾向も断ち切りながら、わたしたちは、これら三つの危機の次元を包括し、それらの間の関係を明らかにしようとする大きなスケールを持った社会理論を構築するプロジェクトを再生する必要があります。危機の性質と根源を明確にすることで、そのようなパースペクティブは解放のための展望の開示を模索することにもなるでしょう。

カール・ポランニーの思想は、そうした理論の構築のための有効な出発点です。一九四四年に出版されたポランニーの古典的名著『大転換』は、エコロジー、政治経済、社会の再生産が結びついて起こった初期の危機を説明しています。同書は危機を、一九世紀英国における経済自由主義の台頭とともに始まり、帝国主義的な従属の強化、周期的な経済恐慌、破局的な戦争をもたらしながら、一世紀半にわたって世界全体を包み込むに至った多面的な歴史的過程として捉えています。

さらにポランニーにとって、この危機は、狭い意味での経済体制の崩壊に関わるものではなく、コミュニティの解体、生存基盤の破壊、自然の破壊に関わるものでした。危機の根源は経済体制内の矛盾に帰趨するのではなく、社会に対する経済の位相の歴史的転換に帰趨するものでした。市場が社会の諸制度に埋め込まれ、道徳的・倫理的規範や政治的規制に服するという普遍的な関係を転覆することで、「自己調整的な市場」の提唱者たちは、社会、道徳、倫理、政治が市場に従属する世界、そしてまたそれらが市場をモデルにさえもする世界を建設しようとしました。彼らは労働、土地、貨幣を生産要素と捉え、これら社会生活の基盤をあたかも通俗的な商品であるかのように扱い、市場における交換活動に服従させたのです。

ポランニーがそう呼んだ「擬制的商品化」の影響は、暮らしの場、生存基盤、コミュニティにとってあまりにも破壊的であったために、「社会の保護」を求める対抗運動が起こりました。その結果、彼が「二重運動」と呼んだ類例のない社会的対立の傾向が生じました。二重運動とは、自由市場経済の推進者と社会的保護の推進者との間で繰り返し起こる対立のことであり、それは政治的停滞を生み、最終的にはファシズムと第二次世界大戦を導きました[3]。

ここにこそ、学問研究の批判的分離主義の二つの形態を回避する危機の説明があります。経済還元主義とエコロジー還元主義の両方を否定することで、『大転換』は金融危機と経済崩壊の説明と自然環境破壊と社会的結合の崩壊の説明を結び合わせます。

これらすべての現象は、危機の解決に失敗し、危機を悪化させてしまった手に負えない政治的対立の影響を受けていました。ポランニーは、その分析の眼差しを経済的次元か生態学的次元のいずれかに限定することを拒否し、これら二つの次元と社会の再生産の次元のすべてを包括する危機の理論的把握を発展させたのです。さらに言えば、社会の再生産の次元を加えることで、彼の理論的枠組みは、少なくとも原理原則の部分では、フェミニズムが掲げる多くの問題関心を内包し、それらをポリティカル・エコロジーの研究者と政治経済学者の問題関心に結びつけることを可能にしています。

以上の点だけを見ても、ポランニーは、二一世紀の危機を理解しようとしている人にとっての有力な知的水源であると言えるでしょう。しかし、今日彼に注目する特別な理由は、ほかにもあります。『大転換』において語られている物語は、現在発展中のさまざまな現象と共振するものがあります。今日の危機は、第二次世界大戦直後に確立した（国家的・国際的な）ガバナンス（統治）の体制から市場を離床させようとする近年の政策によって引き起こされているのですが、『大転換』には、そのような見方に少なくとも何らかの真実性を与える議論が存在するのです。

今日わたしたちが「新自由主義」と呼ぶものは、ポランニーの歴史研究において記録されている危機の温床をつくった「自己調整的な市場」への一九世紀的信仰の再来にほかなりません。当時も現在も、この信仰を実行しようとする試みは、自然と労働と貨幣を商品化する動きを推進しています。二酸化炭素排出権取引のための市場やバイオテクノロジー市場を見てごらんなさい。あるいはチャイルド・ケア、学校教育、高齢者介護の市場化や金融派生商品市場を見てごらんなさい。当時も現在も、商品化は自然環境を破壊し、コミュニティの解体を導き、生存基盤の崩壊を引き起こします。

さらに言うと、ポランニーの時代と同様、今日でも、対抗運動は市場の破壊的効果から社会と自然を守るために働きかけています。当時も現在も、自然、社会の再生産、グローバルな金融経済をめぐる社会闘争は、危機の中核と発火点となっています。表面的には、今日の危機は第二の大転換——大転換の再来——と捉えられています。

多くの理由から、ポランニーの理論的視座は、現代批判理論の構築に関して多大な有効性を持っています。しかし、急ぐあまり、彼の理論を無批判に賞賛してはなりません。経済還元主義とエコロジー還元主義を克服しているとはいえ、注意深く検討するならば、『大転換』には大きな欠陥があります。

「自己調整的な市場」の破壊的影響に執拗に焦点を当てるあまり、同書は市場を囲む「社会」において派生するさまざまな弊害を見落としています。商品化がコミュニティに与える負の影響に専心するあまり、同書はコミュニティ内部に存在するさまざまな不正義——奴隷、封建制、家父長制など——を無視しています。これらの不正義は、労働と土地と貨幣を「非商品」として社会的に構築することによって生じました。

市場化を糾弾しながら、ポランニーのこの著作は社会的保護を理想化しています。その結果、諸々の保護策がしばしば階層格差（ヒエラルキー）と排除を生み出してきたことに留意することに失敗しています。(1)「良い経済」に対して「悪い経済」を対置させることで、『大転換』は共同体主義の誘惑から逃れることができておらず、支配に対する感覚が不十分です。(4)

必要なのは、ポランニーの理論的枠組みの修正です。その目的は、経済還元主義とエコロジー還元主義を克服するだけでなく、「社会」の理想化と物象化を回避し、支配の隠蔽を回避する、新しいポスト・ポランニー的な理論的視座の構築を目指すものでなければなりません。これこそが本稿の目的です。「経済」だけでなく「社会」を包括的に理解する批判理論の発展を目指して、わたしは、ポランニーの代表的概念のひとつ、擬制的商品概念の検討を提案します。わたしが主張したいのは、擬制的商品概念は現在の危機の包括的かつ構造的な分析のための有力な基礎となる一方で、支配に対して敏感に反応し、批判的になる形で再構築される必要がある、ということです。

2　擬制的商品化をどう解釈するか？

では、ポランニーの擬制的商品化概念の説明から始めましょう。

(1) この論文の3節で著者が触れているように、家庭維持最低賃金制度（Family Wage）の導入によるジェンダー格差の再生産などが挙げられる。

ポランニーによると、一九世紀英国の資本主義は、「経済」と「社会」の間に歴史的に存在しなかった関係をつくりあげました。それ以前は、市場は経済的生活の「単なる装飾的存在」であり、独立した「経済」と呼ばれるものは一度も存在していません。生産と分配は「非経済的」な諸制度（たとえば、親族関係、共同体、国家）によって組織され、非経済的な規範（宗教的、共同体的、政治的、道徳的規範）に服していました。これら非経済的な規範によって、誰が、どのような条件のもとで、何を売買できるのかが決められていました。需要と供給の法則にのみ従う「自己調整的な市場」という考えは、そのような時代にあっては想像不可能なものでした。

ところが、「市場経済」というまったく新しい観念が発明されることで、すべてが変わります。それまでのすべての理解を否定し、市場経済という考えの提唱者たちは、社会の他の領域から制度的に分離され、市場メカニズムによって完全に運営・統御される、独立した経済システムを構想しました。このシステムの中では、あらゆる生産活動は、価格設定機能を持つ市場で販売されるために組織され、需要と供給の法則によって自動的に統御されると想定されます。奢侈品や生活基本財だけでなく、人間労働、一次資源、金融クレジットを含めた生産活動の投入要素のすべてが、そのような「自己調整的な市場」の上で取引されると考えられたのです。

その結果、市場関係の論理が社会的生活のあらゆる側面に導入されることになりました。独立した「経済」として構想されたものは、最終的に経済を取り囲む社会を侵食し、社会を経済のイメージに従って再構築するに至ったのです。「市場経済」は「市場社会」においてのみ存在することが可能となりました。

しかし、ポランニーにとって、この「市場社会」という理念はそもそも実現不可能なものです。労働と土地と貨幣が通俗的な商品と同じように取引されうると考えることは、社会がその隅々まで商品となりうると仮定することにほかなりません。この仮説は完全に擬制的（fictitious＝真理というよりはむしろ、人為的につくられたもの）であり、この仮説を実行に移そうとするならば正反対の結果を導くことになる、とポランニーは主張します。社会の商品化は、一方では社会の危機を、他方では資本主義の危機を生み出すだけである、社会のすべてを商品化することは不可能である、とポランニーは述べています。

わたしの理解では、彼の推論は次のようなものです。それは、商品生産と商品交換関係の領域は、非商品的社会関係が背景にあるからこそ可能となるので、商品形態を普遍化する試みは、商品生産と商品交換の領域が依拠する非商品的社会関係の基礎を破壊することによって、必然的にその領域自体を動揺させることになる、というものです。わたしの読解では、擬制的商品化とは、市場の可能性の条件を商品化する試みなのです。労働と土地と貨幣を完全に商品化する試みは理論的に整合性に欠けており、自己破壊の要素を内在しています。自分の尻尾に噛み付く虎のようなものです。

このように読み解くと、ポランニーの擬制的商品概念は自由市場資本主義（free market capitalism）に内在する自己矛盾的性質を強調していることがわかります。ちょうどマルクスが資本主義の中に利潤率の低下傾向を見出したのと似ています。しかし、マルクスと異なり、ポランニーは資本主義の矛盾を一つだけでなく、生態学的次元、社会的次元、金融的次元の三つの次元において同定しました。これらひとつひとつの次元は「生産の必要条件」に関連しています。資本はこれらの生産条件を必要としますが、同時に破壊する傾向にあります。

生態学的危機の場合、問題となっているのは、生命を維持し、社会生活を営むための物質的要素を供給するプロセスです。社会の再生産の危機の場合、問題となっているのは、社会的協力関係の基礎となる連帯関係・情動的能力・価値の地平を提供し、また、「労働」を担えるような、適切に社会化され技能を修得した人間を育てる社会的・文化的プロセスです。金融危機の場合、問題となっているのは、遠距離の交換活動を指導し、経済発展の舵取りを行い、未来のために価値を確保しておくための能力、すなわち、空間においても時間においても広範囲にわたって相互作用を起こす能力です。

したがって、それぞれの場合において問題となっているのは維持可能性(サステイナビリティ)です。一方では資本主義の維持可能性が、他方では社会と自然の維持可能性が問題となっているのです。

その当然の帰結として、現在、維持可能性の解釈をめぐって三つの異なる潮流が現れています。エコロジー派は、自然を擬制的商品として資本主義に取り込む傾向が一層強化されるにしたがって、生命を維持し、商品生産のための物質的インプットを提供する自然の基盤が修復不能なレベルまで崩壊してきている、と主張します。フェミニストは、女性労働と感情労働のより一層の商品化が、「労働力」の供給ならびに社会そのものが依拠する社会の再生産能力を破壊している、と主張します。マルクス主義とケインズ主義の潮流は、金融化が、社会の再生産のための政治的能力だけでなく、資本蓄積のための貨幣的前提も破壊していると主張しています。

これらの批判のひとつひとつは強力であり、さらに発展させていく価値のあるものです。しかし、それぞれの批判はより大きな全体の中の一側面だけを捉えているにすぎず、他の批判と結びつく必要があります。これらの批判の結合は、ポランニーの擬制的商品化概念を媒介にすることで可能となります。ただしそれは、擬制的商品化概念が共同体主義的傾向から決別し、支配に対して敏感になったときのみに可能になるのです。

3　二一世紀の擬制的商品化

労働の商品化

では、労働の商品化から始めましょう。この問題に関してポランニーは熟知しており、一九四四年の著作（『大転換』）において、資本主義のフェミニスト批判――彼自身が発展させることはなかった批判――の基礎を用意しています。ポランニーは自身の研究を労働力の搾取の批判に閉じ込めることなく、労働の商品化をより幅広い視座の中に位置づけました。つまり、社会一般および市場経済における交換活動に不可欠な社会的紐帯の維持に関わる、すなわち社会の再生産に関わる視座の中に労働の商品化の問題を位置づけたのです。

この視座を採用することで、ポランニーは、プロレタリアート階級の形成は、労働力の搾取と極貧化だけでなく、コミュニティの崩壊と連帯的な社会関係の衰退に関わる問題であると理解しました。それゆえに、労働の極端な商品化は、意味の世界、情動的能力、および社会と経済を支える価値の地平を脅かし、さらには資本が要求する適切な技能を身につけて社会に適応できる「労働力」の提供を不可能にする、と考えたのです。それゆえ彼は、プロレタリアート化が蔓延する社会的条件のもとでは、社会の再生産は必然的に危機の発火点かつ社会的闘争の場となる、と理解しました。

ポランニーが観察したように、その結果として起こったのは、二つの社会的勢力の間の歴史に残る闘争でした。つまり、労働からその生活世界の背景を剥ぎ取り、労働を利潤追求のための「生産要素」に転換することを目指す自由市場経済中心の自由主義と、労働を常に包み込み、それに社会的意味を与えていた生活世界・家族・コミュニティを守ること、つまり社会的保護を目指す集団との間の闘争です。

しかし、ポランニーの視座は、その慧眼にもかかわらず、大きな盲点をかかえています。彼が言及し損ねたのは、「労働力」の擬制的商品化は「ケア」の非商品化と同時進行で起こっているということです。社会の再生産に関わる非賃金労働は、賃金労働を可能にする必要条件を提供しました。賃金労働は、家事労働、子育て、学校教育、情動的なケア労働、およびその他、社会的紐帯と社会で共有される意味の理解を維持する諸活動がなくては存在できなかったのです。

ところが、賃金報酬を得る「生産的」労働と賃金報酬を得られない「再生産」労働の間の分断は極端にジェンダー化された分断であり、それによって、近代資本主義における女性の服従が正当化されました。資本主義社会の深部にあるジェンダー支配の構造を見過ごすことで、ポランニーは、彼が理解するところの「社会的保護」の中心に「家庭維持最低賃金（family wage）」[2]――つまり、家族を養うのに必要な賃金水準――という理想を置く危険を冒しました。この場合、保護されるのは「社会」そのものというよりはむしろ、ジェンダーの階層格差に基づく諸々の制度体系でしょう。[5]

そのため、社会的対立の文法に関するポランニーの理解を修正しなければなりません。彼は、「社会的保護」に反対するフェミニスト闘争――雇用に対する女性の権利の要求など――の歴史を無視しており、労働の商品化をめぐって起こる社会闘争が実際には三つの次元に及ぶことを認識することに失敗しました。社会闘争には、自由主義市場の擁護者と社会的保護の提唱者だけでなく、「解放」の運動家たちもいるのです。

（２）最低賃金（living wage）が個人の最低限の生活を維持する賃金水準を指すのに対し、家庭維持最低賃金（family wage）とは、家族全員の生活の必要を満たすために世帯主が必要とする最低限の賃金水準を指す。家庭維持最低賃金は二〇世紀前半に社会正義への配慮から提案されたが、男性が世帯主として家族を養う伝統的な家族構造を前提としており、しばしばフェミニストから批判の対象となっている。『フェミニズムの運命――国家管理型資本主義から新自由主義的危機まで』（*Fortunes of Feminism: From State-Managed Capitalism to Neoliberal Crisis*, 2013 未邦訳）の第４章で、フレイザーは同制度に関して、現代の多様化した家族形態や家族観に適合せず、男性中心主義的な家族観を強化し、母子家庭などに対するジェンダー差別を再生産する危険があると批判している。

「解放」の運動家たちの主要な目的は、市場化を推進するのでも市場から社会を保護することでもなく、支配から自由になることです[6]。解放の対象にはフェミニストが含まれるのはもちろんですが、それ以外にも、数十億人の奴隷、封建農奴、農民、人種差別を受ける人びと、スラムや貧民街の住人も含まれます。彼ら・彼女らにとって、賃金は、奴隷労働、封建的隷属、人種的従属、社会排除、帝国主義的支配、性差別、家父長制からの解放を約束するものです。これらの行為主体は、自らの労働力を商品として売ることをできなくする抑圧的な保護に断固として反対してきました。しかし、だからといって、彼ら・彼女らが自由市場経済中心の自由主義の擁護者となったわけではありません。

むしろ、彼ら・彼女らの社会闘争は、ポランニーが同定した二つの軸の上位に位置づけられる社会運動の第三の軸を構築しました。市場化の軸と社会的保護の軸だけでなく、解放の軸が存在するのです。したがって、ポランニーの言うような二重運動(a double movement)ではなく、市場化――社会的保護――解放の「三重運動(a triple movement)」が存在するのです[7]。

この修正された視座によって、現在の危機に内在する「労働」に関わる次元をよりよく理解することが可能となります。男性支配と女性の解放という問題構制(プロブレマティーク)を導入することで、わたしたちは、一般的なポランニー的説明の中で見えなくなっている現在の社会的状況の布置の重要な側面を把握できるようになります。もちろん、これらの説明が示唆するように、新自由主義的なグローバリゼーションの結果、賃金労働はどこでも危機的状況に陥っています。前代未聞の高失業率、労働組合に対する攻撃、世界人口の約三分の二が公式の労働市場から非自発的に排除されている事実を見てください。

でも、それがすべてではないのです。事態はさらに進展し、これまで非賃金労働と見なされていた社会の再生産に関する活動が、現在では商品化されつつあります。たとえば、子どもの養子縁組、チャイルド・ケア、乳幼児ケア、性サービス、高齢者ケア、臓器を取引するグローバル市場があります。加えて、ますます多くの女性たちが今日、賃金労働に採用されているという事実があります。

このように、新自由主義は、社会の再生産に関する非賃金労働を一手に担っていた人びとをプロレタリアート化しているのです。新自由主義は、社会福祉の公的供給の削減と国家による社会的インフラの供給の抑制を主張しているまさにその時代に、女性のプロレタリアート化を進めています。その結果現れるのは、ケアの格差(the care gap)です。

ケアの格差を埋めるために、グローバル資本主義は相対的に貧しい国から相対的に豊かな国へ移民労働者の流入を進めています。典型的に見られるのは、これまで経済的に豊かな女性たちが行ってきた再生産労働・ケア労働を引き継ぐのは、貧しい地域からやってくる被差別人種かつ／もしくは農村部の女性たちであるということです。しかし、このようなことを実行するには、移民労働者は、家庭やコミュニティにおける自らの責任を他人に、つまりさらに貧しい地域出身のケア労働者に、移譲しなければなりません。そして後者は、また同じことをしなければなりません。

こうして、かなり長い「グローバルなケア労働の連鎖(global care chain)」の中で、貧しい人びとにケア労働の責任転嫁が続いていきます。その結果現れるのは、ケア格差を埋めるのとはほど遠いものであり、経済的に豊かな家庭から貧しい家庭へ、北側諸国から南側諸国へと、ケア労働の移転が進むのです[8]。

擬制的商品化の新たな、強化された形態は、ここにこそ見出されます。商品化された労働を可能にする非商品化された社会背景を形成していた諸活動が、現在では商品化されつつあります。その結果、虎が自分自身の尻尾にさらに深く噛みつくように、危機はますます深まっていくしかありません。

近年、「家庭」や「仕事」の社会的構築をめぐるさまざまな闘争が一気に現れてきているのは当然のことだと思います。たとえば、さまざまなフェミニズム運動や女性による運動の台頭、住居・ヘルスケア・就労トレーニング・所得支援への権原（エンタイトルメント）を守ろうとする草の根のコミュニティ運動の台頭、移民・家事労働者・公務員の権利を求める運動の台頭、民間高齢者介護施設、病院、保育所でソーシャル・サービス労働を行う人びとの権利を求める運動の台頭などです。

これらの社会闘争は二重運動の形態をとっていません。これらは三つの次元に及ぶ闘争として、すなわち新自由主義者と社会的保護の提唱者だけでなく、「解放」の運動家を含めた闘争として捉えることで、その性質をよりよく理解できます。

自然の商品化

次に、自然の商品化を検討しましょう。ここでもまた、ポランニーは示唆深く、一九四四年の著作の中で資本主義の生態学的批判の基礎を開拓しています。彼は、自然は社会生活一般ならびに商品生産の双方にとって必要不可欠な前提条件であると理解していました。また、自然の度を超えた商品化は持続不可能であり、社会と経済を不安定にさせることも理解していました。それゆえに、生産要素と規制不在の市場交換に還元されたとき、自然は危機の発火点となると彼は理解していたのです。

さらに、そのような自然の商品化は抵抗運動を誘発し、市場の破壊的行為から自然と人間の住環境を保護する運動の台頭を導きました。ポランニーはここでも「二重運動」を、すなわち環境保護派と自由市場推進派との間の闘争を描きました。

彼のこのような視座が今日重要な示唆を与えていることは、疑うべくもありません。二一世紀において、自然の商品化はポランニーが想像した以上に進行しています。たとえば、水の民営化、生物工学によるターミネーター種子〔次世代以降が発芽できない種子〕の開発、遺伝子の特許化がそうです。このような現代的現象は、彼が著作の中で触れた土地の囲い込みやトウモロコシの自由貿易よりもずっと破壊的で、社会を不安定にさせるものです。

すでに存在する自然界の物質を交易の対象にするのとは大きく離れて、これらの現代の商品化形態は新しい対象を生み出します。つまり、自然界の仕組みを深部まで調査し、自然に内在する文法を書き換えるのです。それはちょうど、工業生産の流れ作業が人間労働の文法を変えたのと同じようなものです[9]。マルクスの用語を使用するならば、擬制的商品化のこの新たな形態は、自然の資本主義への「形式的な取り込み(formal subsumption)」ではなく、「実質的な取り込み(real subsumption)」であると言えるでしょう[10]。

したがって、現在、自然はまさしく商品販売のために生産されるのです。さらに、地球の再生不可能な資源の枯渇は現在、ポランニーの時代よりもはるかに進んでいます。そのため、地球規模での生態系の崩壊の可能性が高まってきています。

そのうえ、自然の市場化の歪みに対する新自由主義の対案は、さらなる市場化です。二酸化炭素排出権取引のようないびつなものを扱う市場や、それよりもさらにいびつな、二酸化炭素排出トランシェなどの「環境デリバティブ(環境に関する金融派生商品)」を扱う市場の登場です。後者は、二〇〇八年にグローバルな金融秩序を崩壊させ、現在ゴールドマン・サックス証券によって活発に取引されているサブプライム・ローンをモデルにつくられた金融商品です[11]。

自然をめぐる闘争が近年急激に拡大したのは、不思議ではありません。環境運動・先住民運動の台頭を見てみましょう。これらの運動は、一方では企業の利益と「開発」の推進者に対して、他方では失業を恐れる労働者および潜在労働者に対して、闘いを挑んでいます。自然が危機の発火点となる時代があるのだとしたら、それは現代です。しかし、これらの社会的対立は、労働やケアに関する社会的対立と同様に、新自由主義者と環境主義者の間の単純な二分化した闘争の形態をとるものではありません。

労働と同じように、自然は、労働組合、先住民族、エコフェミニスト、エコ社会主義者、環境的人種差別反対者などを含む、複雑な社会的力の束の対立点のひとつです。解放への運動をも含めるこのような闘争は、自然の商品化を極端に禁止するロマン主義的な環境原理主義的パースペクティブが間違いであることを開示します。それはちょうど、フェミニズムによる家父長的保護政策の批判が、ケア労働の商品化を禁止するロマン主義的な共同体主義的アプローチの間違いを明らかにするのと同じようなものです。したがって、この場合でも、あらゆるノスタルジーとは無縁の、支配の批判と結びついた社会構造の批判が必要とされるのです。

貨幣の商品化

最後に、貨幣の商品化について考察しましょう。この場合もポランニーは先駆者です。二一世紀において、金融化は、彼の想像力をはるかに超えた新たな高みに到達しました。金融派生商品（デリバティブ）の発明およびその増殖と拡散によって、貨幣の商品化は社会生活の実質的側面（materiality）から切り離され、一人歩きするようになったのです。現実から乖離し、制御不可能となった「証券化」は、金融リスクの大津波を引き起こしました。その結果、世界経済はほぼ壊滅状態となり、政府は機能不全となり、コミュニティは壊滅し、サブプライム・ローンの犠牲となる住民が大量に出現し、何十億人の仕事と生計が破壊されました。

さらに金融化は、ユーロ、欧州連合（EU）、そしてあらゆる民主主義的な主張を破壊しようとしています。なぜなら、銀行家たちが議会を常に支配し、彼らの計略を実行する政府を導入するからです。

そうであるならば、左派の運動も右派の運動も保護政策を求めているときに、政治がどこでも危機的状況にあるのは驚くべきことでしょうか。ポランニーの時代以上に、金融は資本主義の危機の中心にあります。

ただし、ここでもまた、ポランニーの視座は大きな盲点をかかえています。彼は近代領土国家を社会的保護の主要な領域かつ主体として捉えていたため、国家の規制能力が国際的な制度環境に大きく依存すると考えていませんでした。このような理由から、二〇世紀初期の自由貿易体制を批判しました。なぜなら、当時の自由貿易体制はヨーロッパ諸国家から貨幣供給に対する統制能力を奪い、これら諸国家が完全雇用政策と赤字財政支出政策を採用することを不可能にしたからです。しかし、彼の議論が示唆する解決策は、国民通貨のコントロールを再導入する新しい国際体制でした。つまり、国家レベルで保護政策を導入することです。ポランニーが予見しなかったのは、第二次世界大戦後に確立した「国家に埋め込まれた自由主義（Embedded Liberalism）」が特定の国家体制を裨益するものであったということです。[12] 脱植民地化の時代に、帝国主義は、新しく独立した旧植民地と彼らの宗主国との間の不均等交換に基づく、新しい――間接的な――「非政治的な」形態をまといました。この不均等交換の結果、世界システムの中心にある富裕国は、彼らの旧植民地の「臣民」の支えの上に、国内の福祉体制を経済的に維持し続けることができたのです。

富裕国と旧植民地国との間の格差は、新自由主義の時代の構造調整政策によって悪化しました。国際通貨基金（ＩＭＦ）などの国際機関は、債務という武器を利用して脱植民地化した諸国家の保護能力をさらに削減し、これらの諸国に自国の資産を手放し、市場を解放し、社会的支出を削減することを強制しました。それゆえに、歴史的に見て、国際的な制度環境は、国際市場の制御困難な変動から自国の国民を保護する能力に関して、諸国家の間に格差を生み出したのです。社会的保護のフレーミング（制度設計）を誤ったために、国際的な制度環境は、中心国の市民を守りましたが、周辺国の市民を守りませんでした[13]。

事実、ポランニーが構想した国家の社会的保護政策は、世界全体に適用されうるものでは決してありません。北側諸国におけるその有効性は、常に南側諸国から搾取した価値に依拠していました。このように、第二次世界大戦後の社会民主主義という国内的には最も平等主義的な体制すらも、国際的な新帝国主義的収奪の上に成り立っていたのです。

今日、左派陣営の多くが警鐘を鳴らしてきたように、またギリシャ国民が債務危機の渦中で発見したように、経済・通貨統合体としてのヨーロッパの構築は、それに対応する政治的・財政的統合がともなわなければ、より幅広いヨーロッパ・レベルの保護能力を生み出さずに、単に加盟国の保護能力を無力にするだけです。しかし、これがすべてではありません。

グローバルな金融規制が不在である現在、非常に豊かで経済的に自立した国でさえ、「底辺への競争」を強いるグローバル市場の圧力にさらされて、国家の社会的保護政策の運営に苦労しています。金融のグローバル化は、社会的保護の空間と主体を構想する新しい――ウエストファリア体制を超えた（post-Westphalian）――方法を要請しています。金融のグローバル化のもとでは、保護を受ける権原を持つ集団と金融リスクを被る集団が一致する空間の構想が必要となります。また、国境を越える企業権力を効果的に統御し、グローバル金融を安定化する十分に強力で幅広い保護能力と規制力を持つ主体の構想が必要となります[14]。

金融をめぐる今日の闘争が、ポランニーの提案する二重運動の図式に当てはまらないのは当然です。彼が予見した新自由主義者と国家による保護主義者に加えて、わたしたちの時代には、オルタ・グローバリゼーション運動、グローバルあるいは越境的な民主主義を求める運動、金融を転換する運動――利潤追求型の事業から、雇用創出、生態学的に持続可能な開発の促進、社会的再生産の支援に利用されうる社会的効用を目指す方向へと金融を転換する運動――がります。また、現存するさまざまな支配の形態と闘う運動も存在します。これらのアクターは、社会的保護を解放と結びつけることを目指す新たな展望を提示しています。

以上で述べたことのすべては、労働と土地と貨幣を危機の中心点かつ発火点として捉えた点でポランニーは正しかった、ということを示しています。しかし、わたしたちが現在、彼の見解を活用していこうとするならば、擬制的商品化が起こる社会構造の批判を支配の批判と結びつけながら、彼の視座を複雑化していかねばなりません。

4 結論

結論として、本稿の最初に強調した点に戻りましょう。自然・社会の再生産・金融を中心に危機を理解する目的は、これら三つの次元を分離して扱わないためです。むしろわたしたちの目的は、これら三つの次元のすべてを把握し、エコロジスト、フェミニズム理論家、政治経済学者の問題関心をつなぐことができる、ひとつの包括的な枠組みを発展させ、批判理論の分離主義を克服することにあります。

これら資本主義の危機の三つの次元は、はっきりと分離されるものではありません。それらは、それぞれの次元に対応する擬制的商品化の過程がそうであるように、密接に関わり合っています。すでに指摘したことですが、新自由主義者は、あらゆる政府に対して、社会的支出の緊縮を通じた財政赤字削減を強要しています。その結果、家族やコミュニティは、その成員をケアし、社会的紐帯を維持する能力を破壊されます。こうして、金融危機に対する新自由主義者の対応は、社会の再生産を不安定にします。

同様に、わたしは、環境デリバティブ分野における新たな金融投機にも言及しました。このような「緑の金融（グリーン・ファイナンス）」が生み出すのは経済の崩壊だけでなく、生態学的なメルトダウンでもあります。なぜなら、迅速で投機的な余剰利益が約束されると、資本は、再生可能エネルギーの開発ならびに化石燃料依存の生産様式と生活様式の転換に必要な長期的かつ大規模な投資から撤退してしまうからです[15]。その結果起こる環境破壊は、社会の再生産の過程をさらに阻害し、たとえば、石油・水・空気・耕作地をめぐる争奪戦、またはより幅広い連帯の形成どころか、「ライフボート倫理」[3]、特定の集

（3）米国の環境学者のギャレット・ハーディンが一九七〇年代に提唱した理論。有限な地球を救命ボートにたとえて、環境問題の解決のために、人口爆発する途上国の援助をあきらめる必要性を訴えた。

団のスケープゴート化〔たとえば、難民など〕、軍事主義、そしてファシズムや世界大戦を再び生み出すような紛争などの悲惨な結果をもたらすでしょう。

いずれの場合も、金融とエコロジーと社会の再生産が別々の事柄ではなく、深く密接に結びついていることを理解するのに、そのような予測に依拠する必要はありません。

この種の分析は、わたしの分析の核心であり、本稿を終えるにあたって新たに言い直したい四つの主要な論点を例証するものです。

第一に、二一世紀の批判理論は、現在の危機の全体像の理解を志向する統合的な理論でなければなりません。資本主義の危機の構成要素と考えられる三つの主要な危機——生態学的危機、社会の再生産の危機、金融危機——をつなげるために、ポランニーの擬制的商品化概念を採用することは、そのような理論的視座を発展させるよい手がかりとなります。

第二に、二一世紀の批判理論は、商品化の批判を支配の批判と結びつけることでポランニー理論を超えていかねばなりません。この点において、保守的な共同体主義的色合いを持つ擬制的商品化の標準的な読解——すなわち、擬制的商品化の存在論に注目する読解——を拒否し、社会的連帯の解体だけでなく支配の構造にも傾注する構造論的な読解を採用することは、よい出発点となります。

第三に、二一世紀の批判理論は、ポランニーの二重運動概念を越える社会運動の文法を理論化していかねばなりません。二一世紀の批判理論は、市場化を求める闘争と社会的保護を求める闘争だけでなく、解放を求める闘争を視野に入れ、それら三つを横断しながら、「三重運動」の観点から現代の社会闘争を分析しなければなりません。「三重運動」の中では、これら三つの政治的プロジェクト（市場化、社会的保護、解放）は相互に結びつき、衝突を起こします。

最後に、ヒントを挙げるならば、現代の危機に関する批判理論には、この「三重運動」のそれぞれの軸を牽引する価値を統合する複雑な規範的座標軸が必要です。そのような座標軸において、社会的保護を提唱する陣営を動機づける連帯と社会保障に関する正当な関心は、解放の運動にとって最も重要な、「支配を受けない状態（non-domination）」への根源的な関心と統合されなければなりません。

同時に、最も原理的で一貫した自由市場主義者が主張する、消極的自由を無視することがあってもなりません。消極的自由に関心を持つことは、妥当なことです。社会正義に関する幅広い統合的な理解を発展させることで、二一世紀の批判理論を構築するプロジェクトは、ポランニーの見解を称えると同時に、彼の盲点を治癒することにも貢献するでしょう。

【原注】

〔1〕この点に関して、レイラ・ブランストローム、アンドリー・グウ、スティーヴン・ルークス、エイドリアン・パー、ハートムート・ローサ、ビル・シューマン、イネス・バルデスからのコメントに感謝したい。また、研究支援に関して、南アフリカ共和国のステーレンボッシュ先端研究所ならびに英国のケンブリッジ大学人文学客員教授制度に感謝申し上げたい。

〔2〕例外的な研究は、Adelheid Biesecker and Sabine Hofmeister, "(Re) productivity Sustainable relations both between society and nature and between the genders", *Ecological Economics,* Vol.69, 2010, pp.1703-1711.

〔3〕Karl Polanyi, *The Great Transformation, 2nd ed.,* Boston: Beacon, 1944[2001].

〔4〕Don Robotham, "Afterword: Learning from Polanyi", in *Market Society: The Great Transformations Today,* eds., Chris Hann and Keith Hart, 2009, pp.280-281.

〔5〕事実、ジェンダーの階層格差は、第二次世界大戦後の福祉国家によって確立した社会的保護のあらゆる体制の中に組み込まれている。わたしは近著『フェミニズムの運命——国家管理型資本主義から新自由主義的危機へ、そして危機をさらに超えて』(*Fortunes of Feminism: From State-Managed Capitalism to Neoliberal Crisis-and Beyond,* London: Verso, 2013)で、ポランニー理論におけるこの事実の含意について検討している。とくに第10章を参照されたい。

〔6〕社会的保護の軸にも市場化の軸にも還元不可能な第三の軸としての「解放」に関する説明は、拙稿「市場化、社会的保護、解放——資本主義の危機に関する新ポランニー派理論へ」("Marketization, Social Protection, Emancipation: Toward a Neo-Polanyian Conception of Capitalist Crisis", *Business as Usual: The Roots of the Global Financial Meltdown,* eds. Craig Calhoun and Georgi Derlugian, New York: NYU Press, 2011, pp.137-158)を参照されたい。これらの用語におけるフェミニズム政治の分析については、拙稿「市場化と社会的保護の間で——資本主義の危機の文脈におけるフェミニズムの両義性」("Between Marketization and Social Protection: Feminist Ambivalences in the Context of Capitalist Crisis")(前掲書)を参照されたい。

〔7〕「三重運動」概念は、"Marketization, Social Protection, Emancipation,(前掲書)で理論化した。この概念をジェンダー政治に応用した論文としては、"Between Marketization and Social Protection.(前掲書)がある。

〔8〕Nancy Folbre, *The Invisible Heart: Economics and Family Values,* New Press, 2001; Arlie Hochschild, "Love and Gold", in *Global Woman: Nannies, Maids and Sex Workers in the New Economy,* eds. Barbara Ehrenreich and

Arlie Hochschild, Henry Holt, 2002, pp.15-30; Diane Elson, “Gender Justice, Human Rights, and Neo-Liberal Economic Policies”, in *Gender Justice, Development and Rights*, eds., M. Molyneux and S. Razavi, Oxford: Oxford University Press, 2002, pp.78-114; Shirin Rai, *Gender and Political Economy of Development: From Nationalism to Globalisation,* Cambridge: Polity Press, 2002.

〔9〕Vandana Shiva, “Life Inc: Biotechnology and the expansion of capitalist markets”, *Sostenible? 2, 2000: La Biotecnologia,* pp.79- 92; Brian Tokar, *Redesigning Life,* London: Zed Books, 2001; *Earth for Sale,* Cambridge: South End Press, 1997; Joel Kovel, *The Enemy of Nature,* London: Zed Books, 2007.

〔10〕Martin O’Connor, “On the Misadventures of Capitalist Nature”, in *Is Capitalism Sustainable? Political Economy and the Politics of Ecology,* ed. M. O’Connor, Guilford 1994, pp. 125-151; Neil Smith, “Nature as Accumulation Strategy”, in *Coming to Terms with Nature,* eds. Leo Panitch and Colin Leys, *Socialist Register,* Vol. 43, 2007, pp.16-36.

〔11〕Larry Lohmann, “Neoliberalism and the Calculable World: The Rise of Carbon Trading”, in *Upsetting the Offset: The Political Economy of Carbon Markets,* eds. Steffen Böhm and Siddhartrtha Dabhi, Mayfly Books, 2009, pp.25-40, online at http://mayflybooks.org/?page_id=21

〔12〕「国家に埋め込まれた自由主義（Embedded Liberalism）」という表現は、ジョン・ラギーの以下の論文に基づいている。John G. Ruggie, "International Regimes, Transactions, and Change: Embedded Liberalism in the Postwar Economic Order", *International Organization,* Vol.36, No.2, 1982, pp.379-415.

〔13〕社会的保護政策の制度設計の誤謬（misframing）――つまり、保護の道具としての植民地主義政策の誤り――に関する詳細な議論は、拙稿“*Marketization, Social Protection, Emancipation*”（前掲（６））を参照されたい。

〔14〕この点については、Nancy Fraser, *Scales of Justice: Reimagining Political Space in a Globalizing World*（Columbia University Press and Polity Press, 2008）を参照されたい。

〔15〕Larry Lohmann, *op.cit.*

第Ⅲ部

コミュニティの再構築を目指して

――日本の課題

第9章 「脱成長の福祉国家」は可能か
——ポスト資本主義とコミュニティ経済

広井良典

1 問題の所在

本稿では、限りない資源消費や経済成長の追求というパラダイムを乗り越える形で実現されるべき社会のありようを、そこで生成していくべき「コミュニティ経済」という新たな位相に注目しつつ描いてみたい。その際、「脱成長の福祉国家」(または定常型社会ないし緑の分権的福祉社会)というコンセプトを軸とし、同時に「資本主義・社会主義・エコロジーの交差」ひいては「ポスト資本主義」という問題意識を念頭に置いている。最初に本稿の出発点となる関心の背景を要約的に記すと、次のようになる。

一般に、近代社会システムにおいては、社会は「市場(ないし市場経済)」と「政府」という二つの主要な要素から構成されるものと考えられている。前者が社会の基本的な駆動因でありつつ、そこで生じるさまざまな問題（格差の拡大、環境破壊など）を、主に事後的な形で是正するのが「政府」の役割とされる。とくに格差に関しては、主に〝事後的な所得再分配〟という形をとり、市場経済をベースとしながら、格差是正のための対応（累進課税や社会保障制度の整備など）を行うのが、二〇世紀後半に展開した「福祉国家（welfare state）」の基本的な了解事項である。

ちなみに、福祉国家の理念は〝中間の道（the middle way）〟とも当初呼ばれた。それは文字通り「資本主義と社会主義」の混合的な形態であり、マルクス主義サイドからは〝修正資本主義〟と呼ばれたのである。

しかし、現在においては、後で確認するように多くの先進諸国において経済格差はむしろ拡大している。また、福祉国家が基本的な前提としていた〝限りない需要拡大と経済成長〟という姿が、資源・環境制約の顕在化という「外的限界」と、モノがあふれる社会となる中での需要の飽和という「内的限界」に直面する中で、維持できなくなった。こうして、少なくとも従来型の（経済成長と一体となった）福祉国家を超えた新たな社会モデルの構想が不可避となっている。

それが本稿でいう「脱成長の福祉国家」（または定常型社会ないし緑の分権的福祉社会）というコンセプトの背景にある基本的な問題意識である。それはまた、以上の記述からも浮かび上がるように、「資本主義・社会主義・エコロジー」が交差するところに立ち現れる社会像になる。あるいは、仮に資本主義の本質を「（市場経済プラス）拡大・成長」という点に求めるならば、それはむしろ「ポスト資本主義」の社会構想と呼ぶべき主題であるだろう。

後の議論を先取りして言えば、そこでは第一に、〝資本主義の根幹に遡った社会化〟が不可避となる。第二に、「市場経済を前提としたうえでの事後的な再分配」ではなく、(市場経済よりも根源的な)〝コミュニティそのものに遡った対応〟が本質的なものとして浮かび上がり、そこに「コミュニティ経済」という新たな位相が生成することになる。こうした展望について、以下で考えていくことにしよう。

2 資本主義の進化と社会化

資本主義の進化と社会的セーフティネット

議論の手がかりとして、こうしたテーマをめぐる歴史的な動態をここでの関心に沿った形で把握してみよう。着目したいのは、先ほど述べた格差是正の柱となる「社会的セーフティネット」が資本主義の歴史の中でどのように展開してきたかという点である。歴史的に見ると、そうした対応は以下のようなステップで進化してきたと言えるだろう。

まず第一ステップとして、市場経済から落伍した者への公的扶助(ないし生活保護)という事後的救済策から始まった。その象徴的起源は一六〇一年のイギリスにおけるエリザベス救貧法である。この時代は、イギリス東インド会社の成立が一六〇〇年であることにも示されるように、資本主義の黎明期とも呼べる時代だった。市場化が進み、都市に多くの農民が流入し、その一部が窮乏化する中で、こうした現在の生活保護の原型とも言える制度がつくられたのである。

続いて第二ステップとして、産業化ないし工業化が本格化した一九世紀後半には、大量の都市労働者の発生を前にして、前記のような事後的な救済策では到底間に合わなくなる。そして、雇用労働者が事前に保険料を払って病気や老後に備える仕組みとしての「社会保険」という、いわばより事前的ないし予防的なシステムが導入された（一八八〇年代のドイツ・ビスマルク時代における社会保険三法の成立を嚆矢とする）。

その後、工業化の波はさらに進んでいったが、二〇世紀に入るとやがて世界恐慌（一九二九年）が生じ、未曽有の量の失業者が発生する。マルクス主義サイドは資本主義が生産過剰に陥った帰結であるとし、社会主義が不可避であるとしたが、ここで〝資本主義の救世主〟的存在として登場したのがケインズだった。ケインズは、市場経済へのより積極的な介入――公共事業や社会保障による再分配――によって、人びとの需要そのものを政府が喚起することができ、それによって持続的な経済成長と雇用の創出が可能になるとしたのである。

これがほかならぬ「ケインズ主義的福祉国家(Keynesian Welfare State)」の理念である。それは〝所得の平等化と経済成長の同時達成〟を実現するものとされ、一九七〇年代前後までは資本主義の黄金時代とも呼ばれた。

以上は社会的セーフティネット整備の第三ステップである。ここでは、市場そのものに政府が介入し、その拡大を管理するという意味で、いわば資本主義のより〝中枢〟に向けた修正が行われたことになる。

こうして「成長・拡大」を維持してきたのが二〇世紀後半の資本主義の歴史だったと言える。

ところが、資源・環境制約の顕在化や、リーマン・ショック(二〇〇八年)などに象徴されるように、不断の経済成長あるいは資源消費の拡大という方向自体が根本的な臨界点に達し、また構造的な生産過剰のもとで失業が慢性化しているのが、現在の資本主義をめぐる状況である。

以上のような歴史的な展開を巨視的に把握するならば、格差是正のための社会保障ないし福祉国家を含む社会的セーフティネットは、①公的扶助ないし生活保護という事後的な救済策→②社会保険というより予防的なシステム的対応→③ケインズ政策を通じた市場への介入と「雇用」そのものの創出という形で展開してきた。そこには、いわば「事後的・救済的なものから、事前的・予防的なものへ」という大きなベクトルを見出すことができる。

さらに、その流れの総体を「資本主義の進化」という大きな視点で捉え返すと次のような、一つの太い線を見出すことができるだろう。すなわち、それぞれの段階において分配の不均衡や成長の推進力の枯渇といった〝危機〟に瀕した資本主義が、その対応を〝事後的〟ないし「周辺」レベルのものから、順次〝事前的〟ないしシステムの最も「根幹」に遡ったものへと拡張してきたのである。

そのようにして経済あるいは人びとの欲望が大きく拡大・成長してきた最後の段階(としての定常型社会)において登場するのが、資本主義に根本的な修正を行うような社会システムの姿である。それが、本稿での「資本主義・社会主義・エコロジーの交差」という主題と重なる。その内容は、大きく二つの柱からなると私は考えている。

一つは、以上の議論のいわば延長に浮かび上がる姿、すなわち「資本主義システムの最も根幹にさかのぼった〝社会化〟」と呼びうる方向である。もう一つは、市場経済の修正という方向を超えて、市場経済のさらに根底にあるコミュニティそのものにさかのぼった対応で、ここで浮かび上がってくるのが（市場経済とコミュニティひいては自然を融合させた）「コミュニティ経済」の生成と発展というテーマである。これらについて、さらに考えてみよう。

人生における〝共通のスタートライン〟の確保または「相続の社会化」

いま指摘したうちの第一の柱（資本主義システムの最も根幹にさかのぼった〝社会化〟）については、比較的簡潔にとどめたい。この方向に関して、とくに重要となるのは次の二点である。

①（人生前半の社会保障を通じた）人生における〝共通のスタートライン〟の確保または「相続の社会化」

②「ストックの社会保障」または資産の再分配

①の内容は、教育や雇用、住宅などを含む、若者や子どもに関する社会保障ないし公的支援を強化し（かつその財源として相続税などを活用し）、個人が人生の初期において〝共通のスタートライン〟に立てることを徹底的に保障するというものである。では、なぜ、これが「資本主義システムの根幹にさかのぼった〝社会化〟」となるのか。

それは次のような意味である。近代的な理念においては、社会は「独立した自由な個人」によって成り立ち、そうした個人が（契約を通じて）社会を構成する。実際、先述の福祉国家の基本も、個人が市場経済の中で自由な経済活動を行うことを前提としたうえで、そこから（格差などの問題が生じた場合に）事後的に修正を加えるというものだった。

しかし、こうした社会観において意外にも抜け落ちている点がある。それは、現実の社会においては、個人は〝裸の個人〟として均等に生まれ出るのではなく、実は家族あるいは家系というものが存在し、そうしたいわば世代間の継承性の中においてこそ個人は存在するという（ある意味で当然の）事実だ。したがって、こうした世代を通じた継承性（親から子へのバトンタッチ）の部分に何らかの形で〝社会的な介入〟を行わなければ、あるいは「相続」という営みに関して何らかの再分配ないし社会化を行わなければ、前の世代の個人に関して生じた「格差」はそのまま次の世代に継承されていくことになる（格差の相続あるいは世代間累積）。

拙著でも以前論じたように(1)、それぞれの個人が、人生の初期において〝共通のスタートライン〟に立つことができ、均等な〝チャンス〟が与えられるべきというのは、それ自体としては「自由主義的」あるいは「資本主義的」とも呼べる理念であるだろう。しかしながら、現実にそうした状況を実現するには、市場経済ないし資本主義システムを〝放任〟していては果たせない。

それではむしろ格差の相続ないし累積が生じるから、相続の一定の社会化や人生前半の社会保障の強化といった政策対応が重要となる。つまり、個人の「チャンスの平等」という、いわば自由主義的ないし資本主義的な理念を実現するために、ある意味で社会主義的とも言える対応が必要になるという、根本的なパラドクスがここには存在している。

そうした「人生前半の社会保障」を具体的に国際比較すると、日本の低さが目立つ。ＧＤＰに対する割合で比較した場合、スウェーデン一〇・六％、イギリス九・〇％、フランス八・五％、ドイツ七・〇％、アメリカ四・二％、日本三・五％だ（ＯＥＣＤデータ、二〇一一年）。日本の社会保障給付費（対ＧＤＰ比）はもともと、先進主要国の中でアメリカと並んで最も低い。しかも、高齢者関係の比重が大きいため、高齢者以外について見ると一層その「低さ」が顕著になる。

また「人生前半の社会保障」というとき、ある意味で（狭義の）社会保障と同等かそれ以上に重要な意味を持つのが「教育」である。公的教育支出の国際比較（対ＧＤＰ比）では、ノルウェー（七・七％）、フィンランド（六・一％）、スウェーデン（五・九％）などが上位を占める。一方、日本は三・七％で、データのあるＯＥＣＤ（経済協力開発機構）加盟国三〇カ国中最下位の水準となっている（二〇一二年。OECD, *Education at a Glance*, 2015より）。あらためて言うまでもないが、現代社会において、個人の生活保障ないし失業・貧困に陥るリスクに最大の影響を及ぼすのは教育だろう。こうした意味で、教育は「人生前半の社会保障」の最も重要な要素をなす。

日本における公的教育支出でとくに不足しているのは、就学前と高等教育期である。就学前教育については、教育費に占める公的負担の割合はＯＥＣＤ平均が七九・七％であるのに対して、日本のそれは四三・八％と非常に低い（二〇一〇年）。一方、高等教育期について見ても、教育費に占める公的負担の割合は、ＯＥＣＤ平均が六九・七％であるのに対して、日本のそれは三四・三％とさらに低い（二〇一二年）。以上のような点を含めて、「人生前半の社会保障」の強化が重要である。また、こうした保障の強化は、各個人の潜在能力や自己実現の機会を広げ、経済という点からもプラスの効果を持つことにも注目したい。

「ストックの社会保障」または資産の再分配

次に、「最も上流にさかのぼった社会化」として挙げた②の「ストックに関する社会保障」という新たな課題についてはどうか。

さまざまな格差をめぐる問題が活発に議論されているが、概して議論の中心になっているのは所得、つまり「フロー」面での格差問題である。だが、そうした格差がより大きいのは資産あるいは「ストック」面である。実際、格差の度合いを示すいわゆるジニ係数を見ると、年間収入（二人以上の一般世帯）のジニ係数が〇・三一一であるのに対して、貯蓄におけるそれは〇・五七一、住宅・宅地資産額におけるそれは〇・五七九となっている（「全国消費実態調査」二〇〇九年）。所得格差よりむしろ土地・貯蓄などの資産格差がずっと大きいことがわかる。

したがって、社会保障についてこれまでほぼもっぱら現金給付（年金など）やサービスなどの「フロー」について考えられてきたが、今後は住宅、土地、資産など「ストックに関する社会保障」あるいは「資産の再分配」が重要になる。具体的には、住宅保障の強化や土地所有のあり方（「公有地」ないしコモンズの強化や公有地の積極的活用）、そして土地課税のあり方（土地課税の強化とそれによるストックの再分配や社会保障への充当）が新たな課題になるだろう。[2]

ここで慧眼な読者は気づかれたかもしれない。このテーマはほかでもなく、二〇一三年にフランスの経済学者トマ・ピケティが公刊し、翌年に英訳されて大きな話題となった著作『二一世紀の資本』の中心テーマと重なる。[3]

すなわち、この本の中でピケティが「資本主義の中心的な矛盾（central contradiction of capitalism）」

として指摘しているのが「r＞g」という事実、つまり「r（土地や金融資産などから得られる平均的なリターン）」のほうが「g（経済の成長率または所得の増加率）」よりも大きいという点である。要するに、労働によって得られる賃金よりも、所有する資産を運用して得られる（〝不労〟の）収益のほうが大きい。こうした状況では、「起業家は金利生活者（rentier）に転身するのが不可避となる」（rentier はもともとフランス語で、「不労所得生活者」という意味もある）。

起業家がいなくなるのは資本主義の終焉と言える。それを回避するために、資産の再分配という、ここで論じている「資本主義の最も根幹にさかのぼった社会化」が要請される。この〝資本主義的な理念を存続させるために、社会主義的な対応が必要になる〟という逆説的な構造は、「人生前半の社会保障」と機会の平等をめぐる議論と同質のものだ。そして、資産にまでさかのぼった再分配は、まさにここで論じている〝資本主義システムの最も根幹にさかのぼった社会化〟と呼べるだろう。

3　コミュニティ経済の生成と展開

コミュニティ経済とは

次に、「資本主義・社会主義・エコロジーの交差」という方向の第二の柱としての「コミュニティ経済」の生成と発展について考えてみよう。これは先ほども示唆したように、市場経済の修正という方向を超えて、市場経済のさらに根底にあるコミュニティ（ひいては自然）にさかのぼった対応という意味で、より根源的な射程を持つ。

「コミュニティ経済」というコンセプトの基本的な意味は次のようなものである。図1に示すように、本来、市場経済の根底には（相互扶助的なシステムとしての）コミュニティがあり、その根底には「自然」が存在している。しかし、近代以降の資本主義システムにおいては、「市場経済」の領域がコミュニティから離れて大きく拡大し、また（自然の有限性という点を視野の外に置く形で、自然を際限なく搾取するという方向の中で）自然からも切り離されて展開していった。

図1　コミュニティ経済をめぐる構造

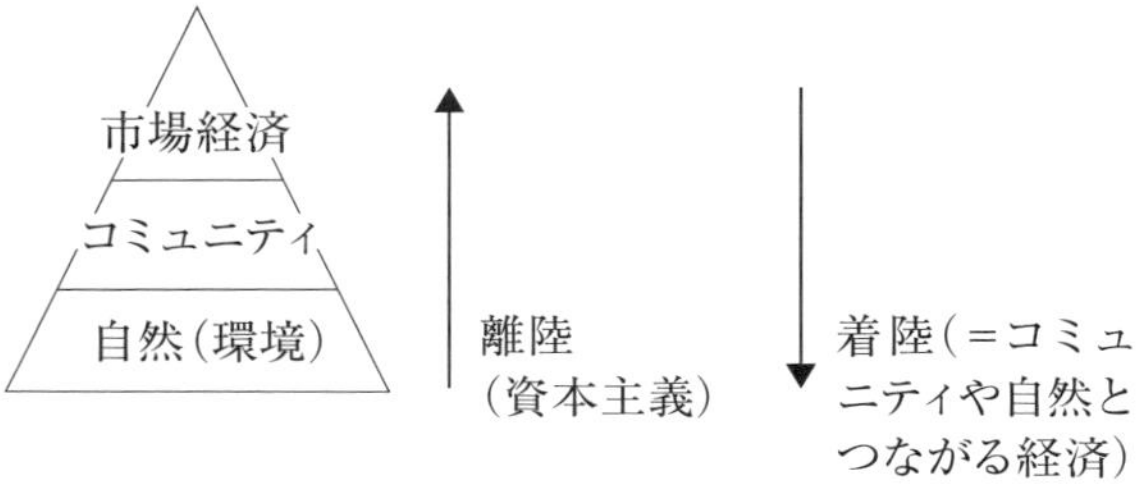

　そうした市場経済を、もう一度「コミュニティ」や「自然」とつなぎ、格差の拡大や環境破壊といった現在の資本主義のかかえる矛盾を根底から乗り越えていくというのが「コミュニティ経済」というコンセプトの趣旨である。こうしたコミュニティ経済の基本的な特質として、さしあたり次の四点を指摘できる。

①経済の地域内循環
②「生産のコミュニティ」と「生活のコミュニティ」の再融合
③経済が本来持っていた「コミュニティ」的（相互扶助的）性格の再評価

④有限性の中での「生産性」概念の再定義

①は近年さまざまな形で論じられている。大きく言えば「ヒト・モノ・カネが地域内で循環するような経済」である。そして、こうした経済を築いていくことが、地域活性化やコミュニティ再生とともに、グローバル経済の浮沈や不況に対しても強い経済になるという趣旨である。

この点については、『スモール・イズ・ビューティフル』(4)で知られる経済学者シューマッハーの流れを引き継ぐイギリスのＮＥＦ(New Economics Foundation)が「地域内乗数効果(local multiplier effect)」という興味深い概念を提唱している。これは、経済がほぼもっぱら国(ナショナル)レベルで考えられてきたケインズ政策的な発想への批判ないし反省を含んだ提案である。「地域再生または地域経済の活性化＝その地域において資金が多く循環していること」と捉え、「灌漑(irrigation)(資金が当該地域の隅々にまで循環することによって経済効果が発揮される)」、「漏れ口を塞ぐ(plugging the leaks)(資金が地域外に出ていかず、内部で循環することによって、その機能が十分に発揮される)」といった独自のコンセプトを導入して、地域内部で循環する経済のありようやその指標を提言している。(5)

日本での類似例としては、たとえば長野県飯田市の試みが挙げられる。飯田市では「若者が故郷に帰ってこられる産業づくり」という理念のもと、「経済自立度七〇％」を目標に掲げて政策展開を行っている。ここでいう「経済自立度」とは、「地域に必要な所得を地域産業からの波及効果でどのくらい充足しているか」を見るものである。具体的には、飯田市を含む南信州地域の産業(製造業、農林業、観光業)からの波及所得総額を、地域全体の必要所得額(年間一人あたり実収入額の全国平均×南信州地域の総人口)で割って算出している。二〇〇八年の推計値は五二・五%、〇九年推計値は四五・二%だ。(6)

②については、そもそもコミュニティというものは、〝真空〟に存在するものではなく、人びとの生産活動や日常生活の中に、ある意味でごく自然な形で存在するものだろう。たとえば農村を考えてみると、そこでのコミュニティは、その地域での農業という生産活動と不可分に結びついている。また、商店街はさまざまな人びとの会話や交流が生まれる場であり、一つのコミュニティ的な空間だが、それは買い物というごく日常的な経済活動と一体のものである。

思えば、もともと高度成長期以降の日本において「生産のコミュニティ」と「生活のコミュニティ」が極端に乖離していった背景には、都市の中心部に(比較的安価な)集合住宅あるいは公的住宅が少なく、都市計画も弱いため、とくに東京などの大都市で通勤距離が極端に長くなっていったという事情があった。その意味で、この問題は都市政策やまちづくりに関わると同時に、近年の職住近接志向など人びとのライフスタイルに関する意識にも関わる。なお不十分ではあるが、たとえば〝団子と串の都市構造〟という理念のもと、富山市で展開されてきたＬＲＴ(次世代型路面電車)を軸とする集約的なまちづくりの試みは、生産のコミュニティと生活のコミュニティの再融合に寄与する可能性を持っているだろう。

一方③は、もともと「経済」という営みの中には、ある種の互酬性あるいは「相互扶助」的な要素が含まれていたという点である。たとえば、よく知られた近江商人の家訓と言われる「三方よし(売り手よし、買い手よし、世間よし)」という概念も、経済活動の中にひそむ互酬性ないし相互扶助の性格を謳ったものと言えるだろう。

また、明治から大正期に五〇〇以上の企業の設立に関わり〝日本資本主義の父〟とも呼ばれる渋沢栄一は、現在の言葉で言えば〝社会的企業あるいはソーシャル・ビジネスの先駆者〟とも言える理念を持っていた。彼が著書『論語と算盤』で強調したのは、経済と倫理の統合である。たとえば、こう述べている。

「正しい道理の富でなければ、その富は完全に永続することができぬ。ここにおいて論語と算盤という懸け離れたものを一致せしめることが、今日の緊要の務めと自分は考えているのである(7)」

表現は時代の負荷を帯びているものの、内容は現代風に言えば、〝持続可能性という舞台において経済と倫理が融合する〟という論理である。こうした「経済と倫理」の二者は、その後の資本主義の加速化あるいは高度成長期を通じて互いに分離していった。しかし、興味深いことに近年、いわゆる「ソーシャルビジネス」や〝社会的起業〟に取り組む若い世代や学生の主張を見ると、渋沢や近江商人の家訓など、ひと昔前の経営者の理念と意外にも共鳴する内容を持っている。相互扶助の経済あるいは「経済と倫理」の再融合の芽が現れ始めているのである。

最後の④は、「生産性」という概念を再定義し、とくに「労働生産性から環境効率性へ」という方向、つまり人を積極的に使い、自然資源の使用を抑制する経済にシフトしていくという内容である。現在の経済は、従来のような〝人手不足、自然資源余り〟ではない。まったく逆に〝人手余り（＝慢性的失業）、自然資源不足〟という事態にある。こうした状況では、「人が人（または自然）をケアする」ような領域の発展こそが、経済の観点から見ても重要となる。

言い換えれば、こうした発想に立つと、福祉や教育といった従来は（人手ばかりかかって）最も生産性が低いとされてきた「労働集約的」な分野が、むしろ最も雇用創出に貢献し〝生産性が高い〟ということになる。生産性のモノサシを変えるということであり、コミュニティ経済とは、実は「ケア経済」とも言い換えられる。

そして、資本主義的な「拡大・成長」ではなく、むしろ「（地域内）循環」に軸足を置いたコミュニティ経済が発展していけば、自ずと、第一に現在の資本主義諸国の慢性的な失業の根本的な背景となっている「過剰」の抑制につながる。第二に、さまざまな雇用やコミュニティ的なつながり、社会的包摂の生成を通じて、格差や社会的排除の是正にも寄与し、結果的に種々の再分配の前提条件や負担を緩和させるだろう。

本節で論じたコミュニティ経済と、前節で述べた社会保障などの制度との動的な連関は、以上の点にある。これが本稿の冒頭で述べた、「過剰（→失業、貧困）」と「格差拡大」をめぐる現在の福祉国家あるいは資本主義の制度的矛盾を乗り越える地平につながっていく。

コミュニティ経済としての「恋する豚研究所」

こうしたコミュニティ経済の典型例としては、①福祉商店街ないしコミュニティ商店街、②自然エネルギー関連、③農業関連、④伝統工芸ないし地場産業関連、⑤福祉ないしケア関連、⑥若者関連、⑦高齢者関連が考えられる。これらのうち、地域内の経済循環が最も明確に表れやすいのは、次項で触れる自然エネルギー関連だろう。

ここでは、⑤の福祉ないしケア関連の興味深い事例の一つとして、千葉県香取市の「恋する豚研究所」の試みを紹介してみたい。

「恋する豚研究所」では、養豚場で豚を飼育するとともに、その加工や流通、販売も一括して行い、なおかつ加工などの作業を知的障害者が行っている。〝福祉(ケア)と農業とアート〟を組み合わせた試みと呼べるものである。ただし、福祉的な性格は商品の流通や販売において前面に出していない。あくまで肉の質とおいしさで勝負している。流通や販売にあたってはクリエイターが積極的に参加し、デザイン性ないし付加価値の高い商品を心がけているという。

興味深いのは、この事業を中心になって進めている飯田大輔さん(一九七八年生まれ)が、この事業の全体を「ケアの六次産業化」というコンセプトで把握している点だ。農業の六次産業化はよく言われるが、「恋する豚研究所」では「ケア」――介護のみならず、より広く〝世話をする〟という意味を含む――を軸にして、生産・加工・流通・販売をつなぎ、それを事業化しているわけだ。しかも、豚肉のみならず、ハムやソーセージなどを作るときに使う塩も地元の九十九里産にこだわっており(ちなみに千葉県は豚の飼養頭数が全国三位)、経済の地域内循環を意識している。

以上は一つの例だが、さまざまな事業を新しい形で結びつけ、ローカルな経済循環を実現していく試みが今後一層重要になる。

自然エネルギーと鎮守の森——コミュニティで循環する経済へ

次に、自然エネルギーに関するコミュニティ経済について、重要と思われる視点と筆者自身が進めているプロジェクトについて述べてみたい。

原発や今後のエネルギー政策をめぐる展開はなお混迷が続いているが、次のような興味深い事実がある。日本のエネルギー自給率は四％台にすぎないけれど、環境政策が専門の倉阪秀史千葉大学教授が進めている「永続地帯」研究の二〇一五年度版報告書から都道府県別に見ると、二一県が一〇％を超えている(二〇一一年度は八県)。

ベスト五は、①大分県(三〇・一％)、②秋田県(二一・八％)、③富山県(一八・八％)、④長野県(一八・二％)、⑤鹿児島県(一七・八％)だ。大分県が群を抜いて高いのは、別府温泉などの存在からわかるように地熱発電が多いからである。富山県や長野県などは、山がちな風土を背景にして水力発電の占める比率が高い。

日本は自然資源に乏しいと言われてきた。しかし、意外にも自然エネルギーに関しては一定のポテンシャルを持っているのである。ちなみに、ドイツではエネルギーの地域自給を目指す「自然エネルギー一〇〇％地域」プロジェクトが進められている。二〇一二年現在、自然エネルギー一〇〇％地域は七四もあり、国土面積の二八・六％、人口では二〇〇〇万人(二四・二％)に及び、なお急速に拡大中であるという(環境エネルギー政策研究所資料)。

自然エネルギー拠点の整備については、狭い意味でのエネルギー政策の枠を超えて、ローカルな地域コミュニティの再生という視点が不可欠である。それは、「コミュニティ経済」の趣旨とまさに重なる。自然エネルギーを軸に、ヒト・モノ・カネが地域内で循環し、そこに雇用やコミュニティのつながりが生まれるような仕組みづくりが課題となる。こうした視点を含めて私が考えるようになったのが、「鎮守の森・自然エネルギーコミュニティ構想」である。

最初に知ったときに驚いたのだが、全国の神社の数は約八万数千で(お寺もほぼ同数)、コンビニの約五万七〇〇〇よりずっと多い。全国の中学校数は約一万だから、中学校区あたり平均八つという大変な数にのぼる。明治の初めには神社数は二〇万近くあり、おそらく当時の〝自然村〟、つまり地域コミュニティの数にほぼ対応していたと思われる。これらの場所は狭い意味の宗教施設を超えて、市が開かれたり、教育の場としての機能を持ったり、祭りが行われたりするなど、ローカルな地域コミュニティの中心としての役割を担っていた。

こうした点を踏まえ、自然エネルギー拠点の自律分散的な整備と、地域コミュニティ拠点であった鎮守の森を結びつけ、福祉や世代間交流などの視点も総合化して進めていくというのが、「鎮守の森・自然エネルギーコミュニティ構想」の基本的な考えである。それは、自然エネルギーという現代的課題と、自然信仰とコミュニティが一体となった伝統文化を融合させたものとして、日本が世界に発信できるビジョンになりうる可能性があると思われる。

以上の話はなかば夢物語のように響くかもしれないが、すでに関連する試みは進行中である。たとえば、岐阜県と福井県の県境にある石徹白《いとしろ》地区(岐阜県郡上《ぐじょう》市)では、若い世代を中心に地域再生機構というNPOが小水力発電を通じた地域再生事業を進めている。石徹白は、かつて白山信仰の拠点として栄えていたという。

『人口減少社会という希望』にも記したことだが、[8] 二〇一一年に地域再生機構に最初にコンタクトをとらせていただいたとき、副理事長の平野彰秀さん（東京の外資系コンサルティング会社勤務後にJ（出身は岐阜市）ターン）からいただいた次のようなメッセージは、私にとって非常に印象深いものだった。

「石徹白地区は白山信仰の拠点となる集落であり、小水力発電を見に来ていただく方には必ず神社にお参りいただいています。自然エネルギーは、自然の力をお借りしてエネルギーをつくりだすという考え方であり、地域で自然エネルギーに取り組むということは、地域の自治やコミュニティの力を取り戻すことであると、私どもは考えております」

こうした例も参考にしながら、ささやかながら現在、岐阜県中津川市、熊本県多良木《たらぎ》町、長野県小布施《おぶせ》町、宮崎県高原《たかはる》町などの方々と連携を取りつつ、「鎮守の森・自然エネルギーコミュニティ構想」のプロジェクトを進めている。

もちろん、地域コミュニティの拠点となる場所は鎮守の森だけではない。二〇〇七年に全国の自治体に対して行ったアンケート調査では、「これからの時代におけるコミュニティの中心としてとくに重要な場所」として挙げられていたのは、多い順に①学校、②福祉・医療関連施設、③自然関係（公園など）、④商店街、⑤神社・お寺であっていた。[9] こうした場所を自然エネルギーとうまく結びつけ、コミュニティで循環する経済を築いていくことが、ポスト成長時代の日本における中心的な課題と思われる。

その場合、ローカルな地域は孤立して存在するものではないから、ローカルレベルの地域内経済循環から出発しつつ、そこからナショナル、リージョナル、グローバルへと積み上げていくような構想が重要である。その中に、ナショナル、リージョナル、グローバルという各レベルにおける重層的な「再分配」を組み込んでいくことが、あわせて重要な課題となる。

たとえば、自然エネルギーの固定価格買取制度や、さまざまな農業補助制度のような都市と農村の間の「不等価交換」を是正する仕組みである(10)。これらを先ほど論じた「資本主義システムの根幹にさかのぼった社会化」と一体に進めていくことが、本稿のテーマである「脱成長の福祉国家」の構想とそのまま重なる。

4　地球倫理の可能性

地球的公共性

最後に、いま述べた「鎮守の森」あるいは自然信仰と一体となったコミュニティ再生というテーマの根底に関わるものとして、地球倫理という視点について簡潔に述べてみたい。

ヤスパースはかつて「枢軸時代」という言葉を提起した。これは約二五〇〇年前ごろ(紀元前五世紀前後)の時代に、何らかの普遍的な原理を志向する思想が地球上の各地で〝同時多発的〟に生成したという事態を指してのことである(11)。科学史家の伊東俊太郎はこれを「精神革命」と呼んでいる(12)。インドでの仏教、中国での儒教や老荘思想、ギリシャ哲学、中東での旧約思想は共通して、人間にとっての内的あるいは根源的な価値や「幸福」の意味を説いた。

やがて、これらの思想ないし宗教は周辺地域を中心に伝播し、その過程で一定の変容を被ったり土着の自然信仰と融合していく。とはいえ、現在ほどグローバリゼーションが進んだ時代ではなかったので、結果的に地球という〝地図〟が、リージョナルな地域ごとにそれぞれの普遍宗教でいわば塗り分けられ——この地域は仏教圏、この地域はキリスト教圏という具合に——、ある種の〝住み分け〟と共存がなされていった。〝世界宗教地図〟の形成ともいうべき事態である。

この場合、枢軸時代に生成した思想群は、その「普遍宗教（ないし普遍思想）」としての性格からして、いずれも自らの普遍性を〝自負〟する思想であり、そのかぎりでは互いに「共存」することは困難な性格を持つ。しかし、それらが枢軸時代以降最近に至るまで、さまざまな対立の場面を含みつつもある程度並存してこられたのは、グローバル化がなお限定的なものにとどまる中で、〝リージョナルな住み分け〟がなされていたからだろう。

だが、現在では、地球上の各地域のコミュニケーションが飛躍的に高まり、またキリスト教とイスラム教の対立やそれに関連したさまざまな国際紛争が激化する中で、枢軸時代に生成した普遍宗教ないし思想群を何らかの形で乗り越える思想が求められている。それは、単に自らの「普遍性」のみを主張する思想ではない。現在のようなグローバル化の時代においては、その共存が困難になっている。そこで求められるのは、自らの思想自体が何らかの意味でその生まれた環境に規定されたものであることを自覚し、かつ、いわば一歩メタレベルに立った視点から、地球上のさまざまな異なる思想がそれぞれの生成した環境や風土に規定されていることを理解し、そのうえでそれらの共存や多様性を積極的に肯定できるような理念あるいは世界観である。

地球倫理はこうした世界観とつながる。それは、一方で人間の生き物としての（種としての）同一性や共通性、普遍性を認めると同時に、他方でその多様性あるいは可塑性（人間は生物学的ないし遺伝子レベルでは同一のものでありつつ、環境や風土に応じて異なる文化や資質を発展させてきたということ）を、環境や風土との関連において積極的に捉えることになる。

この点は、本来の意味の「グローバル」（＝ローカルとユニバーサルの対立を乗り越えつつ、地球上の各地域の多様性やその価値を積極的に認めていくような思想）という論点とつながる。それはまた、思想や観念の環境規定性あるいは風土依存性を重視するという意味において、根底的な意味で「エコロジカル（生態学的）」と呼べるものである。(13)

自然信仰との接続

以上述べたのは、地球倫理が、枢軸時代に成立した個々の普遍宗教ないし普遍思想をその一歩外側（メタレベル）から捉え、かつその中身がそれらが生まれた風土・環境に規定されたものであることを理解しつつ、それらの共存を積極的に認めるものであるということだった。それは、「個々の普遍宗教を超えた〝地球的公共性〟」とでも表現できる。

ただし、筆者がここで地球倫理と呼んでいるものには、もう一つの重要な柱がある。それは、枢軸時代に生成した普遍宗教のいわば根底にある、「自然信仰」あるいは「自然のスピリチュアリティ」という次元と直接的につながり、それを重視するという点だ。これについては、図2を

図2　地球倫理と普遍宗教・自然信仰との関係構造

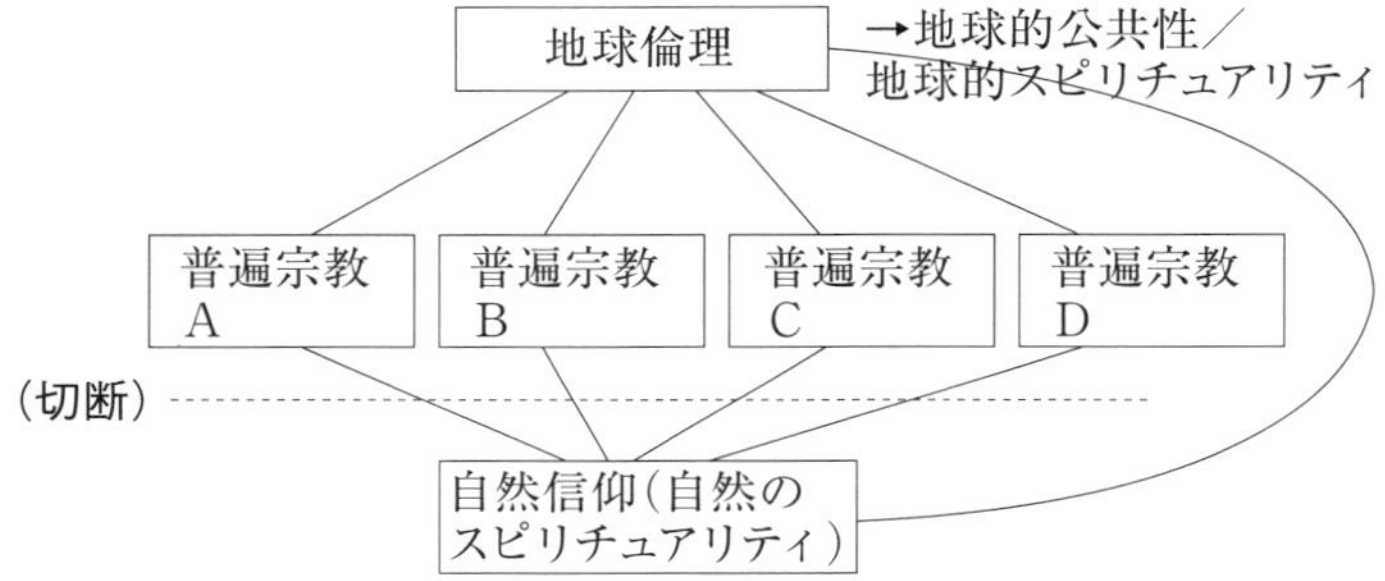

（注1）自然信仰はローカル、普遍宗教はユニバーサル、地球倫理は（ローカルとユニバーサルを包含した意味での）グローバルとも言える。

（注2）普遍宗教と自然信仰は形式的には分離しているが、事実上両者が融合している例は地球上の各地に広く見られる（日本での神仏習合、北欧での土着信仰とキリスト教など）。

見ていただきたい。

　ここで詳述する余裕はないが、人間の歴史には大きく三度の拡大・成長と定常化のサイクルがある。狩猟採集社会の成熟・定常期には「心のビッグバン」と呼ばれる現象とともに「自然信仰（＝自然のスピリチュアリティを軸とする世界観）」が生まれ、農耕社会の成熟・定常期には枢軸時代／精神革命期としてさまざまな普遍宗教が生成した[14]。

　この場合、ここでの関心にとって重要な意味を持つ点がある。それは、普遍宗教の世界観において、少なくともその公式的な教義では、自然信仰あるいはアニミズム的な世界観は（いわば〝原初的〟で次元の低いものとして）否定的に捉えられ、なかば排除されたということだ。つまり、普遍宗教ないし普遍思想は、仏教、ユダヤ・キリスト教、儒教、ギリシャ思想のいずれも普遍的で合理化された世界観の体系であり、それ以前の素朴かつ非言語的で神話的な要素を含む自然信仰とは一線を画していた(と言っても、「少なくとも公式的な教義では」という注釈をつけたように、実際にはたとえば日本における神仏習合や、北欧において土着的で多神教的な自然信仰とキリスト教が融合している例が見られる。両者が実質的に〝折り合い〟をつけて重層的に共存しているという例は、地球上に広く存在する)。

一方、「地球倫理」の特徴は、先ほども述べたように、自然信仰あるいはその核をなす「自然のスピリチュアリティ」という認識にむしろ積極的な位置を与える点にある。なぜ、そうなのか。それは、地球倫理の視点からは、ローカルな基盤に根差す「自然信仰」や「自然のスピリチュアリティ」は、むしろあらゆる宗教や信仰の根源にあり、普遍宗教を含むさまざまな宗教における異なる「神(神々)」や信仰の姿は、そうした根源にあるものを異なる形で表現したものと考えられるからである。

いずれにしても、以上により、地球倫理は一方で個々の普遍宗教と関係するとともに、最も根底にある「自然信仰」あるいは「自然のスピリチュアリティ」と直接につながることになる(図2参照)。

そしてこの両者、つまり

- 個々の普遍宗教を超えた「地球的公共性」へのベクトル
- 個々の普遍宗教の根底にある「地球的スピリチュアリティ」へのベクトル

は、形式的には逆の方向に向かうが、いわば地球という有限な舞台において〝循環的に融合〟することになる。個々の普遍宗教の根底にある次元(＝自然信仰ないし自然のスピリチュアリティ)の再発見・再評価が、個々の普遍宗教を超えた「地球的公共性／地球的スピリチュアリティ」につながるのである。

内発的発展論で知られる鶴見和子はローカルな自然信仰や地域コミュニティの重要性を説き、いわゆる神社合祀反対運動を展開した南方熊楠についての著作を書いた。同時に、彼女は生命科学者の中村桂子との対談で、地域の「内発的」発展というテーマと、（機械論的な生命観とは異なる）「生命の内発性」というテーマが深い次元で通底するものであると述べている。[15]

ここで述べた「地球倫理」という視点も射程に収めながら、ローカルレベルに根差すコミュニティ経済の生成・発展を促し、〝資本主義の根幹にさかのぼった社会化〟ともあわせて「脱成長の福祉国家（定常型社会ないし緑の分権的福祉社会）」を構想し実現していくことが、二一世紀の解放プロジェクトにつながるだろう。

（1）広井良典『定常型社会――新しい「豊かさ」の構想』岩波新書、二〇〇一年。
（2）詳しくは、広井良典『創造的福祉社会――「成長」後の社会構想と人間・地域・価値』ちくま新書、二〇一一年、参照。
（3）Thomas Piketty, *Capital in the Twenty-First Century*, The Belknap Press of Harvard University Press, 2014（トマ・ピケティ著、山形浩生他訳『二一世紀の資本』みすず書房、二〇一四年）。
（4）F・A・シューマッハー著、小島慶三・酒井懋訳『スモール イズ ビューティフル――人間中心の経済学』講談社学術文庫、一九八六年。
（5）New Economics Foundation, *Plugging the Leaks*, 2002.

（６）「逆境を乗り越える！地域の「成長戦略」１「現場主義で、多様な産業と高い技術力を結集」『月刊ガバナンス』二〇一〇年四月号。
（７）渋沢栄一『論語と算盤』角川ソフィア文庫、二〇〇八年〔原著一九一六年〕。
（８）広井良典『人口減少社会という希望――コミュニティ経済の生成と地球倫理』朝日選書、二〇一三年。
（９）広井良典『コミュニティを問いなおす――つながり・都市・日本社会の未来』ちくま新書、二〇〇九年。
（10）前掲（２）。
（11）カール・ヤスパース著、重田英世訳『歴史の起源と目標』理想社、一九六四年。
（12）伊東俊太郎『比較文明』東京大学出版会、一九八五年。
（13）前掲（８）。
（14）前掲（２）。
（15）鶴見和子『南方熊楠――地球志向の比較学』講談社学術文庫、一九八一年。鶴見和子・中村桂子『四十億年の私の生命――生命誌と内発的発展論』藤原書店、二〇〇二年。

【参考文献】

伊東俊太郎『変容の時代――科学・自然・倫理・公共』麗澤大学出版会、二〇一三年。

Ｊ・ベアード・キャリコット著、山内友三郎・村上弥生監訳『地球の洞察――多文化時代の環境哲学』みすず書房、二〇〇九年。

渡邉格『田舎のパン屋が見つけた「腐る経済」』講談社、二〇一三年。

第10章　コミュニティの社会学から社会史へ

吉原　直樹

「アイデンティティは、オープンで、流動的で、複数的で、未決定のものである」(1)
――ハーヴェイ・D『コスモポリタニズム』

はじめに

東日本大震災は日本社会にさまざまなインパクトをもたらした。そして、ポスト三・一一はわれわれにさまざまな問いをなげかけている。それらはどこまでも広がり、底のないように見える。はたして、ポスト三・一一はそれらを捉えようとする人びとの思考にどのような再帰的／反省的契機を埋め込んだのであろうか。ひとつ言えることは、亡羊と捉えられてきたコミュニティが一層わからなくなっていることだ。コミュニティに対する期待や願望は無限に広がっているのであるが。

だが、それにしても、安穏としておれないような状況が被災地で起きている。多くの人びとは生活回復が一向に進まないなかで苦難と絶望の日々を送っている。国や県のレベルで復興という形で進められている施策は新自由主義的色彩の強いものであり、被災者を置き去りにしている。たとえば、相双地区（福島県浜通りの北部）で取り沙汰されているイノベーション・コースト（福島・国際研究産業都市）構想では、被災地／被曝地への新産業の立地によって復興拠点をつくり出そうとしているが、地元が期待するような雇用創出については明確な言及がなされていない。むしろ利益が中央に吸収されるだけで、復興という名のもとに新たな犠牲システムに組み入れられるのではないかという懸念が強まっている。

ところでコミュニティはと言えば、一方で「旧来のガバメントによるトップダウンの統制／統合」、他方で「市場を介しての私化された関係による調整」に組み込まれ(2)、いわゆる「共」――食料、衣料、住居、教育などの生活必需品としての社会的インフラや自然資源――を被災者の手に取り戻すことにほとんど関与できないでいる。その存在は、人びとを自分たちの日々の生活から乖離した共同性に導いているだけのように見える。

とはいえ、過剰な資本の論理から離れたところで人びとが自由に、そしてお互いに他者として出会い、何らかの集合的アイデンティティ＝集合的意志を育む「もうひとつのコミュニティ」が現れようとしているのも事実である。そこでは、困難ながらも生きる権利を保証し、尊厳ある生き方を可能にする共同空間がつくり出されている。補償・賠償金、除染、帰還などをめぐって分断された人びとが、いくつもの相互性に基づく集合性を再構築しようとしているのだ。それはいつ反転するかわからない不安定性と流動性をかかえているが、とにもかくにも「共」を取り戻すことに向けられている。

本章では、筆者が「創発するコミュニティ」と呼ぶものとその根底にひそむ節合のメカニズムを、サロンといわれるものを通して浮かび上がらせ、前述の集合性の有する意味を明らかにする。その際、社会学的な論点の提示から始まって、さしあたり社会史の位相で論述を行うのは、あくまでも課題の広がりに応じるためである。

いうまでもなく、こうした論点の提示／課題の設定は、被災地に限定されるものではない。グローバル化が進展するなかで、人びとの生活に根ざさない共同性、たとえば、市場的な関係が色濃く現れている人と人との相互作用を構成要件とするコミュニティが広がっている。だが、それに対して上からの権力的作用にあらがいながら、「もうひとつのコミュニティ」を織り上げているような動きもあちこちで立ち現れている。本章は基本的にサロンに焦点を据えているが、そのような動きの一つとして捉える。

1　社会学から見たコミュニティ

コミュニティはまぎれもなく社会学の主要なテーマの一つである。しかし、社会学が社会学者の数だけあると言われるように、コミュニティもまたそれを論じる人の数だけある。少なくともこれがコミュニティだと誰もが認めるようなものはない。とはいえ、よくとりあげられる議論はある。たとえば、コリン・ベルとハワード・ニュービーの論議。

それによると、コミュニティは概ね三つの系で捉えることができるという。「地政学的な意味でのコミュニティ」「ローカルな社会システムとしてのコミュニティ」「感情の交わりとしてのコミュニティ」である。いずれも、「近接し共存していること」「社会集団やローカルな制度組織による、局所的で相対的に境界づけられたシステミックな相互作用」「メンバー間に見られる人格に基づく強い紐帯、帰属意識、あたたかさを特徴とする人間同士の結びつき」を基本的属性としている。(3) この論議は、従来のコミュニティの社会学がコミュニティを「地域性」と「連帯性」を二大要件とし、「特定の地域で利益や価値観を共有する人間の集まり」として捉えてきたとするアメリカ文化史学者の能登路雅子の論議とほぼ一致している。(4)

かりにこうした論議に従うなら、そこに特徴的に見られるのは、定住が自明視されていること(→定住主義)、そして「安定的な共属感情／アイデンティティ」と「内的な一体化」が強調されていることである。コミュニティ論議に見られるこうした特徴は、ある時期、たとえば戦時体制期、ナショナリティを盛んに唱えた主張にも強く見られた。しかしその点でいうと、「安全・安心」がコミュニティ・イッシューを構成するなかで現れている、防災隣組の設置のような近年の動きにも、同じような状況を見てとることができる。

ちなみに、二〇二〇年の東京オリンピック・パラリンピック開催を見据え、安全・安心なまちづくりというスローガンのもとに、防災が防犯と一体化して展開されている。同時にそこでは、衰退するコミュニティの再編を町内会に対するテコ入れを介して行おうとする意図が見え隠れしている。そうした点でまた、一見、復古的に見える「隣組」といったネーミング[5]が権力の意志を明確に伝えている。だからこそ、社会学ではコミュニティに対して深い危惧を抱く論調が常に存在したたし、いまも存在するのである。

だが、こうした論議／論調は、社会学の周辺では、ほとんどが近代の町内会体制に向けられ、社会統合のメディアとしてあった同質性／同質化のメカニズムに照準を合わせてきた。もっとも社会学的論議から少しはずれると、コミュニティを先の三つの系で捉えるものばかりではないし、(コミュニティを)いわゆる「閉じられたもの」としてネガティヴに見るものばかりでもない。たとえば、ジェラルド・デランティは、「地域性」＝近接性と単一のアイデンティティを絶対視するコミュニティの捉え方はリアリティがないと言う。そして、それに代わって、複数のアイデンティティに根ざす対話的な共同性を中心に据えている[6]。

前掲の能登路は、コミュニティそのものよりはその変動の方向に関心を示し、それを地理的境界とコミュニティ意識の境界が一致しなくなる過程、すなわち「地域性」が徐々に後にしりぞき、連帯性が前に出てくる過程のうちに見ている。そして、トーマス・ベンダーの立場に寄り添って[7]、コミュニティを「相互依存と情緒的絆を特徴とする社会関係のネットワーク」と見なす。こうして、「連帯性」がコミュニティの基本的な要件をなすと言う。

デランティの主張と能登路のそれとの間には微妙な違いが見られる。だが、コミュニティを「閉じられたもの」に回収してしまう議論に一線を画するという点では響き合っている。

これらとは別に、日本のコミュニティの原型を町内／近隣に見て、それを必ずしも「閉じられたもの」に一元化しない論議も存在する。たとえば、日本の近隣の基底に人と人とが相互に喚《よ》び合う位相的関係(8)をみるオギュスタン・ベルクは、日本の近隣が内に閉じられていて、「同じであること」を強いられるという通説は必ずしもあてはまらないと言う。むしろ階級、職業が混在していて、信条も雑多であること、そしてそのことが「生活の共同」の場面において障害にならないのが日本の近隣の特徴だというのである。

ベルクはその要因を、その場その場の状況に従うという「場の規範」、目に見える人間関係による暗黙の契約のようなものが機能していることに求めている(9)。こうした「場の規範」＝黙契への着目には、明らかに近隣にひそむ「開かれたもの」へのまなざしが見てとれる。同時に、その「開かれたもの」は筆者が別の箇所で述べたように、容易に「閉じられたもの」へと転成／反転する契機を宿している。

「（「場の状況」＝黙契は）生活上の接触に根ざす共感によって媒介されているとはいえ、いやむしろそうであればこそ、人間関係の可視的な広がり、つまり人の姿をとらえることのできる範囲／規模（＝領域性）にとどまらざるを得ない。そして結果的に、明確な境界に囲い込まれた人間関係を下地とする秩序形成が行動面での高度な同質性をもたらすことになる(10)」

実際、先の戦時体制期に、身分とか階層、あるいは職業などの違いを相対化する前述の近隣の持つ可能性が、戦争遂行のための上からの均質化《グライヒシャルツウンク》(11)／平準化の動きに取り込まれ、町内会構成員が「領域的なもの」へと統合され、その結果、「異なる他者」を排除し、同調性を強いる集団主義が社会のすみずみまでゆきわたることになった。こうして「草の根」の戦争への動員が可能になったのである。この例に照らし合わせるまでもなく、近隣は歴史の折々において両義性を見せている。つまり「閉じられたもの」と「開かれたもの」は常に「コインの両面」のような関係にあり、互換性を有していたのである。

ちなみに、かつて社会学において町内会論争というものがあった。そこでは、近代における町内会体制が垂直的な権力システム（ガバメント）にからめとられていたことへの着目からはじまって、それを近隣一般に適用しようとする論議（→「近代化論」）と、近隣にベルク流の「場の状況」、すなわち「間《ま》」の論理を見て、それが近代の町内会体制を貫いていたとする論議（「文化型論」）が鋭く対立した[12]。

単純化して言うと、前者は「閉じられたもの」に、後者は「開かれたもの」に力点を置いていると言えるが、結局のところ、両者は「遠くて近い」関係にあったのである。なぜなら、いずれも先に触れた近隣の両義性に目を閉ざしていたからである。両者に違いがあるとすれば、町内会を歴史的な位相で見るか超歴史的な位相で見るか（ソシュール流にいうと、通時的に捉えるか共時的に捉えるか）である。

さて話を少し前に戻す。要するに、社会学的論議から問われているのは、コミュニティにひそんでいる「開かれたもの」の可能性を、それが常に「閉じられたもの」への転成の契機を宿していることを見据えながら、しかも「文化型論」に見られるような本質主義的規定に陥らずに、コミュニティを構成する諸主体のつながりや流動的な相互連関がより大きなもの、あるいは異なったものへとつながっていく脈絡において示すことである。

ここでは、そのために、まずはジェーン・ジェイコブズの近隣に対する多様性／異質性認識を見ることにする。そして、それがこの間、筆者がフィールドに据えてきた原発事故被災地である大熊町（福島県）の仮設住宅のサロンの「いま」を説明するにあたって、どう当てはめられるかを検討することにする。

2　ジェイコブズの「新しい近隣」

『アメリカの大都市の死と生』の著作者として有名な都市学者ジェイコブズによると、これまで近隣（neighborhood）という言葉は、「自己完結的または内向的な単位」であり、「『一体感』を持つ保護された孤島」という意味で用いられてきたという(13)。まさに近隣において、内に閉じられた同一性／単一のアイデンティティのメカニズムを見出すというのが常であったというのだ。同時に、ジェイコブズにとって、近隣はさまざまな集団や利害が交流し関係を取り結んでいく単位としてあり、そこでは「隣人たちが大きな違いを持つこと」が何よりも注目されるのである(14)。

ジェイコブズは、この違いを「はっきりしたユニットとして区切るような始まりも終わりもない(15)」連続体、そして単調さ、機能的なまとまりには回収されない「違い」であるとする。そして、そこにこそ、人びとの交わりを生きたものにする多様性の源を見るのである。さらに、ジェイコブズによれば、そうした「違い」から「自己完結的な居住地域内での異なる小さな集団同士」の人間関係に還元されない「飛び石式の人間関係」が「偶発的に形成される」という。[16]
こうして多様性／「違い」への認識からはじまって、偶発性に媒介された近隣に根ざす「異なった者」たちが他者として向き合う、「異他的な人間関係」のネットワークへと論が展開されるようになる。圧巻は、その過程において街路レベルの秩序を踊りになぞらえて、こう述べていることである。
「全員が一斉に足をあげて、揃ってくるくるまわり、一斉にお辞儀をするような単調で高精度の踊りではなく、個々の踊り手やアンサンブルが別々のパートを担いつつ、それが奇跡のようにお互いに強化し合い、秩序だった全体を構成するような、複雑なバレエ」[17]
そして、こうした「複雑なバレエ」を見据えながら、「多くの人々は、ある地理空間の断片を共有するという以外には、ほとんど共通するものがありません」、だから地区間をまたがるところで「入り組んだ、でもちがった人間関係が成長しなくてはならない」[18]と述べる。スティーヴン・ジョンソンが『アメリカ大都市の死と生』に魅せられるのは、そこにおいて見知らぬ人びとの「ランダムな局所的な相互作用がグローバルな秩序をもたらす」[19]ことが示されている点、すなわち「新しい即興」としての近隣の物語を見てとることができる点にある。
筆者もまたこうした指摘に共鳴するが、何よりもそこに後述する「創発性」に関する原初的な認識がひそんでいることに注目している。この点は、後述する4節においてやや詳しく展開するとして、ここではさしあたり、概観したジェイコブズの見方に調和を重んじる行動ではなく、むしろさまざまな生き方を許容する、非排除性／非同質性を基調とする「場／形式としての近隣」が見据えられていることを確認しておきたい。

そうしたジェイコブズのいう近隣を先に触れた通説としての近隣と区別して「新しい近隣」と呼ぶなら、それは物理的な近接性／隣接性に決して回収されない「隣り合うこと」を指している。ハンナ・アーレント―齋藤純一に従うなら、この「新しい近隣」は、同一性によってではなく、「相互性」によって媒介される「共同性」＝「公共性」に根ざすものである[20]。だからこそ、「新しい近隣」では、「隣り合うこと」が「外に開かれたもの」としてあり、多様性／複数性、換言すると非排除性／非同質性を底流としている。

繰り返すまでもないが、この非排除性／非同質性を先験的《ア・プリオリ》に含み込んでいるのがベルクの言う人と人との位相的関係→通態《トラジェ》である。だが、それは近代主義のもとでゆがめられてきた。ちなみに、ベルクによると、通態は「風土を構成する諸項間の『相互作用』（ピアジェ）として、またそれらの項のあるものから他のものへの『可逆的往来』（デュラン）として考察[21]」可能であると言う。そして、それが注目されるのは「ある状態、または特性の概念」でもありながら、同時に「トラジェクションというプロセス」、すなわち環境を媒介にして、諸個人間で「…を越えて」と「…を横切って」という形で築き上げられる関係づけ（相互作用）でもあるからだと言う。

まさに「時空のうちで、物質的と非物質的な移転が動的に同時に発生することを示す」点に最大の特徴がある[22]。「新しい近隣」は、この通態の再発見のうえにあると言っても過言ではない。

そこで次に、この「新しい近隣」が具体的にどのような形となって現れているかを、東京電力福島第一原子力発電所の爆発によって会津若松市に避難してきた大熊町避難民の仮設住宅から立ち現れたサロンを通して見ることにする。

3 サロン[23]の「かたち」

ここでとりあげるサロンは、会津若松市に立地する一二の大熊町仮設住宅自治会の一つであるF自治会から出自したものである。もともと仮設住宅自治会はF自治会を除いて、「元あるコミュニティの維持」「従前のコミュニティの確保」という名目のもとに、特定の行政区を単位にして「上から」つくられた。ちなみに、筆者の聞き取りによると、「役場からのはたらきかけ」によって結成されたという。そして自治会長には役場が推薦した区長が就いたと言われている。実際、一二自治会が出そろった時点で自治会長に就いていた者のうち八人が区長(一人は副区長)であった[24]。なお、他の聞き取りによると、大熊町以外の相双地区の仮設住宅自治会でもほぼ同じような状況が見られるという。

筆者はこうした自治会を「国策自治会」と呼んでいるが[25]、F自治会だけは異種の原理のうえに結成された。他の一一自治会と異なるところは、自治会の立地する仮設住宅が他の仮設住宅と違って、行政区に関係なく高齢者や身体の不自由な人びとが寄り集まっている点である。したがって、そこにつくられた自治会も、「元あるコミュニティ」をそのまま持ってきた自治会には見ら

表１　サロンの活動内容（2013年４月～2014年３月）

活動内容	回数	活動内容	回数
お茶会	196	押し花作り	1
食事会	3	手芸	1
健康相談	42	クリスマス会	3
介護相談	9	書初め	2
血圧測定	3	ひな祭り	2
レクリエーション	20	花見	2
ヨガ体操	8	餅つき	1
ラダーゲッター*	6	豆まき	1
軽体操	5	七夕飾りつくり	1
周辺散歩	3	コミュニケーション麻雀	7
ピンポン	1	マジックショー	2
小物作り	26	男の料理	2
フラワーアレジメント	3	落語	1
アレジメント	3	弁護士との座談会	3
バルーンアート制作	2	園児との交流会	2
和紙小物作り	2	議会との懇談会	1

（注）＊は、ロープでつながれた２本のゴムまりをはしご（ラダー）に向かって投げる遊び。ラダーに引っ掛かるとポイントになる。
（出典）吉原直樹「自治会・サロン・コミュニティ――『新しい近隣』の発見」（東北社会学会『社会学年報』43巻、2014年）より引用。

れないような「異なる他者」との交流があり、また人びとの関心もどちらかというと外に向かいがちである。こうした自治会をベースにしてサロンが立ち上がった。

サロンは、自治会結成からほぼ二週間後の二〇一一年八月中旬に、町包括支援センター主催の「いきいき教室」に参加した人たちが中心になってつくられた。そして、一週間に一回の頻度で集まり、仮設住宅の集会所を拠点にして活動が繰り広げられていく。強制の一切ない、「フットワークの軽い」参加に基づいて、文字通り「おしゃべりの場」として今日まで続いている。活動自体も表１のように一般的なものばかりで、傍目には自治会活動の一環として活動を行っているように見える。だから一見、何の変哲もない、内に閉じたサークルのようだ。

しかし、このサロンでは、町社会福祉協議会管轄の生活支援ボランティアを通して入ってきた全国各地からのボランティアと「出会う」ことによって、「よその人の目」が息づくとともに、避難者たちの「内なる」思いが「よその人」に伝わるようになっている。そして、いつの間にかボランティアを介して避難者間で自分たちの生活課題について話し合い、それらに向き合う状況が生じた。さらに、サロンでは、「国策自治会」が国、県、町など「上から」の依頼業務の遂行に追われ、十分に対応できていない地元社会(町内会)との交流を積極的に推し進め、身近な「よその人の目」を通して自分たちの立ち位置を確認するようになっている。

こうして日常的に「異なる他者」／「よその人」をまなざし、まなざされることを通して、「みんなが同じでないこと」、つまり「違うこと」を深く認識する。そして、自分たちが置かれている状況を対面的な関係において確認し、「異なる他者」／「よその人」と離れたりくっついたりしつつ、ゆるやかに互いの生を共感し合い、それらを生きる力へと変えながら、外に開かれた集合性を育むようになっている。それは「元あるコミュニティ」から自動的に派生したものではないし、そこに回収されるものでもない。サロンは常に動いていて、参加者は単一の中心や境界に組み入れられるわけではない。

サロンは明らかに官治的な枠組みの外にある。それは「国策自治会」に対して「もうひとつの自治会」を構成し、前節で言及した「新しい近隣」の内実を部分的に共有するようになってい

表2　サロンの展開

地　区	サ　ロ　ン　名
会津地区（大熊町社会福祉協議会）	「なごみ」in 門田、「げんき」in 日新、「ひまわり」in 一箕、喜多方サロン cf. 会津地区つながっぺ！おおくま日帰り交流会
いわき地区（大熊町社会福祉協議会いわき連絡所）	いわき四倉サロン、サポートセンターサロン、いわき植田サロン、「ひなたぼっこ」(平)、大熊町交流カフェ、いわき鹿島サロン、いわき泉サロン、いわき草野サロン、いわき内郷サロン、いわき磐崎サロン cf. いわき地区つながっぺ！おおくま日帰り交流会
中通り地区（大熊町社会福祉協議会中通り連絡所）	サロンつながっぺおおくま in こおりやま（郡山市)、茶話カフェ Rococo ～ろここ～（郡山市)、ホットサロン「てって」(福島市)、気軽に集まっぺ「もみの木」(白河市ほか県南地域)、「こらんしょ大熊」(福島市ほか県北地域)、「げんきが～い」(伊達市)、大玉村社協サロン cf. 中通り地区つながっぺ！おおくま日帰り交流会
相馬地区	借り上げ住宅サロン（相馬市)、かしまに集まっ会（南相馬市)

（注）表中、（　）内は連絡事務所を表す。
（出典）吉原直樹「自治会・サロン・コミュニティ――『新しい近隣』の発見」(東北社会学会『社会学年報』43巻、2014年）より引用。

る。そこでは、ジェイコブズが熱いまなざしを向けた、「隣り合うこと」が内包する多様性／複雑性、そして「偶発性」を見てとることができる。

とはいえ、サロンは異なる側面も有している。実際、社会福祉協議会―生活支援ボランティアがサロンを地域交流の推進役と位置づけ、それがあちこちに広がるにつれ（表2参照）、サロンは国家や行政とぶつかり合う以上に、協働するようになっている。つまり、サロン自体、「国策自治会」から離床しながら、それに再び埋め込まれるようになっているのである。

ここで指摘しておきたいのは、このところ、前述の「対話」がガバナンスの枠組みで言及されることが多くなっていることである。しかし、この場合、ガバナンスがガバメントの一変種《バージョン》であることを認識しておく必要がある。「上から」のガバメントに対してガバナンスがその「対向」をなすというのはあくまでも言説レベルのものであって、実定的なものとして想定することはいまのところ難しい。だからここでは、「対話」を「対峙」との互換性において捉え、当面、国家や行政との一定の留保付きの協働《コラボレーション》のなかで考えることにする。

確かに、サロンは次節で触れる「創発性」(the emergent)の原型のようなものを宿している。しかし、前節で言及した「新しい近隣」がそうであるように、サロンもまた「上から」の動員に対して響き合う面を有する。それだけに、行き先不明の状況にあることは否めない。それはおくとして、見てきたような「新しい近隣」、そしてそこにひそむとされる「創発性」は、サロンにおいてどのような形で現れているのであろうか。

ちなみに、前出のジョンソンは先に一瞥したジェイコブズの近隣への多様性/複数性認識には「創発性」に対する慧眼がひそんでいる、と言う(26)。筆者もまた、ここで言及したサロンに「新しい近隣」の原初的な型とともに「創発するコミュニティ」の始原的な「かたち」を見ることができると考えている。だが、「新しい近隣」、そしてサロンに見出すことのできる「創発性」のメカニズムは、いまだ明示的な「かたち」では現れていないように思われる。そこで次節では、ここで「創発性」/「創発するコミュニティ」として言及しているものを明らかにするとともに、それがサロンにおいてどのような「かたち」で現れているかを記すことにする。

4　「創発するコミュニティ」と節合のメカニズム

筆者の見るところでは、この間、「創発性」について先頭に立って議論しているのは、ジョン・アーリである。彼によると、「事物は互いとの関係のなかで自らの意味を見出し、そして、事物のつながりの相互性が、それらが何であるのか、どのようにあるのかを構成している」とするジンメルの社会化認識のうちに創発性についての原初的な認識を見出すことができる、と言う(27)。そのうえで、アーリの「創発性」に関する言説を約言すると、次のようになる。

「(創発性とは)あらゆる種類の現象にみられる『集合的な特性』のことであり、『システムの構成要素がそれらのあいだの相互作用を通して「おのずから」……創り出す』ものである。ところで、ここでいう集合的な特性は、それが『おのれの構成要素を越えるような、振る舞いの規則性』をはらんでいること、しかもそれが『(構成要素の)合計がその部分部分のサイズよりも大きくなるというのではなく、その部分とは何かしら異なるシステム効果が存在する』という点に鍵がある。つまり、『多数のものは少数のものとは違った振る舞いをみせるがゆえに量の多なるは質の異なり』になるということが重要なのである。この集合的特性をメルクマールとして、『さまざまな種類のつながりが交互に並び合い、交わり合い、結び合い……全体の織地が決まる』(それ自体、『不均等で平衡から遠く離れた相互依存プロセスの諸集合としてある)という『創発』の基礎的過程が描述されるのである[28]」

ここで鍵となるのは、「相互依存プロセス」、すなわち、相互作用のありようである。アーリによると、それが「多様で重なり合った［……］ネットワークと流動体を通じてリレーされ、実にさまざまな時間スケール上に広がってゆく[29]」点に創発性の最大の特徴があるとされる。

常に流動的であり、動的に不安定であることを特徴とするこの「創発性」に全面的に共鳴しているのが河野哲也である。河野は、世界に存在する諸々のものが多元的かつ入れ子状をなして並び合うことにともなって「創発性」が生じると説明する。そして、「創発性」に固有に見られる性格を、「下にあるもの」が「上にあるもの」にそのまま移《スライド》るのでもなければ、「上にあるもの」が「下にあるもの」に直接立ち帰るのでもない点に見出している[30]。

この河野の指摘は、先のアーリの約言とぴったり合う。要は「交互に並び合い、交わり合い、結び合う」多種多様なつながりがさまざまな方向性を宿していること、つまりどこからともなく脈絡なく現れ、そうしたものがリゾーム状に広がっていくことに、目が向けられているのである。

サロンに即して言うと、同質的で境界がはっきりしている「国策自治会」に動員されるのとは違って、お茶会や趣味の会や小さな祝祭などに参加する者たちが多様なアイデンティティを保ちながら対面的な相互行為を繰り広げる。それは矛盾をはらみつつ他者と緩やかにつながり、外部の世界と接点を持つことによって、自分たちがいまどういうところにいて、社会にどうきりむすばれているのかについての共通理解を生み出すことになる。そして、この共通理解とともに、具体的な他者の生への配慮（＝思いやり）に基づく関係性ができあがり、それがある種の集合性へと発展していく。

しかし、この関係性／集合性は常に差異やジレンマをともない、領域がはっきりしない。それゆえ、いつ壊れてもおかしくない。実際、参加者たちは自由に出たり入ったりしている。でも、そうした関係性／集合性を持続させることによって、参加者たちが置かれている苦境を理解し、相対化するための可能性／潜勢力が育まれることになる。

こうしてみると、「創発性」に根ざすコミュニティ、すなわち「創発するコミュニティ」は、混沌としてうごめく世界、つまり「十分に秩序づけられ平衡に向かうこともなければ、永続的なアナーキーに至ることもない(31)」世界に足を下ろしていることがわかる。つまり、「創発するコミュニティ」は常に生成途上(becoming)のものとしてあるのだ。実は、この生成という文脈において浮き彫りになるのが「節合」(articulation)のメカニズムである。

ところで、この節合の原初的な「かたち(32)」は、ベルクのいう位相的関係／通態、すなわち「ある程度まで一方が他方に入り込んで適合する」関係、および河野が生態心理学の基底的概念であるアフォーダンス(33)にかかわって着目する、「自分の振る舞いが環境に変化を引き起こし、その変化が再帰的に自分に与える循環的過程(34)」のうちに見出される。とはいえ、節合という概念自体は未成熟である。近年になって、それを体系的に整理しているのがエルネスト・ラクラウとシャンタル・ムフ(以下、ラクラウと略称)である。

もともと節合という概念は言語活動／現象を説明するために用いられてきたものであるが(35)、ラクラウは、これを制度や組織の変容を促すような社会的実践の文脈で用いている。ラクラウの言う節合は一言で言って、ある一つの主体が「特権的主体」としてあるのではなく、諸々の主体がおのおののアイデンティティを変容させながら、諸要素の間の関係を打ち立てること、すなわち諸要素を新しい構成へとつくりかえることを意味している[36]。

そうした点で、節合はまさに社会的実践の文脈で立ち現れるのだが、その場合にあらためて注目されるのは、個人の多様なアイデンティティが節合実践そのもののなかで「事後的」に構築されるという点である。つまり、節合は自然に生じたり現れたりするものではなく、あくまでも「構築される」ものとしてあるのだ。ここで重要なことは、システム内の諸要素がゆらぎのなかで捉えられ、したがってアイデンティティもまた固定的なものではなく、偶発性のなかに置かれていること、換言するなら、構築されるはずの集合的アイデンティティ＝集合的意志は異なった諸契機のなかから、対他的で緊張をはらんだ関係を通して現れることである。

いずれにせよ、こうした節合をメディアとして立ち現れる「創発するコミュニティ」が何よりも「ア・プリオリに人を選ばない」こと、そして「脱領域をベースに［相同せずに］『つなぐこと』へのこだわりによって成り立っている[37]」ことは確かである。ここで再び、先に一瞥したジェイコブズおよびデランティ、とりわけ後者の議論が新たな意味合いを帯びて浮上してくる。

デランティは、先の議論において、単一の帰属対象を想定しない対話的なコミュニティを提唱し、その核となるものとして「利己的な私利や社会的人格概念には還元できない[38]」ものを挙げている。次節では、そこで想到されているものを少し広い文脈で検討することにしよう。なぜなら、それは本稿で考えるオルタナティヴ・コミュニティ（↓「もうひとつのコミュニティ」）の推敲にとって欠かせないものであるからだ。

5　新たな社会史の位相

デランティのいう「利己的な私利や社会的人格概念には還元できない」ものに関連して興味深い捉え方をしているのが、シャンタル・ムフである。ムフによると、「ポスト政治的」な論題の設定において、利害の計算と道徳的な討議のみに依拠するといった重大な過誤が生じていると言う。かりに「政治的なもの」がラクラウの言うような集合的アイデンティ＝集合的意思の構築によって達成されるとするなら、そこには人びとに自らの経験を理解させ、将来への希望を抱かせるような何らかの契機が埋め込まれなければならない、というのだ。それをムフは「情動的な紐帯」と言い、こうした「情動的な紐帯」は諸価値や諸利害の間で一致点をさぐったり、共通の善について語ったりすることには決して還元されない、と主張している(39)。

この「情動的な紐帯」は、先に概観したサロンでは、病気による「苦しみ」や「悩み」、家族や人間関係の「ゆらぎ」や「綻び」、さらに差別され、排除されてきた経験を「異なる他者」と語り合うことによってつくり出されている。気にせず話し合うことができる、無視されない、自分が幾度も味わってきた感覚を知ってもらえることによって、被災者としてのアイデンティティの形成に厚みが加わる。いうまでもなく、ここでいうアイデンティティは周囲に合わせることによって形成されるような単一のアイデンティティではなく、被災者それぞれの社会的経験の違いが深い影を落としている、多重的で、それ自体矛盾と分裂の契機をはらんだアイデンティティである。

デランティは、人と人とが日常的生活者として向き合う「存在論的世界」において生じるこうした「情動的な紐帯」を、自らの経験を理解し、将来に希望を抱くといった、個人の自己実現レベルのものとして捉え、それをいまや過去のものとなりつつある「新しい社会運動」(40)に準拠して解明しようとする。とすれば、それらが隆盛をきわめた時点に立ち返って、感情や集合的メンタリティの構造の内部に立ち入りながら微細に記述する方法が求められることになるだろう。それは端的に言うと、社会史の位相に分け入って検討されるということである。

ところで、この社会史の位相を明らかにするには、先に触れた「新しい近隣」にもう一度立ち戻る必要がある。「新しい近隣」が歴史貫通的な地層に根ざしていることについては、先にベルクの議論などを引用しながら言及した。したがって、あらためて社会史の位相でそのありようを検討することが避けられない。「新しい近隣」の構造的文脈をさぐるうえでも、それが不可欠となっている。

いま「新しい近隣」のありようを考えるにあたって、今日、生活の必需品や教育や自然などの「共」が一方で個人や家族、他方で企業やネーションなどによって排他的に占有されている状況(そうした意味でまさに自壊する共同性ができあがっている)を見据える必要がある。なぜなら、そうした状況下で、前述の「共」を、「公」を奪い返し拡大しながら再領有するということが最重要課題の一つとなっているからだ。とはいえ、「共」に寄り添いながら、公権力に抗しつつ「公」を広げていくことは容易ではない。

こうした課題に向き合うにあたって、何よりもまず、社会に対して物象化を阻止する運動を埋め込むこと、そしてそのための初期的な条件として見てきたような節合的実践、すなわち見知らぬ人びとが自由にしかもお互いに違いを認め合いながら出会い、緊張をはらんだ関係性のうえに社会的アイデンティティを再構築する実践が求められる。また、そうであるからこそ、いまや社会民主主義的と揶揄されるまでになっている福祉国家が前述の脱物象化の運動とどう関わってきたのか、あるいは関わってこなかったのかについて検証することが必要になってくる[41]。かりに福祉国家が脱商品化を制限してきたとするなら、それが人びとの欲望や幻想をどのような「かたち」で喚起し、それらをどのようにして資本の論理に組み込んできたのかを明らかにする必要があろう。新自由主義の旋風が吹き荒れるなかで福祉国家が過去のものと語られるいまであればこそ、そのことを社会史の位相で検討すべきであろう。

重要なことは、こうした社会史の位相で「いま」を見ること、そしてそのことを通してここでとりあげた「情動的な紐帯」や福祉国家などに対する再評価の視点を確立することである。そのことは、見てきたような節合、そして「創発するコミュニティ」の議論に厚みを加えるうえでも欠かせない。同時に、そのことによって、先に言及した「共」の再領有化をさまたげるような、ネーションと家族や個人に分断された共同性(→自壊する共同性)へと導かれることがないよう留意する必要がある。ともあれ、節合、そして「創発するコミュニティ」の根底にある「非常に厚みのある共存的な相互作用を特徴とする近接性」と「とどめなくフローする……ネットワーク」(42)にひそむ可能性をしっかりと見据えなければならない。

ちなみに、既述したサロンに即して「共」の再領有化に関して付言するなら、一方で社会福祉協議会―生活支援ボランティアを介して、技術的な課題の処理に追われる「公」と対峙し対話する中で、そして他方の日々の「できごと」(アーレント)=活動を通して異他的な相互性に根ざす「生活の共同」の枠組みを打ちたてる中で、何らかの道筋が切り拓かれつつあると言える。

むすびに代えて

社会史の地層をかいくぐって立ち上がってくるコミュニティの位相は、きわめて両義的な性格を帯びている。コミュニティをごく単純化して諸要素／主体の関係性という次元で捉えると、内に閉じていくベクトルと外に開かれていくベクトルに引き裂かれていることがわかる。換言するなら、諸要素／主体を固定化しようとする力学と不安定化しようとする力学が激しくせめぎあっている。

本章は、「新しい近隣」からはじまって「創発するコミュニティ」、そして節合へと視軸を移動してきたが、明らかにコミュニティを不安定で、外に開かれたものと捉える側に立っている。その点で、社会学的コミュニティ論の主流が担保してきた、安定した地域性と共同性、そして完全に充溢したアイデンティティに力点を置く論調とはまぎれもなく一線を画している。とはいえ、それは前記した「もう一方の側」の論調とまったく響き合わないというのではない。

ちなみに、近年、社会保障制度の再整備に向けて「ナショナルなもの」を召喚し、社会統合のメディアとしてナショナリティの意義を強調するリベラル・ナショナリズム論が広がっている。それは、コミュニティをナショナリティに回収するうえで大きな役割を果たしている。(43)同時に、「ナショナルなもの」／ナショナリティを個人の権利＝自由に重ね合わせることによって、かけがえのない個人を社会の文脈で再確認するような「かたち」でコミュニティが外に開かれた回路を生み出す可能性があることを示している。

ここで注目されるのは、明らかに閉じられたものを基本にしているにもかかわらず、それが外に開かれたコミュニティを生み出す契機にもなっていることを示唆していることである。こうしたリベラル・ナショナリズム論にとって、あらかじめ構造を持ち、どのような位置を占めているかによって自己や他者が決まってしまう共同体(44)は、もはや絶対的な要件とはならないのである。

いずれにせよ、ここで指摘したいのは、「内在に還ることなく、『外』に向かって開かれている」(45)関係の構造がさまざまな動線（の交わり）のうえにあるということである。実際、本章では、異質なものとの出会い＝「対話」を通してゆらぎながら動的な関係を築きあげていくサロンに、節合の一つの「かたち」、そして「創発するコミュニティ」の一つのタイプを見ている。考えてみれば、それらは高度に偶発的で流動的で不安定的であり、現在進行形のものとしてある。まさに「コミュニティ・オン・ザ・ムーブ」としてあるのだ。いうまでもなく、そこには節合に媒介されているように見えながら、「統治」（ガバメント）の枠組みにすっかりおさまっているコミュニティも含まれる。

そうなると、「『外』に向かって開かれている」ことが実は「全体に統合されている」ということになる。ここでとりあげたサロンはかぎりなく不安定であり不定形であるが、その先にこうした事態が生じないという保証はまったくない。ともあれ、人びとが「ふれあい」「語り合い」「聞き合う」ことを通して「相互に関係を持つ」ことが数えきれないほどの可能性と課題を持つことは明らかである。

本章は、そのことを考えるための素材提供の役割を担うことを目論んで執筆されたが、結局のところ、緩やかに構造化され、さまざまな意味を紡ぎ出しているコミュニティの一つの「かたち」を示すことに終わってしまった。また、当初はその狙いのもとに現代社会におけるネーションの変容に迫ることを目指したが、それも未遂のままに終わった。これらはいずれ別の機会に果たしたいと考えている。

（1）デヴィット・ハーヴェイ著、大屋定晴他訳『コスモポリタニズム――自由と変革の地理学』作品社、二〇一三年。

（2）吉原直樹「自治会・サロン・コミュニティ――『新しい近隣』の発見」東北社会学会『社会学年報』四三巻、四四ページ。

（3）Bell, C. and H. Newby, "Communion, communalism, class and community action: the sources of new urban politics," D. Herbert and R. Johnson eds., *Social Areas in Cities*, Wiley, 1976.

（4）能登路雅子「地域共同体から意識の共同体へ」本間長世編『アメリカ社会とコミュニティ』日本国際問題研究所、一九九三年。

（5）隣組は長い間、近隣者の間で見られる相互扶助機能を有する自発的な集団とされてきたが、近代になって、上位にある政治権力から発せられる命令を伝達する制度として果たしてきた役割、とりわけ総力戦体制期に果たしたその機能に注目して、「隣組」という名称を用いることが多くなっている。

（6）Delanty, G., *Community*, Routledge, 2003（山之内靖・伊藤茂訳『コミュニティ――グローバル化と社会理論の変容』ＮＴＴ出版、二〇〇六年.

（7）Bender, T., *Community and Social Change in America*, Johns Hopkins University Press, 1978.

（8）それは、その場その場の状況に合わせながら雑然と規範を汲み上げていく際の、いわば媒体《メディア》としての人と人との「あいだ」に照準されているが、ベルクはこの位相的関係のうちに「日本の社会が［……］仲介ということを、またその動作主体となる象徴的第三者を、きわめて重視している」(Berque, A., *Le sauvage et l'artifice : Les Japonais devant la nature*, Galimard, 1986, pp.307-309（篠田勝英訳『風土の日本』筑摩書房、一九八八年））ことを見出している。詳述はさておき、ベルクはこの位相的関係が「創発性」の社会・文化構造の一つの「かたち」を示しているというのである。

（9）前掲(8)。

（10）吉原直樹『コミュニティ・スタディーズ――災害と復興、無縁化、ポスト成長の中で、新たな共生社会を展望する』作品社、二〇一一年、一四三ページ。

（11）雨宮昭一は、この均質化という概念をもって戦時体制と戦後体制の連続と非連続の地平を明らかにしている(『戦時戦後体制論』岩波書店、一九九七年)。それはさておき、この時期に上から強制的に行われたコミュニティの均質化が戦後の折々において見られた町内会の「行政の下請化」の基盤形成の役割を担ったことは否定できない。この点については、吉原直樹『時間と空間で読む近代の物語——戦後社会の水脈をさぐる』(有斐閣、二〇〇四年)を参照されたい。

(12) 吉原直樹『アジアの地域住民組織——町内会・街坊会・RT/RW』御茶の水書房、二〇〇〇年。この論争は、いまから考えてみると、個別ディシプリンを越えてインパクトを及ぼす可能性があった。一つはコミュニティを通時的に見るか共時的に見るか、そしていま一つは「構造」に力点を置いて論じるかそれとも「機能」に力点を置いて論じるかをめぐって、きわめてスケールの大きい議論へと展開する可能性をはらんでいた。しかし結局は、都市社会学の小さな世界の「できごと」に終わった。その一因として、論争の担い手たちが包括的な歴史認識を持ち合わせていなかったことが挙げられよう。

(13) Jacobs, J., *The Death and Life of Great American Cities*, Random House, 1961 (山形浩生訳『アメリカ大都市の死と生』鹿島出版会、二〇〇四年、一三六・一六二ページ).

(14) 前掲(13)、九〇ページ。

(15) 前掲(13)、一四二ページ。

(16) 前掲(13)、一五七ページ。

(17) 前掲(13)、六七ページ。ただし、引用は訳文通りではない。

(18) 前掲(13)、一五六〜一五七ページ。

(19) Johnson, S., *Emergence: The connected lives of ants, brains, cities and software*, Simon & Schuster, 2001 (山形浩生訳『創発——蟻・脳・都市・ソフトウェアの自己組織化ネットワーク』ソフトバンク・クリエイティブ、二〇〇四年).

(20) 齋藤純一『公共性』岩波書店、二〇〇〇年。齋藤純一『政治と複数性——民主的な公共性にむけて』岩波書店、二〇〇八年。

(21) 前掲(8)、一六一ページ。

(22) 前掲(8)、一六六ページ。
(23) ここでは、紙幅の関係でサロンについては走り抜けの記述に終わらざるを得ない。詳細は吉原直樹『「原発さまの町」からの脱却――大熊町から考えるコミュニティの未来』岩波書店、二〇一三年、第5章、および前掲(1)を参照されたい。また、サロンそのものの位置づけにはかなりの違いがあるが、大熊町以外の広域避難者が各所で開いているサロンの動向については、松本行真『被災コミュニティの実相と変容――福島県浜通り地方の調査分析』(御茶の水書房、二〇一五年)が参考になる。
(24) 前掲(23)『「原発さまの町」からの脱却』一〇四ページ。
(25) 吉原直樹「ポスト3・11の地層から――いまコミュニティを問うことの意味」伊豫谷登士翁・齋藤純一・吉原直樹『コミュニティを再考する』平凡社新書、二〇一三年。前掲(23)『「原発さまの町」からの脱却』。
(26) 前掲(19)。
(27) Urry, J., *Mobilities*, Polity, 2007 (吉原直樹・伊藤嘉高訳『モビリティーズ――移動の社会学』作品社、二〇一五年).
(28) 吉原直樹「アーリの社会理論を読み解くために」前掲(27)。
(29) Urry, J., *Global Complexity*, Polity, 2003 (吉原直樹監訳『グローバルな複雑性』法政大学出版局、二〇一四年).
(30) 河野哲也「アフォーダンス・創発性・下方因果」河野哲也・染谷昌義・齋藤暢人編『環境のオントロジー』春秋社、二〇〇八年。
(31) 前掲(28)、四四一ページ。
(32) 前掲(8)、三〇九ページ。
(33) もともとジェームズ・ギブソンが提唱したアフォーダンスの概念は、環境を所与のものと捉えるのではなく、物と動物のありよう、つまり人間や動物が物に影響を与え、それがフィードバックすることによって動作や感情が生じると見なすものである(Gibson, J. James, *The Ecological Approach to Visual Perception*, Routledge, 1979(古崎敬ほか訳『生態学的視覚論――ヒトの知覚世界を探る』サイエンス社、一九八六年).

(34) 前掲(30)、二四四ページ。

(35) フェルディナン・ド・ソシュールによると、節合はラテン語で肢体、部分、そしてひと続きの物の細分を意味する articulus に由来する。そのことを踏まえたうえで、ソシュールは「言連鎖を音節へと細分すること」と「意義の連鎖を意義単位へと細分すること」の両方からなるものとして節合を捉えている(Saussure, F. de, *Cours de linguistique générale*, Payot, 1916(小林英夫訳『一般言語学講義』岩波書店、一九七二年).

(36) Laclau, E. and C. Mouff, *Hegemony and Socialist Strategy towards a Radical Democratic Politics*, Verso, 1985(山崎カオル・石澤武訳『ポスト・マルクス主義と政治――根源的民主主義のために』大村書店、二〇〇〇年).

(37) 前掲(10)、五一ページ。

(38) 前掲(6)、一六七ページ。

(39) Mouffe, C., *On the Political*, Routledge, 2005(酒井隆史監訳『政治的なものについて――闘技的民主主義と多元主義的グローバル秩序の構築』明石書店、二〇〇八年).

(40) 天野正子は「新しい社会運動」の特徴を、以下の三点、すなわち①高度産業社会の周辺部に位置する人びと、たとえばマイノリティや女性などが運動の主体となり、②「アイデンティティ」「自主管理」「自己決定」などがキーワードとなる、生きるうえでの全体性が運動の争点となり、そして③一人ひとり自分の判断で行動する個人間のネットワーク型組織が運動の方法になっている点に求めている(天野正子『「生活者」とはだれか――自律的市民像の系譜』中公新書、一九九六年）。だが、脱組織的で非継続的であるゆえに、「新しい社会運動」が持続性を欠き、いわゆる多産多死の状態に陥りやすい点については、多くの論者が指摘しているところである。

（41）この点について最も鋭く議論しているのはアントニオ・ネグリとマイケル・ハートである。彼らは、福祉国家が彼らのいう「生政治的生産」を副次的なものにしてきたと批判している。ちなみに、ネグリとハートのいうマルチチュードには、資本の論理から自立した形で、互いに差異を認めながらコミュニケートし、「共」の生産活動を行う「経済的」側面と、ネットワーク状組織へと移行していく「政治的」側面がある。生政治的生産とは前者の側面を指している（Hardt, M. and A.Negri, *Multitude: war and democracy in the Age of Empire*, Penguin Press, 2004（幾島幸子訳『マルチチュード――〈帝国〉時代の戦争と民主主義（上・下）』ＮＨＫブックス、二〇〇五年）.

（42）Urry, J., *Sociology beyond Societies*, Routledge, 2000（吉原直樹監訳『社会を越える社会学――移動・環境・シチズンシップ』法政大学出版局、二〇〇六年、二四六ページ）.

（43）前掲（25）。

（44）西田幾太郎の場所論には、こうした共同体とそれを向こうにおいて個人が絶対に差異を解消することのできない他者である彼や彼女と出会う場が複眼的に見据えられている（西田幾太郎（上田閑照編）『西田幾太郎哲学論集Ⅰ』岩波文庫、一九八七年）。とはいえ、リベラル・ナショナリズム論と比較してみると、リベラル・ナショナリズム論がいま述べたように閉じられたものを基本にして開かれたものへと視界を広げているのに対して、西田の場合、開かれたものに力点を置いて閉じられたものを見ているといった明確な違いがある。

（45）Blanchot, M., *La communicanté* □*navouable*, Éditions de Minuit, 1983（西谷修訳『明かしえぬ共同体』朝日出版社、一九八四年、一八五ページ）.

第11章　民主政治の試練の時代——民主主義の再生のために

千葉　眞

はじめに——民主主義の試練の時代

日本は二一世紀に入り、自民党の小泉純一郎政権以降、民主党(現・民進党)の鳩山由紀夫政権による政権交代を経て、現在の第三次安倍晋三内閣に至るまで、社会保障の劣化、代表制民主主義のさらなる機能不全を経験してきた。今日、私たちは、戦後の自由民主主義体制の最大の危機に直面していると言っても、あながち間違っていないのではなかろうか。

説明するまでもなく、戦後日本の自由民主主義体制をつくりあげてきたのは、日本国憲法の基本原理である立憲主義(法の支配と基本的人権の尊重)、民主主義(人民主権)、平和主義(世界平和へのコミットメント)であった。二〇一四年七月一日の集団的自衛権行使の閣議決定に始まり、一五年九月一九日未明の参議院本会議における安全保障関連法案の採決強行に至るまでの経緯を見ても、戦後不十分ながらも護られてきたこれらの基本原理——立憲主義・民主主義・平和主義

――の国是が政府の行為によって土台から破壊され始めたという印象を持ったのは、筆者ひとりではないと思われる。

それゆえに、最近の論稿で筆者は、日本の民主主義は劣化の一途をたどり始めたのではないか、また自由民主主義体制は、いつの間にか、擬似自由民主主義あるいは準自由民主主義に後退してきているのではないか、と疑問を呈したことがある(1)。いずれにせよ、現代は民主主義の試練の時代である。

それにしても安倍政権は、近年、数多くの国民の反対と憂慮にもかかわらず、安全保障関連法案の強行採決と施行のみならず、靖国神社への首相参拝、特定秘密保護法案の強行採決と施行、沖縄の辺野古《へのこ》新基地建設工事の強行、川内《せんだい》原発(鹿児島県)や高浜原発(福井県)の再稼働などを行ってきた。さらには、国民の一部から深刻な懸念や批判が提起され続けてきたＴＰＰ(環太平洋経済連携協定)やアベノミクスの推進など、「自分たちが決める政治」に邁進している。こうした安倍政権の動きは、従来の自民党政権のあり方とも一線を画すものであり、民意をないがしろにする「愚民思想」が背景にあるのではないかとの指摘ないし疑念の表明も後を絶たない。

また、二〇一六年七月一〇日の参議院選挙前には、安倍政権はアベノミクスへの是非が争点だと主張してはばからず、報道機関の多くは政権の明らかな改憲狙いに関してはあまり語らず、その言い分を垂れ流しにするだけであった。そして、選挙で改憲勢力が三分の二以上の議席を獲得するや、今後の政局は改憲問題をめぐって展開されると盛んに報道し始めた。ここには、報道機関全般の政権の動向や主張への同調姿勢および自粛モードを見ることができよう。

これ自体、①真実で公正な報道と②自由な権力批判を骨子とする報道機関の基本的責任の放棄であり、民主政治にとって憂慮すべき事態である。というのも、立法部、行政部、司法部とならんで、報道機関は民主政治にとって最も基本的かつ不可欠な「統治の第四機関」(ハンナ・アーレント)だからである。(2)

今日の民主主義の危機は、単に代表制民主主義や複数政党制といった自由民主主義体制の根幹を構成する諸制度の機能不全であるにとどまらない。その危機は同時に、社会福祉・社会保障・生活保障の低下といった社会民主主義的側面の陰りにも明らかに見てとることができる。本章で私は主として、戦後日本の自由民主主義体制という混合政体――それは狭義の自由民主主義、参加民主主義、社会民主主義の構成諸要素の混合から成立している――の持つ社会民主主義の側面の脆弱化の問題とその克服に焦点を合わせて、考察してみたい。

1　ポスト・デモクラシーの時代なのか

実は社会福祉・社会保障・生活保障の後退、自由民主主義体制下におけるいわゆる社会民主主義の側面の凋落は、近年の日本だけではない。「先進的」民主主義諸国と呼ばれてきた欧米諸国においても、ここ数十年の一般的傾向である。とくに二一世紀に入って、ロンドンのシティやニューヨークのウォール街を基軸として展開されるグローバルな金融資本主義が世界を席巻するなかで、地球規模で富裕な諸国と貧困な諸国との格差が拡大すると同時に、民主主義諸国の各国内においても貧富の格差が広がっている。

そうしたなかで自由民主主義体制は、その重要な構成要素である社会民主主義の側面だけではなく、議会制民主主義の停滞、複数政党制の機能不全、投票率の低下、市民の政治参加の陰り、資本主義経済の変質など、その根幹においても「民主主義の欠損」に悩まされ続けてきた。こうして今日では、多くのいわゆる「先進」工業諸国において民主主義への幻滅と無関心が社会を覆いつくし、すでに「ポスト・デモクラシー」の時代に突入したという言説（イギリスの政治学者コリン・クラウチなど）が、しだいに説得性を増している。

社会民主主義の理論家クラウチによれば、ポスト・デモクラシーにおいては、たとえ労働党などの左派政党が政権を担当しようとも、国家の基本政策は大企業と富裕者層の利益になるような一定の構造的権力が働き、国内で貧富の差が広がり、格差社会化が深まっていく(3)。労働者階級と参加的市民層が衰退するなかで、大企業が下支えをする権力エリート層（経済エリート、政治エリート、軍事エリートなど）が強化され、経済成長と国際競争力が国政と外交の基本となる。反面、地球規模で席巻する金融資本主義の論理と戦略が、こうして生じた政治空白を埋めるものとして動員される。

その結果、イギリスをはじめとする西洋資本主義諸国においては、権力エリート層主導の寡頭制支配（オリガーキー）が強化されてきた。議会制や複数政党制も、さらには投票制も、こうした状況下では、従来のような政治選択の多元化を保障するものとはなっていない。「パワー・エリート」(権力エリート)という概念は、アメリカの政治社会学者C・ライト・ミルズが一九五六年に刊行した『パワー・エリート』という著作で初めて使用された。この古い用語が再び二一世紀初頭のポスト・デモクラシーの時代を解くキー・ワードとなったのは、皮肉ではあるが現実である(4)。

アメリカの政治理論家シェルドン・S・ウォリンは、こうした構造的な寡頭制的支配権力を内に秘めた二〇世紀末以降の現代国家を、「経済政体」(economic polity)ないし「政治経済体制」(political economy)と一貫して呼び慣わしてきた。「経済政体」とは、国家の基本政策が、大企業を中心とした経済界のニーズおよび経済界と密接な協力関係にある統治機構のニーズによって決定される経済主体の秩序体をいう。

現在のアメリカや日本のように憲法上はデモクラシーを原則としている国でも、「経済政体」となった場合には、「デモクラシーの政治」は地に堕ち、「経済政体」を基盤とした「システムの政治」(5)がすべてを支配する。そして、人間社会、自然環境、人間の身体と精神を疎外し損耗させていく。ウォリンによれば、アメリカでは今日、超強大国(スーパーパワー)としてこの「システムの政治」は、「対テロ戦争」において世界規模の覇権主義を展開する基盤となっている。自律的な「全体的支配の近似体」(near-totality)である「経済政体」(6)のもとでは、「経済」がすべてを規定する「包括的な社会解釈学の第一原理」となるからである。

振り返ってみると、戦後日本社会もまた、独特の仕方で一種の「経済政体」であり続けてきた。いわゆる「政官財」の鉄の三角形と呼ばれた日本型「経済政体」においても、経済成長のイデオロギーと国際競争力の強化の戦略が最優先されてきたのである。

一九八〇年代以降は、当時「新保守主義」(neo-conservatism)――今日のネオ・リベラリズムの先駆的形態――と呼ばれた「構造改革」のスローガンのもと、規制緩和、民営化、行政改革などが叫ばれ、バブル崩壊に端を発する九〇年代の「失われた十年」の危機を準備していた。今日、デモクラシーがいまだに深く着実に根づいたことのないこの国で、ポスト・デモクラシーの徴候が社会のあちこちで見られている。

一九九〇年代の長期的不況を経て、次に登場したのは小泉政権(二〇〇一〜〇六年)である。小泉首相は「聖域なき構造改革」という標語を掲げて、新自由主義(ネオ・リベラリズム)的政策に大々的に着手し始めた。二〇〇一年ごろから、この国のデモクラシーの後退と社会保障の劣化が急激に進んでいく。二〇〇五年ごろには、新自由主義的政策のもとで格差社会化に拍車がかかり、ワーキングプアを数多く輩出し、かなりの数の若者が失業や非正規雇用に追いやられた。若者や高齢者、失業者や障害者は、生活保障や社会保障の劣化に苦しみ始めたのである。(7)

第二次安倍内閣は、民主党の跡を襲って二〇一二年一二月二六日に発足し、アベノミクスの三本の矢を放った。だが、第一の矢の金融改革、第二の矢の財政出動だけが突出し、第三の矢の成長戦略は総じて奏功していないことは、財政政策や経済政策の専門家の議論を見るまでもなく明らかである。

しかも、二〇一五年秋以来、「一億総活躍社会」を銘打ち、社会保障の充実を語るものの、実際にはネオ・リベラルな金融資本主義が社会の格差を一段と拡大化している。大企業優先で、小企業、母子家庭、非正規雇用者など社会的弱者の貧窮を加速化させ、相対的貧困率は二〇一六年六月現在で一六・一％と、ＯＥＣＤ（経済協力開発機構）加盟三四カ国中ワースト六位にまで落ち込んだ。一九六〇年代から八〇年代にかけて日本は「一億総中流社会」と言われたが、今日ではその実感が薄れ、統計的には世界有数の格差社会に頽落している。

年収が一五〇万円に満たない給与所得者が急増し、二〇一四年の時点では、非正規雇用者の占める割合は一五～二四歳の若年層において三〇・八％ときわめて高く、また女性は五六・七％と男性よりも高い。「聖域なき構造改革」路線が踏襲されてきた約一五年間で、社会福祉・社会保障・生活保障の後退は目を覆わんばかりの事態である。さらに、格差社会化しただけでなく、同時に分断社会化ないし自壊社会化の様相をも呈してきた。二〇〇八年に湯浅誠は、こうした今日の日本社会を、「うっかり足を滑らせたら、どこにも引っかかることなく、最後まで滑り落ちてしまう」という意味で「すべり台社会」と呼んだ(8)。

2　自由民主主義は「志の低い」デモクラシーなのか

クラウチは、前述のポスト・デモクラシー論で、自由民主主義を「志の低い」デモクラシーであると批判している(9)。確かに、地球規模に展開する金融資本主義の猛威に一方的な防戦と変質を余儀なくされてきた各国の自由民主主義体制の現実を見ると、その危機は明らかである。大企業および金融資本主義重視の国策の追求をなかば強いられる自由民主主義諸国において、代表制、複数政党制、普通選挙制のすべてが機能不全に陥り、国政選挙の投票率は軒並み五〇％台にまで低下している。

しかし、ジョン・ロールズが『政治的リベラリズム』（一九九三年）で展開したように、自由民主主義はその理念において、「正しく適切に秩序づけられた社会」という正義の原理構想を掲げ、政治社会全体の理性としての公共的理性の理想を保持する「立憲民主主義体制」でもある。[10] ロールズの議論を通じて、自由民主主義の理念としての正当化（justification）が格段に高まったことは否定できない。

ロールズの仕事がインパクトを与える前は、自由民主主義の定義として、次のヨーゼフ・A・シュンペーターのものが一般的に流布していた。

「民主主義とは政治的決定に到達するための一つの制度装置であり、そこでは諸個人は人びとの投票をめぐる包括的な競合を通じて決定権を獲得する」[11]

選挙で選ばれた代表者たちによって代議統治が行われるという意味で、自由民主主義は別名「エリート主義的民主主義」と評されていた。だが、別の意味でも自由民主主義は、なかば不可避的に「エリート主義的」傾向性を示すことになる。それは、その国の実情によって相違があるだろうが、自由民主主義体制は、一握りの権力エリート層（経済エリート、政治エリート、軍事エリートなど）による寡頭制支配へと堕落しやすいからである。また、「民衆による統治」というデモクラシーの根源的理念——たとえば、「人民の人民による人民のための政治」というリンカーン

の考え方——を反故にする危険性があるからである。(12)

その意味で自由民主主義はそれ自体、不断の民主化を必要としていると言えよう。不断の民主化を怠ると、自由民主主義自体が民主主義以下のものへ変質していくことになる。ここに「民主主義の徹底化ないし民主化」を要求するラディカル・デモクラシーが要請されてくるのであり、それは自由民主主義にとって常に必要不可欠な補正的視座と展望を提供する。

ラディカル・デモクラシーとは、自由民主主義や社会民主主義のような政治制度や政策綱領ではないが、デモクラシーの本来性へと常に還帰しようとする理論的視座であり、政治的実践でもある。その名称が示すように、デモクラシーの「根元」に立ち戻ろうとする根源的デモクラシー論でもある。デモクラシーの「根元」ないし「根の営み」とは、demokratiaという語源から言えば、「民衆」(demos)の「自己統治(権力)」(kratia)である。そして、この民衆の自己統治は、彼らの発意、生活世界、共同の権力と自発的ネットワーキングにこそあり、またそれらを通じて創出される。

現代の政治理論において、こうしたラディカル・デモクラシーの理論と実践は、多種多様な類型と方向性をともないながら、多士多彩の論者たちによってこの三〇年ほど展開されてきた。ラディカル・デモクラシーは、参加、ヘゲモニー的再節合、社会的弱者のエンパワーメント、社会福祉と社会保障の充実、ベーシックインカム、ミニマムインカム、差異の政治、アゴーン(闘技)、共通善、熟議(審議)、文化の政治など、大きな波及領域をつくり出しながら、社会のなかに生活者と住民によるデモクラシーの堅塁とネットワークを築こうと試みる。そこに最小限の共通の前提があるとすれば、すべての政治制度のなかで、デモクラシーにおいてのみ、政治的なものが無数の民衆の日常生活にしっかり組み込まれるという考え方である。

しかし、グローバルに展開する新自由主義に翻弄される衰弱した自由民主主義体制においては、前述の前提はすでに成立せず、権力エリート層が支配するポスト・デモクラシーの状況になっている。もちろん、ポスト・デモクラシーにおいても、選挙は存在し、政権交代が行われ、複数政党も存在し、議会制民主主義も機能不全になり形骸化したとしても、なくなったわけではない。だが、こうしたなかで、一般民衆の政治への幻滅、政治的関心の減退、参加意識の稀薄化が広がっていく。

労働者階級の縮小と政治的影響力の低下は、従来の左派政治が消失したか、あるいは低迷した状態にあるかのいずれかである事実を示している。デモクラシーの政治の担い手として立ち現れてくるはずの強い政治的かつ公共的意識を持った生活者と住民は、出番を知らされずに舞台裏で待機中のままか、舞台に躍り出る前にすでに消失してしまったかのいずれかである。

とはいえ近年、ニューヨークに出現した「オキュパイ（占拠）・ウォールストリート運動」、およびそうした民衆運動を受けた民主党大統領候補バーニー・サンダース上院議員の善戦、さらにはスペインの「ポデモス党」の躍進など、新しい時代の幕開けを予感させる興味深い運動や事例も生まれている。(13) これらが新しいデモクラシーの担い手として持続的な影響力を保持できるのか、注視していきたい。

再びクラウチの主張に戻ると、「民主主義の放物線」の議論が興味深い。その前提は、多くの民主主義諸国ではデモクラシーの絶頂期が過ぎ、現在は放物線の下降局面に入っているという認識である。

イギリスを例にとれば、第二次世界大戦の直後にその福祉国家体制は頂点を迎え、一般民衆の投票と政治参加も高水準で推移した。その後は、紆余曲折を経ながら、一九七〇年代中葉から八〇年代にかけて、労働者階級の衰退、平等主義的政治の後退、民衆の政治参加の陰り、さらにいわゆる「イギリス病」の蔓延が見られるようになる。デモクラシーは、明らかに下降局面（ポスト・デモクラシー期）に入ったのである。ポスト・デモクラシー期には国政は一握りの権力エリートが牛耳るところとなり、平等主義の施策が後退し、社会的弱者の救済措置は低減の一途をたどる。

しかし、ポスト・デモクラシー期といっても、普通選挙制、複数政党制、議会制度といった民主主義の制度（遺産）は依然として存在している。また、人びとは民主主義を手放そうとしない。それは、ファシズムや専制政治と比べて、どんなに形骸化され、その精神や気概を失ったとしても、民主主義はまだましな政治制度であると考えられるからである。

こうして「民主主義の放物線」は、民主化度の底辺にかぎりなく近接していくことになる。[14]ラディカル・デモクラシーは、ポスト・デモクラシー期における自由民主主義体制——それ自体、薄弱（thin）な民主主義でしかない——に対して、政治参加、社会的弱者のエンパワーメント、支配権力への批判と抵抗といったデモクラシーのモメントを注入していく課題に取り組んでいる。

3　社会民主主義の今後

社会民主主義（social democracy）は、狭義の自由民主主義、参加民主主義とともに自由民主主義体制を形成し、一九世紀末以来、社会福祉や社会保障を推進して、社会的弱者のエンパワーメントに力を傾注してきた、民主主義の一類型である。社会民主主義の理解に関しては、自由民主主義から進化したと捉えるアプローチと、社会主義から派生したと理解する見解の二つが併存している。

二〇世紀において社会民主主義は、理念的にも制度的にも、福祉国家の形成と展開とに結びついて発展してきた。社会民主主義は、その存在論的基礎において、資本、国家、労働という福祉国家を成立させていた三つの要因の調停と妥協において成り立っていた。その政治制度と政策は、一九五〇年代および六〇年代、さらに一部は七〇年代を通じても、西欧諸国や日本など多くの国々でうまく機能し、成長経済のもとで福祉国家の発展が促されていったことは明白であろう。

福祉国家は、もちろん一様ではない。G・エスピン＝アンデルセンによる「社会民主主義レジーム」（北欧諸国）、「自由主義レジーム」（イギリス）、「保守主義レジーム」（ドイツ）の三類型論は有名である。また、「普遍主義モデル」（北欧諸国、イギリスなど）、「社会保険モデル」（ドイツやフランスなど)、「市場型モデル」(アメリカ)、「公共事業型モデル」(日本)など、説得的な類型論がいくつか提示されている。(15) とくに日本の場合、一九五〇年代から七〇年代にかけて、経済成長、国家の強力な規制力、社会保障と福祉の充実化が福祉国家体制を可能にし、諸外国に比べても福祉国家の最盛期を比較的長期にわたり享受できた。

一九八〇年代にはイギリスのサッチャー主義、アメリカのレーガノミクスという、当時「新保守主義」と呼ばれた資本主義的潮流が登場する。その「小さな政府」政策および「自由市場の絶対化」政策を通じて、社会民主主義はいったん後退を余儀なくされる。

その後、一九九〇年代後半になると、ヨーロッパ諸国において社会民主主義政権が誕生した。たとえば、イギリスの労働党のブレア政権(一九九七~二〇〇七年)、ドイツの社会民主党を中心に緑の党を組み入れたシュレーダー政権(一九九八~二〇〇五年)などである。一九九〇年代末には当時のEU一五カ国のうち、中道左派政権は一三を数えた。

だが、その数年後にはこの数は半減する。前述の二つの政権を例にとると、いずれも当初の社会民主主義的諸価値(社会福祉・社会保障・雇用保障・最低賃金・財政再建など)の実現を目指したが、十分な成果を上げられず、総じて失敗に終わった。というのも、いずれも中途で、自国の経済成長のためにはグローバルに展開する金融資本主義に経済の活性化を委ねるしかないと判断し、いわゆる「トリクルダウン経済政策」に舵を切るのもやむを得ないと判断したからである。

なぜ一九九〇年代後半以降、イギリスやドイツをはじめとするEUの社会民主主義政権が、当初求めた低所得者層の社会福祉・社会保障・雇用保障の充実化を十分になしとげられなかったのだろうか。それだけでなく、いつのまにか――あるいは多くの場合、ブレア政権のようになかば意図的に――グローバルな金融資本主義に依存するようになり、結局のところ国策の基本もかなりの程度、新自由主義的な方向へと転換していかざるを得なかったのだろうか。

この基本的な問いに関して、社会民主主義は、大きな福祉国家体制下での経済成長・大量生産・大量消費の大前提が確保されていなければ成り立たない、旧世紀の遺物であったように見えることがある。西洋諸国で社会民主主義に立脚する政党が政権をとった一九九〇年代後半の段階で、すでに国家は「経済政体」へと変質しており、市場や経済界への規制は十分にできずにいた。また、市場も新自由主義によって席巻され、自助機能を喪失していたし、社会民主主義政党は労働組合の衰退と労働者階級の縮小で往年の力を失っていた。さらに、国民の多くにも「大きな政府」や「福祉国家」への忌避反応が広がっていた。

結局のところ、一九九〇年代中葉において、社会民主主義が社会的弱者の福祉や社会保障の強化に積極的な貢献をなし得る諸条件は、西洋諸国に備わっていなかったと結論づけることが可能である。つまり、西洋諸国はこの段階で低成長時代に突入しており、経済のパイはそれ以上に大きく膨らむことはなかったのだ。当時すでに、社会民主主義の理論と実践の再定義が求められていたと言えるであろう。

しかし、だからと言って、現在、世界のほとんどすべての国が追求している新自由主義的な金融資本主義に基づく経済成長路線に輝く未来が待ち構えているかというと、決してそのように認識するわけにはいかないであろう。

今日、経済成長の時代ではなく、低成長社会ないしは定常型社会の時代であることは、自明であろう。そうした状況下において、一九六〇年代および七〇年代の福祉国家の時代の大前提であったパイの増大を通じて、社会福祉と社会保障、生活保障と雇用保障とを担保し充実化していく可能性はもはや不可能になって久しいと見たほうが現実的である[16]。その意味では今日、福祉国家から福祉社会の実現へと舵をとる必要がある。その担い手となるのは中央政府だけでなく、これまで以上により多くの責任と権限を与えられた地方自治体と地域の生活者市民であろう。

国政レヴェルでのデモクラシーの長期的停滞と機能不全にもかかわらず、この二〇年近く地方の政治の活性化が一部で見られてきた。生活者市民の社会参加や政治参加、各種のＮＧＯやＮＰＯの活動には、目を見張るものがある。一九九八年一二月に施行されたＮＰＯ法(特定非営利活動促進法)、二〇〇〇年の「地方分権改革」などを通じて、中央政府の権限や財源の多くが地方自治体レヴェルに分権化・移譲化される法制上の基盤が着々と進められていった。

ただし、地方分権化の動きはここまでであって、その後は頓挫した印象がある。中央政府から地方自治体への財源の移譲は、まだまだ不十分にしか実現されていない。地域のニーズに最も具体的かつ積極的に、また効率よく取り組めるものとして、地方自治体以上の存在はない。社会全体のパイが増えないなかで、デモクラシーの理論と実践は、社会福祉・社会保障・生活保障の質を上げることによって、福祉社会の実現と充実化を目指すべきであろう。ここにおいて福祉国家の推進ではなく、福祉社会の実現のための社会民主主義の役割は今日、大きなものがあると言うべきであろう。

近年、「福祉」は、従来の「福利厚生」(welfare)にとどまらず、「よき生」(well-being)をも含む概念として再構成されてきている。この関連では、アマルティア・センの各個人の「ケイパビリティー」(潜在能力)論、センやマーサ・ヌスバウムの「生活の質」論が、先駆的な役割を果たしてきた。各個人の「ケイパビリティー」とは、彼らそれぞれが保持する主体的能力だけでなく、社会が許容する各個人の可能性と能力と役割の自由な達成(エンパワーメント)をも含意する。[17]人びとの多様性とその価値への敬意に根ざした「ケイパビリティー」論は、彼らの平等の新たな根拠となるだけでなく、各個人の潜在能力と自由の達成というテロス(目標)をも提示する。

今日、「福祉」社会は、このような豊かな意味合いにおいて再定義される必要があろう。[18]それゆえに、この意味での福祉社会を低成長社会ないし定常型社会の文脈においてどのように実現していくのかが、今日のデモクラシー論の喫緊の課題となってきたことは、否定できない。

さらに地方から、下からの社会福祉・社会保障・生活保障・雇用保障を拡充していく試みは、今日のデモクラシーの理論と実践に委ねられたもう一つの重要課題である。その意味で、デモクラシーの刷新と活性化は不可欠であり、この点でイギリスのクリック報告などに見られる「シティズンシップ教育」は、大いに参考になろう。

自発的な生活者市民の育成と「新しい公共空間」の活性化は、地方自治体と自主的組織やアソシエーションやNPOが連携して取り組むべき重要課題である。今日、政府主導で日本の中等教育に導入されようとしている「主権者教育」は、選挙権の行使と投票行動を促すという狭い目的に限定されており、そこに問題があろう。それは、イギリスなどの諸国に見られるように、デモクラシーの担い手の養成、シティズンシップの充実化という意味で「シティズンシップ教育」に代替されていく必要がある。

さらに、戦後の国策のなかで不当に無視され、放置され、次世代が継承して就労する道を断たれてきた業種に、林業・漁業・農業がある。これらの業種の再生のためには、新しいタイプの会社組織の導入が不可欠である。その導入にあたっては、スウェーデンの取り組みが参考になろう。スウェーデンの新しい会社組織は市民社会に帰属し、地方自治体や住民団体も参加・連携し、地域の社会経済に貢献することが目指されている。この新しい型の会社組織は、企業利潤の追求だけに終わらず、地域の公共的かつ文化的価値の保護や民主化や人権保障などの新しい公共的価値の実現にも貢献していくものと認識されている(19)。

むすびに代えて――民主主義の再生のために

ポスト・デモクラシーの時代において、自由民主主義体制はそれ自体、薄弱(thin)な民主主義でしかないというクラウチの見解を見てきた。確かに、日本社会だけでなく、世界の多くの民主主義社会は今日、民主政治の維持について試練の時代を迎えている。そうした観点からは、機能不全に陥っている代表制や複数政党制といった自由民主主義体制の根幹的制度の改善が求められることは言うまでもない。

同時に、前述のように、とくに日本社会において社会福祉・社会保障・生活保障が劣化の一途をたどっているなかで、福祉社会の充実化のための社会民主主義の価値と政策の復権は待ったなしの課題となっている。というのも、今日、失業者や母子家庭、非正規雇用の若者や女性、年金の漸進的切り下げに苦悩する高齢者が年々増大し、生活保障すらままならない状況に置かれている人びとが急増しているからである。

にもかかわらず、「一億総中流」の幻想からさめていない人びとや、アベノミクスの挫折が自明となったいまなお、アベノミクスにすがりつこうとする人びとも多い。メディアやジャーナリズムの責任もあるだろうが、社会の赤裸々な事実が何となくオブラートに包まれ、見えにくくなってしまっている。市民社会のなかに格差の急激な拡大に対する危機感や不正義感が十分に浸透していないと言えるかもしれない。

私たちは政治を民衆自身の手に取り戻し、デモクラシーを活性化し再生させ、ポスト・デモクラシー状況を克服するために、どこから始めたらよいだろうか。それはやはり、気づいた民衆諸個人がそれぞれの生活世界において熟慮と熟議をなし、声をあげ、デモクラシーの深化、基本的人権のさらなる発展、平和主義の十全な遂行(日本国憲法の三大原理)を、地域の政治、国政、東アジアの政治、世界政治の各局面において追い求め、主張していくことであろう。というのも、民衆の発意、生活、連携、そしてそこに生じる民衆の共同の権力および自発的なネットワークこそ、デモクラシーの根の営みであり、根元そのものだからである。

また、福祉社会の実現のために、新しい社会保障や生活保障の制度構築も焦眉の課題となっている。本稿ではあまり議論できなかったが、スイスで本格的導入が検討されているベーシックインカムやミニマムインカムの時間をかけての――いうまでもなく、その構想の作成と実施のためのシュミレーションは用意周到であるべきである――実現の可能性を検討してみるのもよいであろう。その際、留意点としては、筆者が以前に論じたように、①いずれも段階的かつ部分的な導入による現実的な漸次的実施を模索すべきこと、②こうした新制度と併用して、世界に冠たる日本の従来の国民皆保険制度・各種介護手当・特別障害者手当などは維持すべきこと、などがあろう。(20)

（1）千葉眞「代表制民主主義と参加民主主義との確執」山口二郎・杉田敦・長谷部恭男編『憲法と民主主義を学びなおす』岩波書店、二〇一六年、二七ページ。
（2）Cf., Hannah Arendt, *Crises of the Republic*, New York and London: Harcourt Brace Jovanovich, 1972, p. 45.
（3）コリン・クラウチ著、山口二郎監修・近藤隆文訳『ポスト・デモクラシー――格差拡大の政策を生む政治構造』青灯社、二〇〇七年、三ページ。
（4）もっとも、ミルズの「権力エリート」論は、その数年後の一九六一年一月にアイゼンハワー大統領が退任演説においてアメリカの政治を牛耳っている「軍産複合体」(military-industrial complex)に言及したことをも想起させる。前掲(1)、二八～二九ページ、参照。
（5）ウォリンによる「デモクラシーの政治」と「システムの政治」との対比の議論は、現代の「先進的」工業諸国が「二つの異なった体」、つまり、古くから言い慣らわされてきた「人民の政治体」(*body politic*)と「経済政体」ないし「政治経済体制」によって構成されているという前提的理解に依拠している。前者は憲法を頂点とする立憲主義体制に依拠し、「デモクラシーの政治」の基盤となるのに対して、後者は「システムの政治」を駆動させる基盤となる。こうして「システムの政治」は、とりわけ第二次世界大戦後、高度に発展した経済と科学技術、軍事力と官僚制に依拠し、政治エリート、経済エリート、テクノクラート、軍事エリートによる上からの寡頭制的支配構造を基盤として作動する。こうした考え方は、多少ともユルゲン・ハーバーマスの「システムによる生活世界の植民地化」という理解に親和性を有する。Cf., Sheldon S. Wolin, "The People's Two Bodies", *democracy*, Vol. 1, No. 1 (January 1981), pp. 9-24. Sheldon S. Wolin, *The Presence of the Past: Essays on the State and the Constitution*, Baltimore: The John's Hopkins University Press, 1989, p. 147. 千葉眞・齋藤眞・山岡龍一・木部尚志訳『アメリカ憲法の呪縛』みすず書房、二〇〇六年、一九三ページ。

(6) Cf., Sheldon S. Wolin, "Democracy and the Welfare State: The Political and Theoretical Connections Between *Staatsräson and Wohlfahrtsstaatsräson*", *Political Theory*, Vol. 15, No. 4 (November 1987), pp. 471-473. Wolin, *The Presence of the Past*, pp. 147, 154-156. 邦訳書、一九二、二〇二～二〇四ページ。Sheldon S. Wolin, *Democracy Incorporated: Managed Democracy and the Specter of Inverted Totalitarianism*, Princeton and Oxford: Princeton University Press, 2008, pp. ix-xvi, 15-94. 千葉眞『ラディカル・デモクラシーの地平——自由・差異・共通善(再版)』新評論、二〇〇八年、八四～八八ページ。

(7) 千葉眞「ポスト・デモクラシーの時代なのか——普天間問題、政治の迷走、ジャーナリズムの劣化」宮本憲一・西谷修・遠藤誠治編『普天間基地問題から何が見えてきたか』岩波書店、二〇一〇年、七〇～七二ページ。

(8) 湯浅誠『反貧困——「すべり台社会」からの脱出』岩波新書、二〇〇八年、三〇ページ。

(9) 前掲(3)、一〇ページ。

（10） John Rawls, *Political Liberalism*, expanded edition, New York: Columbia University Press, pp. 212-214, 440-441.

（11） Joseph A. Schumpeter, *Capitalism, Socialism, and Democracy*, New Brunswick, N.J.: Transaction Publishers, 1989 [orig. 1942], p. 269. 中山伊知郎・東畑精一訳『資本主義・社会主義・民主主義』東洋経済新報社、一九九五年、二七〇ページ。

（12） 前掲（1）、二七～三〇ページ。

（13） オキュパイ（占拠）・ウォールストリート運動については、たとえば以下を参照。五野井郁夫『「デモ」とは何か――変貌する直接民主主義』ＮＨＫブックス、二〇一二年。

（14） 前掲（3）、一一～四九ページ。この関連ではイギリスのチャーチル元首相の機知に富んだ次の言葉が想起される。「民主主義は最悪の政治形態であると言える。ただし、これまで試されてきたすべての政治形態を除いては。ゆえに民主主義は悪さの最も少ない体制である」（原文は以下の通り。Democracy is the worst form of government, except for all those other forms that have been tried from time to time. Therefore, democracy is the least bad political system.）。ポスト・デモクラシーの時代の民主主義諸国の国民は、このようなチャーチル的な民主主義観に類似した見解を持つに至ったということだろうか。

（15） E. g., G. Esping-Andersen, *The Three Worlds of Welfare Capitalism*, Cambridge: Polity Press, 1990, pp. 1-138. 広井良典『生命の政治学――福祉国家・エコロジー・生命倫理』岩波書店、二〇〇三年、六一～一〇四、一八一～二一九ページ。広井良典『グローバル定常型社会――地球社会の理論のために』岩波書店、二〇〇九年、四八～六九ページ。

（16） 以下の諸著作を参照。セルジュ・ラトーシュ著、中野佳裕訳『経済成長なき社会発展は可能か？――〈脱成長〉と〈ポスト開発〉の経済学』作品社、二〇一〇年。セルジュ・ラトーシュ著、中野佳裕訳『〈脱成長〉は、世界を変えられるか？――贈与・幸福・自律の新たな社会へ』作品社、二〇一三年。水野和夫『資本主義の終焉と歴史の危機』集英社新書、二〇一四年。広井良典『グローバル定常型社会』。広井良典『ポスト資本主義――科学・人間・社会の未来』岩波新書、二〇一五年。金子勝『資本主義の克服――「共有論」で社会を変える』集英社新書、二〇一五年。

(17) Cf., Amartya Sen, *Inequality Reexamined*, Cambridge, MA: Harvard University Press, 1992, pp. 6-10, 39-42, 129-130. アマルティア・セン著、池本幸生・野上裕生・佐藤仁訳『不平等の再検討――潜在能力と自由』岩波書店、一九九九年、v―vi、八～一四、五九～六二、七八、二一〇ページ。

(18) たとえば、以下の啓発的な研究を参照。福士正博『完全従事社会の可能性――仕事と福祉の新構想』日本経済評論社、二〇〇九年。山崎望「ポスト・リベラル／ナショナルな福祉をめぐって――現代民主主義論の観点から」『政治思想研究』第一一号、二〇一一年五月、二四～二七、四〇～四八ページ。

(19) たとえば、以下を参照。神野直彦『人間回復の経済学』岩波新書、二〇〇二年、一二八～一六六ページ。

(20) 千葉眞「社会保障の劣化と民主主義」田中浩編『リベラル・デモクラシーとソーシャル・デモクラシー』未來社、二〇一三年、一七四～一七六ページ。なお、ベーシックインカムについては下記の諸研究を参照。ゲッツ・W・ヴェルナー著、渡辺一男訳『ベーシック・インカム――基本所得のある社会へ』現代書館、二〇〇七年。フィリップ・ヴァン・パリース著、後藤玲子・齊籐拓訳『ベーシック・インカムの哲学――すべての人にリアルな自由を』勁草書房、二〇〇九年。山森亮『ベーシック・インカム入門――無条件給付の基本所得を考える』光文社新書、二〇〇九年。立岩真也・齊籐拓『ベーシックインカム――分配する最小国家の可能性』青土社、二〇一〇年。飯田文雄『ポスト福祉国家の時代における共生社会の可能性とベーシック・インカム論』全国勤労者福祉・共済振興協会、二〇一〇年。原田泰『ベーシック・インカム――国家は貧困問題を解決できるか』中公新書、二〇一五年など。

〈追記〉本稿は以下の拙稿での議論のいくつかと多少とも重合する面があることをお断りし、この点について読者のご寛慮をお願い申し上げたい。

千葉眞「社会保障の劣化と民主主義――ラディカル・デモクラシーの視点から」田中浩編『リベラル・デモクラシーとソーシャル・デモクラシー』未來社、二〇一三年。

第12章　〈南型知〉としての地域主義
――コモンズ論と共通感覚論が出会う場所で

中野佳裕

「社会科学の目的がわれわれの現実と実践を明らかにすることにあるのだとすれば、その研究プロジェクトから詩的な次元を排除することはできないのである」

――セルジュ・ラトゥーシュ(1)

1　はじめに

二一世紀初頭の世界が二〇世紀と大きく異なるのは、経済発展の構造的矛盾が地球規模で顕在化している点である。なかでも際立つのは、かつて「豊かな社会」の模範的存在とされていた先進工業諸国で、金融・経済危機の頻繁化、資源・エネルギーの浪費と環境破壊の進展、科学技術リスクの増加、コミュニティの社会関係資本の衰退、不平等の拡大などのさまざまな矛盾が生じてきていることである。

二一世紀の豊かさを構想するとき、この時代状況の変化を無視することはできない。第二次世界大戦後に幕開けた〈開発〉の時代において、米国で誕生した大衆消費社会は全人類が目指すべき「豊かな社会」の象徴として位置づけられていた。しかし、いまでは消費社会は、新たなタイプの貧困・格差・生き辛さ、および生態学的危機を生み出している。

二〇世紀の豊かさの中心価値はフロー（物や金の流れ）の増加であった。しかし、二一世紀の豊かさは、フローの増加の過程で壊してきたストック（自然資源、コミュニティの社会関係）の修復に重心が置かれるべきであろう。そのためには、従来のような生産力至上主義的な発展モデルと決別し、新しいパラダイムのもとで社会の成熟の道を構想することが重要である。

実際に過去数十年の思想潮流を見ると、そのような新しいパラダイムを求める動きは「ポスト開発」「脱成長」「ブエン・ビビール」「定常型社会」などさまざまな呼び名で模索されている。これらの思想はそれが現れた歴史的・文化的・地政学的背景に相違があるものの、①産業社会の中心価値である経済成長イデオロギーからの脱却を目指し、②市場経済とも国家とも位相の異なる民衆の自律的生活空間――コミュニティ――の再生を構想しようとする点において、共通している。本書において、ラテンアメリカ、ヨーロッパ、北米、日本の著者が、それぞれが暮らす国・地域の文脈から生産力至上主義の発展モデルの限界を指摘し、対案としてローカルなコミュニティ・レヴェルでの経済・政治の変革を提案していることは、その例証である。

ところで、脱成長パラダイムに基づく新しい形のコミュニティは、日本においても一九七〇年代後半に、経済学者・玉野井芳郎たちによって「地域主義」の名で模索された。高度経済成長期に深刻な人権侵害と環境破壊を引き起こした公害事件に対する反省から、玉野井は、中央集権的な地域開発(「公」)の論理とも、市場経済(「私」)の論理とも異なる、人間の等身大の生活空間(「共」)の論理に基づくオルタナティブな経済体制を探究した。その思想は未完のまま遺されたが、バブル経済崩壊後の「失われた二〇年」や、その後の東日本大震災および福島第一原発事故によって戦後の発展モデルの見直しが余儀なくされる現代日本において、検討されるべき論点を多く含んでいる。

本章では、玉野井の地域主義が提出した課題を、「共」の概念の再生という視点に注目して検討する。地域主義の「共」概念をめぐっては、経済学ではコモンズの経済学として、政治学では共通善の政治思想として、すでに研究が行われている。しかし、筆者が注目したいのは、玉野井の思想の中でも潜在的な問題提起のままで終わった美学(感性論)の次元である。この問題を検討するに際し、本章では、哲学者・中村雄二郎が提出した〈南型知〉という問題領域を導入する。そして近年、南ヨーロッパの社会思想においてなされている〈南型知〉の再評価の流れを踏まえながら、〈南型知〉としての地域主義の可能性を検討したい。

2 玉野井芳郎の地域主義——その残された問題領域

地域主義の台頭

玉野井芳郎が歴史学者の増田四郎たちと「地域主義研究集談会」を設立したのは、一九七六年一〇月二五日である。これ以降、同会は地域主義のアイデアを具現化する学際的研究を日本各地で展開していった。一九七八年に刊行された『地域主義——新しい思潮への理論と実践の試み』(学陽書房)は、その最初期の研究成果をまとめたものである。同書の執筆陣が、玉野井と増田のほか、中村尚司(経済学者)、室田武(経済学者)、樺山紘一(歴史学者)、田中克彦(言語学者)など多様な専門分野から集められたこと、また、各地域の民間人や実践家の報告論文も収録されていることからも、地域主義が幅広い層から関心を集めていたことがわかる。

当時の日本は歴史的に類を見ない高度経済成長期を終えて、消費社会に突入していた。一九七三年の第一次石油危機に直面しつつも、急激な経済停滞に陥った欧米諸国と比較して安定した成長を維持していたのである。だが、その裏側で四大公害事件(水俣病、新潟水俣病、イタイイタイ病、四日市ぜんそく)に代表される深刻な人権侵害と環境汚染が社会問題化したほか、原発建設や空港建設などの中央集権型の地域開発に反対する住民運動も盛り上がるようになっていた。

このような時代状況において、地域主義は産業社会の構造的矛盾を克服する「可能性の経済体制」[2]として提案された。その目的は二つある。第一に、近代日本の集権的な開発体制の結果生じた中央一極集中型の経済構造を転換し、地域の自治と自律性を高めること。第二に、公害事件に対する反省から、巨大科学技術に依拠する産業社会を構造転換し、地域の生態系と調和する経済体制を構築すること。これら二つの目的は、それぞれ地域分権論とエコロジーの視座に通じるものである。

「地域分権の今日的意義」（一九七七年）という論文で、玉野井は地域主義を「一定地域の住民が風土的個性を背景に、その地域の共同体にたいして一体感をもち、自らの政治的・行政的自律性と文化的独自性を追求すること」と定義する。[3] 注目すべきは、この簡潔な定義の中で、すでに「地域」というカテゴリーの認識論的転換が行われている点である。第一に、日本の近代化の過程で生み出された「中央―地方」という二分法を退け、各地のコミュニティを自律的な生活空間として捉えている。第二に、経済還元主義を退け、風土・文化・政治を含めた多次元的な空間として地域を捉えている。

玉野井の思想には、近代国民国家の制度的枠組みの中で規定された行政区分や経済単位を超えて、より幅広い地域史の観点から「地域」を捉えようとする身振りがうかがえる。そうすることで、地域主義は、近代国民国家を構成する画一的な時間概念と空間概念を相対化し、各地域に固有の歴史性と空間性を浮かび上がらせる。地域主義は単線的な発展史観を採用する近代化論のアンチテーゼであり、グローバルな視点から見ると、地域の風土的個性に根ざした多系的発展の道を開く思想である。

「共」概念の模索へ

しかし、本章で注目したいのは、地域主義のこのような視座が、共同体（コミュニティ）概念の再構築を目指していた点である。従来、日本語の「共同体」という語は、閉鎖的で保守的な伝統的共同体を意味することが多く、それゆえに「共同体」を語る者は、リベラリズムの近代個人主義に価値を置く近代主義者たちから批判の的となりやすい[4]。

「地域主義のために」（一九七八年）において玉野井は、「共同体」を農本主義と同一視する近代主義者の立場を退けながら、市場と工業の世界とは位相を異にする、人間の生活の根づく場所として位置づける。さらに、従来の経済体制が常に「私」（市場経済、民間部門）と「公」（国家、公的部門）の二者択一を出るものではなかったことを指摘しながら、そのいずれにも還元されない「共」概念の模索を提案する。

「ここでの重要な課題は、『公』でもなければ『私』でもない、これらとは異なる次元に位置するであろう『共』概念の模索にあることは明らかである。それはおそらく、『私』有の対象ともならなければ『公』有の対象ともなりえない、［……］私たち人間の全人格的な生活活動の場においてなりたつものであろう。［……］そのような人間活動の場を構築することこそ、地域主義の最大の課題といえるのである」[5]

このように提出された「共」概念の模索（あるいは「共同体」概念の解体・再構築）は、主に三つの次元から考察されている。第一に生活の自治空間としての「共」である。これは地域分権の文脈から考察されており、自然環境や文化など地域住民の共通利益を守る自治体政治を理想とす

る。その実現のために、玉野井は、沖縄自治憲章などの自治体「憲法」を提案している。(6)

第二は生命系の経済である。これは、熱力学の第二法則(エントロピー増大の法則)に基づいて、生産力の増加よりもむしろ余分なエントロピーの処理に重点を置く経済システムのことである。玉野井は、循環型の低エントロピー経済の基礎として、水や土などの生態系とそれらを維持する農・林・漁業の第一次産業を重視している。(7) 晩年には、沖縄の入浜権に代表される、資源共同管理の慣習文化を評価した。(8)

第三はジェンダーの世界である。イヴァン・イリイチの『ジェンダー』(一九八四年)の影響を受けながら、玉野井は、抽象的人間主体や合理的経済人ではなく、人間存在の根源的「類」であるところの男と女の世界によって地域の生活空間はつくられると主張する。(9) ジェンダーの世界とは男と女が相互補完的に協力して生命を再生産する領域であり、経済的交換に還元されない領域である。最晩年の玉野井は、ジェンダーの世界からなる生活空間を「等身大の／ヒューマン・スケールの生活空間」とも呼んでいる。(10)

第一の自治空間としての「共」は政治、第二の生命系の経済としての「共」は経済に関わる。そして、第三のジェンダーの世界あるいは等身大の生活空間としての「共」は、身体論や場所論などさまざまな切り口で捉えられるが、大きな方向性で括るとすれば美学(感性論)に関わると言える。

残された問題領域

ところで、これら「共」概念の三つの次元がどのように受けとめられたかを見ると、ある興味深い事実がわかってくる。すでに彼の「共」概念については、生命系の経済に関して、多辺田政弘、室田武、須藤正親などエントロピー学会に関わりの深い研究者によって、コモンズの経済学あるいは循環型社会の研究として引き継がれている(11)。また、住民自治の政治についても、二〇〇〇年代以降、政治学者の菊池理夫によって、地域主義をマイケル・サンデルやチャールズ・テイラーなどの現代コミュニタリアニズムに通じる「共通善の政治思想」として評価する動きが現れている(12)。

だが、三番目の美学(感性論)の領域になると、筆者が調べたかぎり、いまだそれを主題とした本格的な研究はなされていないように見受けられる。もちろん、この問題領域に取り組む前に玉野井が他界したことは大きな要因であろう。しかし、これまで地域主義に関する研究において、等身大の生活空間というテーマが示唆する身体論、場所論、およびその延長にある感性論一般の問題が、経済的・政治的次元の研究に入ってこなかったのは不思議である。

実際に日本の思想史を振り返ると、地域主義を美学の次元から深める可能性は、哲学者・中村雄二郎によって示唆されていた。彼は〈南型知〉という思想史の新たな座標軸を設定し、その中で玉野井の思想を積極的に評価しようと努めたのである。次節以降では中村が提唱した〈南型知〉の地平から、感性論としての地域主義の可能性を検討する。

3　共通感覚論から〈南型知〉へ——中村雄二郎の問題提起

中村雄二郎は戦後の日本の思想界を牽引してきた哲学者の一人である。彼は、学生時代に三木清の哲学に影響を受け、パスカルの研究を通じて人間の感性の世界と社会の制度的現実の弁証法的関係を探究してきた。環境破壊に代表される近代科学文明の矛盾が顕在化した一九七〇年代には、近代科学・哲学の知の枠組みを転換する新しい問題領域を次々と開拓し、後の人文科学・社会科学・自然科学の各分野に大きな影響を与えた。この知の組み換え作業の中で中心的役割を果たしたのが、彼の代表作である『共通感覚論』[13]（一九七九年）である。本節では、まず、①中村の共通感覚論の要点を紹介し、②その延長上に提出された〈南型知〉を紹介する。最後に、③中村と玉野井の間で交わされた、〈南型知〉と地域主義をめぐる議論を紹介する。

共通感覚論の覚醒

中村雄二郎の『共通感覚論』の貢献は主に二つある。一つは、「人々の間に共有化された社会的判断力」を意味するコモン・センス（常識）という語の根底に、その古代ギリシャにおける古義である共通感覚（センスス・コムニス）が深く関連していることを思想史の中で明らかにしたこと。もう一つは、これら二つの概念が古代から近代に至るまでに経験した変化をたどりながら、近代知の限界を洗い出し、その克服の道として共通感覚の復権を提唱したことである。

① 共通感覚とは何か

共通感覚(センスス・コムニス)とは、人間の五感(視覚・聴覚・触覚・嗅覚・味覚)を統合する感得力のことである。アリストテレスは『魂について(デ・アニマ)』で共通感覚について取り上げ、それを理性の健全な働きを支える重要な感覚として位置づけた。共通感覚の機能は多様であり、運動や重さを含めた物体の複雑な性質を総合的に知覚する能力のほか、過去に知覚・経験した物事を記憶・想起する能力や想像力も含まれる。理性の役割がもっぱら言葉(ロゴス)によって世界を分節化して論理的に捉えることにあるのに対して、共通感覚はロゴスの世界を無意識のレベルで支える深層の知と言える。

共通感覚の役割は、古代から中世までのヨーロッパでは重視されていた。しかし、一七世紀にデカルトが確立した近代合理主義は、理性を数学的方法に従わせることで、精神を身体から分離する。身体は数量的に把握される延長実体として精神の下位に位置づけられ、共通感覚も人間の身体の内部能力のひとつに還元される。こうして共通感覚の重要性は哲学の舞台裏に隠れることになる。中村は近代のこの知の構造変化を、聴覚や触覚に対する視覚優位のパラダイムの誕生であると評価する。近代科学が依拠する機械論的自然観も視覚優位のパラダイムの産物である。

中村は、近代文明における科学と技術の発達は、「視覚が優位に立つだけでなく独走した」結果であると指摘する。というのも、対象から主体を切り離すこの世界認識方法のもとで、「見られるものや知られるものはすべて物体化され、抽象化される一方、見るものや知るものはそのように見られるものや知られるものを物体化し、支配せずにはおかない」[14]からだ。ところが、二〇世紀に開発された核エネルギーや遺伝子組み換え技術、そして深刻化する地球環境破壊は、自然を合理的に支配する近代文明が多くのものを生み出す以上に、人間の生命の根幹に関わるものを破壊しうることを顕在化するに至った。

近代文明を支える視覚優位の知の限界を認めたうえで、中村は、共通感覚の持つ体性感覚的な知の可能性を積極的に評価する。触覚や聴覚などの諸感覚の均整のとれた活用を通じて、近代の視覚優位の知の隘路の克服を試みるのである。

②コモン・センスの系譜

共通感覚が古代ギリシャのアリストテレスから中世のスコラ哲学へと継承されたのに対して、コモン・センスはローマ古典からルネサンス人文学へ至る系譜をたどる[15]。この系譜の中でコモン・センスは、レトリック（雄弁術、説得術）と関連づけられて発展した。

レトリックはルネサンス人文学の自由学芸において、論理学（ロジック）と文法に並んで重視された学問分野である。現代の一般的な理解から言えば、レトリックはしばしば文章を修飾する表面的な技術と見なされがちであるが、もともとは共同体の中で人びとを説得する弁論術を意味し、きわめて公共的な性質を有していた。ルネサンス人文学に影響を与えた古代ローマのキケロは、人びとのコモン・センス（常識）をはずれないかぎりにおいてレトリックは健全に機能すると述べている。

中村はさらに、共通感覚が深く関わるレトリックの分野のひとつとして記憶術をあげる。(16) 記憶術は、古典ローマ期において、弁論家が長い演説を行うときの術であった。そこで、物事を記憶し想起するために必要とされたのが、弁論や討議においても重視されるトピカ(問題発見術)とフロネーシス(賢慮)の二つの技術である。前者は「場所」を意味するトポスの語源でもある語で、問題の在りかを発見する術のことである。後者はアリストテレス倫理学の系譜を引くもので、特殊具体的状況のもとで慎重に判断を下す技術のことである。これらはいずれも、アリストテレス的な意味の共通感覚の働きを必要とする術であるとされた。

こうして見ると、レトリックとは、社会のなかで起こる議論や論争を適切な方向に導くための技術であり、その根底には共通感覚による五感の適切な規整が要求されていたことがわかる。レトリックは、デカルト哲学に見られるような世界から切り離された思惟する自己(コギト)とは反対の、対話的理性の道を開く。

レトリックの伝統は、イタリアでは一八世紀初頭にナポリの哲学者ジャンバッティスタ・ヴィーコによって継承された。しかし他の地域では、共通感覚と同様、近代の幕開けとともにその重要性を失っていく。コモン・センス(常識)という概念は一八世紀の英国の哲学者シャフツベリーによって取り上げられ、英国独自のコモン・センスの哲学が発達することになったが、その中においてもレトリックの役割はほとんどとりあげられなくなった。

③共通感覚とコモン・センスの関係

以上で俯瞰した通り、共通感覚とコモン・センスは異なる思想的系譜を持つ。だが、両者には密接な関係があり、中村によると、「〈社会通念としての常識〉は、共通感覚による諸感覚の統合の或る仕方が惰性化されて人々に共有されたもの(17)」として理解される。ここからコモン・センス（常識）は二重の意味合いを帯びてくる。

一方では、社会通念としての常識は、社会生活の約束事として、それを共有する人びとの間に共通性や安定性を与える。ところが、それが強固に惰性化すると、多様性を持った豊かな現実や新しい社会問題に適切に対応できなくなるし、人間の創造性や可能性も妨げる。そうなったとき、「諸感覚を十全に働かすことができるように感覚を組み換え、本来の共通感覚の働きをとりもどすことが必要になる(18)」。そうすることで惰性化した常識を解体し、人びとの生き生きとした感覚に根差した「豊かな知恵としての常識(19)」を新たに構築することが可能となる。

共通感覚とコモン・センス（常識）の弁証法的関係を明らかにすることで、中村は、人間社会の制度的現実の深層にある感性の体制（レジーム）に光を当てたと言えよう。政治、法律、経済から科学、技術に至るまで、人間社会を構成するさまざまな制度は、わたしたちの社会通念としての常識（コモン・センス）が何らかの形で物象化したものである。しかし、これら諸制度が新たな現実に対応できなくなり、既存の社会通念そのものの転換をも要求される状況になったとしよう。

その場合、わたしたちは自らの感覚の働きを大胆に変えることで、新しい感性の体制を創出しなければならない。たとえば、深刻化する地球環境破壊に直面して、エコロジーの視点から近代科学の機械論的自然観の転換が要請されたり、生産力至上主義の経済から生命系の経済や脱成長パラダイムへの転換が提唱されたりするのは、そのような理由からである。

『共通感覚論』において中村は、視覚優位の近代知のオルタナティブとして共通感覚的な知を提案する。共通感覚的な知は触覚に軸足を置く体性感覚的な知であり、存在の根拠となり、身体が働く具体的な「場所」を重視する知である。中村は、五感を十全に働かせることで視覚の独走を防ぎ、近代の知がかかえるさまざまな矛盾を克服する人間を、近代の理性的人間像に代わって〈共通感覚的人間像〉と呼ぶ(20)。

〈南型知〉――近代知を超えるグローバルな知のプロジェクトとして

『共通感覚論』出版以降の中村は、共通感覚的な知のさまざまな次元を「パトスの知」「演劇の知」と表現し、その身体的相互行為的、象徴行為的、場所的性質を浮き彫りにしていく。そして、普遍性・一義性・客観性を主要原理とする古典科学の知に対して、コスモロジー・シンボリズム・パフォーマンスを共通感覚的な知の主要原理として提出する(21)。この延長上で導入された新たな知の地平が〈南型知〉である。

中村は、インドネシアのバリ島や南イタリアのナポリへの旅を通じて、共通感覚的な知は歴史的にも地理的にも、近代合理主義を生み出した北ヨーロッパに対する南において根強く残っていることに気がつく。そこで、近代産業社会を生んだ近代合理主義の知を〈北型知〉と措定し、その反措定として〈南型知〉を位置づける。

「さて、私のいう南型知は、これらの共通感覚やパトスの知や演劇の知の考え方を背景とし、それらを含んだものとして出てきた。それは、古典科学の知や産業社会の知を含んだものとしての北型知の反措定として出された。近代ヨーロッパは、古典科学とともにプロテスタンティズムと資本主義を生み出した。この三つは三位一体ともいうべき関係にある。そしてこのようにこれら三つを結び付けてみるとわかるのだが、産業社会の知は、ヨーロッパ全体のものというよりは北ヨーロッパのものだったのである。

つまり、北型知というのはヨーロッパの北型知ということになる。それに応じて南型知の方も、それとの対比ではヨーロッパの南型知になるが、それだけに限らない。というのは、北型知がきわめて特殊ヨーロッパの所産であるのに対して、ヨーロッパに限らず、地球上のもっと広い範囲に遍在しているからである。ヨーロッパの北型知は、古典科学や技術文明を生み出し、それらを世界中に行きわたらせることによって、おのれの普遍性を誇示した。それに対して南型知の方は、むしろさまざまな地域のヴァナキュラーなものとして遍在しながら、その深層においてつながっている。しかしそうは言っても、ヴァナキュラーな知は、どうしても南方地域につよく残っているので、南型知と呼ぶことにしたわけだ[22]」

産業社会を〈北型知〉の産物として相対化し、南ヨーロッパを含めた世界の多様な思想的土壌を〈南型知〉として再評価する試みは、政治イデオロギーの対立とは異なるコスモロジカルな対比によって産業社会のオルタナティブを模索することにつながる。また、ヨーロッパの思想的土壌の多様性を認めることで、東洋対西洋という安直な西洋文明批判を回避し、〈北型知〉とは異

なるヨーロッパのもうひとつの可能性と世界の他の地域の思想文化との間に対話の道が開けてくる。(23)

〈南型知〉と地域主義――現代思想における未完成交響曲?

玉野井芳郎の地域主義は、中村雄二郎が日本における〈南型知〉の可能性を探究する際に注目していた思想のひとつだった。中村は一九八二年五月に日本哲学会のシンポジウム「文化における普遍と特殊」を沖縄で企画し、当時沖縄国際大学に在籍していた玉野井を報告者として招待した。このシンポジウムで玉野井は「文化における普遍と特殊」という報告論文(24)を発表し、沖縄の民衆文化に根づく「ヴァナキュラーな価値」を産業社会のオルタナティブとして積極的に評価し、その延長上に自らの生命系の経済学を位置づけている。

中村自身が振り返って述べていることだが、シンポジウム自体は、玉野井の適切な問題提起にもかかわらず、文化の普遍性と特殊性について現実と触れ合う議論をするまでには至らなかった。しかしその後、中村は、〈南型知〉に対するお互いの考えを深める意味もこめて、玉野井に手紙を宛てた。

「南型知の可能性　玉野井芳郎への手紙」と題された手紙(25)において、中村は〈北型知〉と〈南型知〉の違いを説明したうえで、玉野井の地域主義――とくにその中心的理論である生命系の経済――について疑問を投げかける。中村は、生命系という概念に近代の〈北型知〉に特徴的な物質系を乗り越える視座が含まれていることを評価する。一方で、その理論の中心に熱力学用語のエントロピー概念を据えることは、生命系を実在レベルでのみ考えることになり、物理学主義――〈北型知〉――を抜けきれないことになる、と保留をおく。

そこで中村は、自身の共通感覚論に基づいて、実在レベルに対する象徴レベルの視点を提案する。象徴レベルの視点とは、コスモロジー（有機的宇宙性）やパフォーマンス（身体行為）と結びつく深層の知の働く次元である。

この提案に対し、玉野井は「歴史とリアリティー見直しの中で　中村雄二郎氏への返書」という手紙[26]で応答している。この返信の中で玉野井は、中村が提案する〈南型知〉という座標軸について全面的な賛成を示すものの、二人の間には方法論的な相違があると述べる。

まず、エントロピー概念について、玉野井は中村と明確に立場を異にする。というのも、玉野井にとって、エントロピー概念は近代の経済学が依拠するニュートン物理学パラダイムを克服する画期的な理論装置であるからだ。さらに玉野井は、中村が提示する実在レベル／象徴レベル、表層の知／深層の知のような二分法によって現実を認識する方法にも保留をおく。その代わり、沖縄などの南の地域の人びとが受けてきた「悲しみの歴史」の中から新しい学問が生まれることに期待を寄せるのだった。

中村の提案は、玉野井の地域主義を共通感覚論の地平のもとで大胆に発展させていこうという試みだったと言える。それは、地域主義に欠けていた美学（感性論）の視点を導入する試みであっただろう。他方で玉野井は、中村の構想の中に、周辺化された地域の民衆が経験してきた歴史のリアリティーが不足していることを見てとっている。そして、中村の提案には一定の保留と距離を置く結果となった。二人の思想家の対話は、この往復書簡一回かぎりで終わっている。

4　未完の対話を超えて

玉野井と中村の間で交わされた対話は未完のまま、すでに三〇年以上の時が経過してしまった。両者が掲げた思想と学問的方法は、永遠に平行線をたどらなければならないものなのだろうか。否。日本を超えて南ヨーロッパの社会思想に目を向けると、〈南型知〉と地域主義の融合が近年始まっていることがよくわかる。いくつかの潮流を紹介しておこう。

セルジュ・ラトゥーシュによるレトリックの再評価

最初に紹介するのは、フランスの思想家セルジュ・ラトゥーシュの著作である。彼は二〇〇〇年代以降、脱成長(décroissance)を提唱し、生産力至上主義と決別したエコロジカルな地域社会＝脱成長社会を構築するための社会理論を構想している。彼は、脱成長社会構築のために「物事をこれまでとは異なる眼差しで見つめなおす」必要があると主張し、その第一歩として、くらしの場(地域)の「再評価」を提案する。[27]ここで重要なのは何をどのように評価するかだが、脱成長論を提唱する少し前に刊行された『経済的理性の非理性』[28](二〇〇一年、未邦訳)という著作では、南ヨーロッパの思想文化が積極的に評価されている。

同書でラトゥーシュは、ヨーロッパ思想史において現れた理性の二つの形態を検討する。一つは、普遍的合理性(le rationnel)で、数学のように抽象化された普遍原理に則って世界を認識する方法である。近代科学・技術・経済の専門知はこの思想の系譜に立脚し、自らの知識の合理性と普遍性を正当化する。もう一つは道理性(le raisonnable)であり、特殊具体的状況の中で慎重かつ適切な判断を下すことを指す。道理性の代表例は、アリストテレスの倫理学に見られるフロネーシス(賢慮)と、ローマ古典からルネサンス人文主義において重視されたレトリック(雄弁術、説得術)である。

高度に専門化した科学・技術・経済体制からなる現代社会においては、普遍的合理性に立脚する専門知とそれを盲目的に信頼し流布するマスメディアの権力が支配的になる。その結果、民衆の日常経験に根ざした「豊かな判断力」との間にますます乖離が生じる。そこでラトゥーシュは、南ヨーロッパの思想文化に継承されているフロネーシスとレトリックを再評価し、民衆の生き生きとした経験知に基づくコモン・センスによって、産業社会の諸制度を熟議のもとに慎重に判断する必要を主張する。また、コモン・センスの中に専門知を埋め込む作業のひとつとして、レトリックの伝統を基礎にした社会科学と人文科学の統合も提案している。[29]

『〈脱成長〉は、世界を変えられるか?』(二〇一三年)でもラトゥーシュは、自身の脱成長論が地中海ヨーロッパの思想文化に根ざすものであると主張する。[30] 同書ではアリストテレス思想の系譜を引くイヴァン・イリイチやコルネリウス・カストリアディスの思想が地中海的思想として評価されている。また、食に関する感性の体制を変えることで持続可能な地域づくりを目指すイタリアのスローフード運動の可能性も探究されている。

ラトゥーシュ自身が認めるように、脱成長とは、経済成長主義の社会のもとで否定された生活を肯定し、世界と調和する生活術を再発見・再創造する道である。そのためには、倫理学と美学が脱成長論の重要な思想的基盤となる。(31) この点から見て、脱成長論の方向性は、中村雄二郎の共通感覚論や〈南型知〉の方向性と一致している。脱成長論で展開される地域主義のプロジェクトは、生産や消費のローカリゼーションだけを意味するのではない。むしろより根本的な次元では、共通感覚／コモン・センス的な知の再評価による感性の体制の変革と、それにともなう知の組み換えを構想するのである。

イタリア市民的経済論の挑戦

二番目は、近年イタリアの経済学者ルイギーノ・ブルーニとステファァーノ・ザマーニによって再評価が進められている市民的経済（economia civile）である。(32) 市民的経済とは、一八世紀のナポリの思想家アントニオ・ジェノヴェシやミラノの思想家ピエトロ・ヴェッリなどによって提唱された経済理論である。当時のイタリアは啓蒙主義の時代にあたり、たとえば共通感覚論やレトリックの伝統を継承したジャンバッティスタ・ヴィーコなど、フランス、ドイツ、英国の啓蒙思想とは異なる独自の思想文化が開花している。

ジェノヴェシの市民的経済は、アリストテレスからトマス・アクィナスへと継承された共通善思想の伝統の上に構想された経済思想で、特徴は独自の市場経済観にある。現代資本主義経済を動かす主流の経済思想は、英国で生まれた自由主義経済思想である。自由主義経済思想は、ホッブス以降の近代個人主義と社会契約論に基づいて市場経済理論を構築している。経済活動の動機はもっぱら私利の追求であるとされ、市場経済は、これら経済主体間の利害を自己調整する機能を持つと考えられている。

対照的に市民的経済は、市場経済の基礎に互酬性の原理を置く[33]。そして、互酬性が経済の基本原理となるために、同じ社会に暮らす人びとの間の信頼関係(fiducia)が重視される[34]。ブルーニとザマーニが指摘するように、市民的経済にとっては、〈公共の信頼〉(fede publica)こそが「経済発展の真の前提条件」である[35]。つまりジェノヴェシの市民的経済は、社会契約論が前提とする原子論的個人像とは一線を画した、社会的つながり(関係性)に埋め込まれた全体論的個人像を前提に市場経済制度を構想するのだ。

市民的経済のもうひとつの特徴は、経済の目的である。市民的経済にとって、経済活動の目的は私利の追求にあるのではなく、〈万人の幸せ〉(felicità publica)、つまり共通善の実現である。「他者を幸せにすることなくしてわれわれが幸せになることはないというのは、普遍的な法則である」[36]。また、ジェノヴェシと同時代にミラノで市民的経済を展開したヴェッリやジャン・ドメニコ・ロマーノシは、万人の幸せ(共通善)の実現のためには、公正な法(giuste leggi)と市民的美徳(le virtù civili)によって経済活動の負の影響を規制することが重要であるとも述べている[37]。

市民的経済の思想潮流は、一九世紀後半にイタリアで自由主義経済思想と数理経済学が普及するにしたがい、学問研究の場では周辺化していった。しかし、その後もイタリアの協同組合運動に影響を与え、現在に至っている。市民的経済の影響を受けた実践例としては、一九九九年に設立された倫理銀行(Banca Etica)が有名である。

倫理銀行は協同組合銀行の一形態である民衆銀行(Banca Popolare)であり、社会的活動(障がい者・貧困層の自立支援など)、文化的活動(歴史的遺産の保全事業など)、環境的活動(自然エネルギーの導入など)、国際的活動(フェアトレードなど)への融資を目的とする。その特徴は、お金を預けた預金者=組合員が自分たちの預金の融資先を決定し、各地域の事業やイベントも企画するという参加型アプローチを採用している点にある。また、倫理銀行マニフェストには、こう明言されている。

「成熟させるモデルは正義と友愛に基づく社会であり、[……]そのためには共通善/コモンズ(beni comuni)を守るための新しい経済をサポートする」(38)

このビジョンを実現するために、倫理銀行は「新しい経済の実験場(laboratorio di nuova economia)」というプロジェクトを二〇一二年に立ち上げ、それがジェノヴェシの影響にあることを明確に述べている。(39)

ソウサ・サントスの「〈南〉の認識論」

南ヨーロッパを超えてグローバルな視座で〈南型知〉の再評価に努めるのは、ポルトガルの法社会学者ボアベンチュラ・デ・ソウサ・サントスである。彼は近著『〈南〉の認識論――市民運動および科学に関する論争』[40]（二〇一六年）において、現代世界を構成する認識論的不正義（injustice cognitive）を批判する。

ヨーロッパ植民地主義とそれに続く資本主義のグローバルな展開は、ラテンアメリカ、アフリカ、アジアの諸国を政治的・経済的に従属させただけでなく、近代ヨーロッパが生んだ科学・技術・経済パラダイムをこれらの地域に押しつけた。その結果、これらの地域に暮らす民衆の独自のコスモロジー、思想、生活の知恵、価値体系が「あたかも存在しないもの」として、ヨーロッパを中心に描かれる世界認識の枠組みの中から排除されてしまった。

ソウサ・サントスは、認識論的不正義が引き起こされる主因として、認識論上の「五つのモノカルチャー」の存在を指摘する[41]。①知識のモノカルチャー――近代科学とエリート専門家の教養の絶対視、②時間のモノカルチャー――進歩・革命・近代化・発展・グローバル化など単線的時間軸にそった人間社会の序列化、③社会的階層の本質化――人種やジェンダーによる社会集団の分類・序列化と、支配構造の温存、④規模のモノカルチャー――グローバル化をあらゆる事象の評価基準とし、ローカルな水準で起こる出来事を捨象するかもしくは低評価する、⑤生産力至上主義のモノカルチャー――生産力の向上を社会のパフォーマンスを測定する唯一の基準とする。

こうした認識論的不正義を引き起こす諸原理に対抗して、ソウサ・サントスは「知のエコロジー」を提案する。「エコロジー」という語は多様性の象徴として使われ、「知のエコロジー」とは、世界に存在する多様な知識・実践・コスモロジーが、自らを普遍化することなく相互依存関係にあることを示す用語である。そして「〈南〉の認識論」とは、現代資本主義経済を動かす覇権的な近代知とは異なるさまざまな知識の形態を掘り起こし、承認していくプロセスにほかならない。たとえば、世界のさまざまな地域や集団の中に見出される時間概念の多様性、差異の多様性、規模の多様性、生産形態の多様性を認めるなどである。(42)

ここで留意すべきは、ソウサ・サントスが〈南〉という語を象徴的な意味で使っているという点である。〈南〉とは、いわゆる南側諸国を指すだけでなく、現代世界において排除や差別を受けている労働者、伝統農業・漁業従事者、女性、宗教的マイノリティ、性的マイノリティなどの多様な個人・集団も含まれる。〈南〉の認識論には、南側諸国の人びとが受けてきた「悲しみの歴史」の中から積極的なオルタナティブを構築しようとした玉野井芳郎の問題関心と、近代合理主義に代表される〈北型知〉に対する〈南型知〉を再発掘しようとする中村雄二郎の問題関心が節合されている。

5　二一世紀の「共」——コモンズ論と共通感覚論が出会う場所で

最後に、〈南型知〉の地平がどのようなかたちで「共」概念の他の二つの次元に関わりうるかを現代コモンズ論との関係から説明しておこう。既述したように、玉野井の生命系の経済は、生命の再生産に不可欠な水や土などの生態系を、私有の対象でも公有の対象でもない「コモンズ」

(「共」の領域に属するもの)として扱うという画期的な問題提起を行った。日本におけるコモンズの研究は、その後一九八〇年代後半から九〇年代前半に多辺田政弘、室田武などによってコモンズの経済学という研究領域を開くことに貢献した。国際的に見ると、米国の政治学者エリノア・オストロムによって資源管理論としてコモンズ研究が進められた時期でもある。

それに続く一九九〇年代後半から二〇〇〇年代にかけて、世界のコモンズ研究は大きく変化した。[43] まず、研究対象の多様化がある。インターネットの発達とともにサイバースペースにおけるオープンソース(Linuxなど)やソーシャルメディアもコモンズの一つと見られるようになったし、新自由主義政策による都市空間の民営化に対する抵抗として「都市のコモンズ」を構想する必要も新たに浮上した。これにともない経済学・政治経済学的アプローチの限界が認められ、今日では哲学、人類学、社会学、法学、政治学など多様な学問領域からコモンズ研究がなされている。

なかでも重要なのは、コモンズの定義の変化である。現代コモンズ論では、何がコモンズであるかに関して、(水、土など)特定の対象物の性質に由来するとは見なさない。むしろコモンズは、生活空間・生活手段・情報・知識の共有化の実践――「コモン化(英語 commoning ／フランス語 le faire commun)」――を通じて、「これがコモンズである」と人びとが意味づけを行う中で生成するのだ。

したがって、コモン化のプロセスの分析が現代コモンズ論の焦点となる。この点に関してデヴィッド・ボリエは主観性の側面を、ピエール・ダルドーとクリスチャン・ラヴァルは制度構築の側面を、とくに重視している。主観性に関して問題となるのは、環境という客体的世界の維持だけでなく、コモン化に参加する人びとが自らの実践や社会関係に与える意味やアイデンティティの次元である(44)。なかでも重要なのは、経済競争よりも社会的協同に価値を置く世界認識方法を創出し共有化することである。

制度構築については、一八世紀英国のオープン・フィールド(共有地)や日本の入会権のような慣習法ではなく、コモンズを維持するか、もしくは新たに創出するための実定法や関連する諸制度を、アソシエーション運動を通じて構築することが重要な課題とされる(45)。というのも、新自由主義政策によってあらゆるものが市場化・民営化される現在、私有化されたさまざまな生存基盤を再び「所有不可能なコモンズ」として意味づけ直し、制度化していく必要があるからだ。

二〇一一年六月にイタリアのナポリ市で行われた水の再公有化に関する住民投票は、その代表例である(46)。イタリアでは一九九〇年代後半から各自治体で水の民営化が進められた結果、市民生活の質が著しく低下した。そこで二〇〇六年に、市民による「水のための市民運動の全国フォーラム(Forum italiano dei movimenti per l'acqua)」が組織され、水の民営化を促進する法律の廃止を求める「コモンズとしての水(Acqua Bene Comune)」という全国キャンペーンが展開した。この全国運動を受けて住民投票が行われ、水道民営化の廃止が決定する。ナポリ市は「Acqua Bene Comune Napoli(ABC Napoli)」という特別事業体(azienda speciale)を設立し、民間企業から市内全域の水道事業を取り戻した。

ABC Napoli は市民参加型の公営企業であり、その運営には市の代表者に加え、環境団体、労働団体、水道サービス利用者の代表者も参加する。ABC Napoli の法的地位を定める条文には、

「人間の基本的権利の行使と将来世代の名において守るべき新しい権利」として「コモンズの権利」が明記され、コモンズとしての水を管理する事業体であることが述べられている[47]。

この事例の革新性は、市民社会の草の根の運動が自治体を動かし、水をコモンズとして認知し制度化するに至ったことである。その過程で「コモンズのための自治体／市民(i comuni per i beni comuni)」というスローガンが普及し、コモンズやエコロジーに関する新たな意識が住民の間に共有された。また、「公」を「私」に置き換える新自由主義の論理から離れ、「公」(ナポリ市)と「共」(地域住民)が連携して水道事業を共同管理・運営するモデルをつくったことも特徴的である。

以上から言えることは、コモンズの研究は、コモン化の実践を通じて生じる社会の象徴的次元(意味の次元)の変化と制度的次元の変革の弁証法的関係に注目しなければならないということだ。わけても、コモン化を行う人びとが何をどのようにコモンズとして意味づけるかという象徴行為の分析がより重要性を増す。

この象徴行為の次元は、人びとが日常の生活空間において体性感覚的・無意識的に形成している自然や他者との関係性を「コモンズに関わる問題」として発見する必要があるという点でトピカ(問題発見術)と深く関わるし、発見された問題を他者との対話の中で納得し賢明な判断を下すという点では、レトリック(雄弁術、説得術)とフロネーシス(賢慮)と深く関わる。つまり、コモン化の実践の核心には、共通感覚の働きの活性化を通じた新たなコモン・センス——民衆の豊かな知恵としての常識——の構築がある。

そうすることで、市場化・民営化を常識とする今日の支配的な新自由主義的社会通念を打ち破ることが可能になる。「共」の領域を支える新たなコモン・センスは、共通感覚の生き生きとした働きと結びついた詩的な言語で生活空間を描き直すだろう。それはまさしく、『H２Oと水』でイヴァン・イリイチが問題提起した「物の実質に対する豊かな想像力」を再生し、人間と世界の感性的な結びつきを産業社会の認識空間とは異なる位相で再構築することにもなる。(48)

共通感覚論は、コモンズ論を支える重要な知的支柱のひとつである。両者は決して無関係ではない。新たな形態のコモンズは、共通感覚的な知に支えられた新たな感性の体制の構築によって創出されるだろう。生命系の経済を含むコモンズとそれを守る共通善の政治は、共通感覚的な知を駆使しながら行われるコモン化の実践の中で具現化される。「共」の政治と「共」の経済は、「共」の美学（感性論）を必要とするのである。

玉野井芳郎と中村雄二郎の未完の対話は、二一世紀の豊かさを構想するために不可欠な、思想史上の問題の在りか（トポス）のひとつであると言えるだろう。この対話を継承し、「共」の領域についての豊かなコモン・センスを耕していくことは、言葉の力と賢慮を失った政治と経済がまかり通る現代日本に「人間らしい、まっとうな感覚（コモン・ディーセンシー）」を取り戻すためにも大きな意義を持つ。

（1）Serge Latouche, *La déraison de la raison économique: Du délire d'efficacité au principe de précaution*, Paris, Albin Michel, 2001, p. 165.

（2）玉野井芳郎『地域主義の思想』農山漁村文化協会、一九七九年。

(3) 玉野井芳郎「地域分権の今日的意義」鶴見和子・新崎盛暉編『玉野井芳郎著作集3地域主義からの出発』学陽書房、一九九〇年、二九ページ。
(4) 菊池理夫『日本を甦らせる政治思想──現代コミュニタリアニズム入門』講談社現代新書、二〇〇七年、第一章を参照されたい。
(5) 玉野井芳郎「地域主義のために」玉野井芳郎・清成忠男・中村尚司共編『地域主義──新しい思潮への理論と実践の試み』学陽書房、一九七八年、一七ページ。
(6) 玉野井芳郎「地域主義と自治体「憲法」──沖縄からの問題提起」および「生存と平和を根幹とする「沖縄自治憲章」(案)」前掲『玉野井芳郎著作集3』所収。
(7) 玉野井芳郎『科学文明の負荷』論創社、一九八五年、一六ページ。
(8) 玉野井芳郎「コモンズとしての海──沖縄における入浜権の根拠」(前掲『玉野井芳郎著作集3』所収)を参照されたい。
(9) 前掲(7)、六〇ページ。玉野井芳郎「人間におけるジェンダーの発見──女、そして男の世界」(中村尚司・樺山紘一編『玉野井芳郎著作集4 等身大の生活世界』学陽書房、一九九〇年、所収)も参照されたい。
(10) 前掲(7)、一〇五ページ。玉野井芳郎「エコロジーと地域主義と生活空間」(前掲『玉野井芳郎著作集4』所収)も参照されたい。
(11) たとえば、多辺田政弘『コモンズの経済学』(学陽書房、一九九〇年)、室田武・多辺田政弘・槌田敦編著『循環の経済学──持続可能な社会の条件』(学陽書房、一九九五年)、エントロピー学会編『循環型社会を創る──技術・経済・政策の展望』(藤原書店、二〇〇三年)、須藤正親『ゼロ成長の社会システム──開発経済からの離陸』(新泉社、二〇〇四年)、室田武編著『グローバル時代のローカル・コモンズ』（ミネルヴァ書房、二〇〇九年）などがある。
(12) 前掲(4)。および菊池理夫「日本におけるコミュニタリアニズムの可能性」広井良典・小林正弥編『持続可能な福祉社会へ　［公共性の視座から］　1コミュニティ』勁草書房、二〇一〇年。
(13) 中村雄二郎「共通感覚論」『中村雄二郎著作集第Ⅰ期Ⅴ共通感覚』岩波書店、一九九三年／岩波現代文庫、二〇〇〇年。本章での引用およびページは、『著作集』版に基づく。
(14) 前掲(13)、五〇ページ、傍点は原文のまま。
(15) 前掲(13)、第3章。
(16) 前掲(13)、第4章。
(17) 前掲(13)、二九ページ。
(18) 前掲(13)、三〇ページ。
(19) 前掲(13)、二九ページ。
(20) 中村雄二郎「共通感覚的人間像の展開」前掲『中村雄二郎著作集第Ⅰ期Ⅴ共通感覚』所収。
(21) 中村雄二郎「〈南型知〉と近代産業社会」『共振する世界　中村雄二郎エッセー集成3』青土社、一九九三年、一一九ページ。
(22) 前掲(21)、一二〇ページ。
(23) 中村雄二郎＆村上陽一郎「変貌する〈知〉のトポス」『現代思想』一九八三年一月号、四八〜七一ページ。
(24) 玉野井芳郎「文化における普遍と特殊」日本哲学会編『哲学』第三二号、一九八二年五月、一六〜二八ページ。
(25) 中村雄二郎「南型知の可能性　玉野井芳郎への手紙」『歓ばしきポイエシス』青土社、二〇〇一年、所収。

（26）玉野井芳郎「歴史とリアリティー見直しの中で　中村雄二郎氏への返書」前掲（7）、所収。

（27）セルジュ・ラトゥーシュ著、中野佳裕訳『経済成長なき社会発展は可能か？〈脱成長《デクロワサンス》〉と〈ポスト開発〉の経済学』作品社、二〇一〇年、一二三ページ、ならびに第Ⅱ部第2章で議論されている「八つの再生プログラム」を参照されたい。

（28）Serge Latouche, *La déraison de la raison économique: Du Délire d'efficacité au principe de précaution*, Paris, Albin Michel, 2001.

（29）ibid., p. 160.

（30）セルジュ・ラトゥーシュ著、中野佳裕訳『〈脱成長〉は、世界を変えられるか？——贈与・幸福・自律の新たな社会へ』作品社、二〇一三年、第Ⅲ部第7章。

（31）前掲（30）、一二三ページ。

（32）Luigino Bruni e Stefano Zamagni, *Economia civile: Efficienza, equità, felicità pubblica*, Bologna, Il Mulino, 2004.

（33）ibid., Ch. 2.

（34）ibid., pp. 77-79.

（35）Luigino Bruni e Stefano Zamagni, *L'econmia civile*, Bologna, Il Mulino, 2015, p. 30.

（36）Antonio Genovesi, *Autobiografia e lettre*, cited from Bruni e Zamagni, 2004, *op. cit.*, p. 84.

（37）Bruni e Zamagni, 2004, op. cit., pp. 85-89.

（38）Il Manifesto di Banca Etica(http://www.bancaetica.it/) 最終閲覧日：二〇一六年八月三一日。

（39）'Nuova Economia' (http://www.bancaetica.it/nuova-economia) 最終閲覧日：二〇一六年八月三一日。

（40）Boaventura de Sousa Santos, *Epistémologie du Sud : Mouvements citoyens et polémique sur la science*, Paris, Desclée de Brouwer, 2016.

（41）ibid., pp. 252-257.

（42）ibid., pp. 257-266.

（43）この段落の現代コモンズ論の射程の変化については、David Bollier, *La Renaissance des communs*, Paris, Editions Charles Léopold Mayer, 2014 および Pierre Dardot et Christian Laval, *Le Commun: Essai sur la revolution du XXIe siècle*, Paris, La Découverte, 2014 に依拠している。

（44）Bollier, *op.cit*, Ch.10, pp. 153-155. ボリエは、ドイツの進化生物学者アンドレア・ウェーバーの理論を援用しながら生命環境の維持における主観性の重要性を述べている。

（45）Dardot et Laval, *op.cit*. とくに第９章、第10章を参照されたい。

（46）ナポリの事例については、Ugo Mattei e Alessandra Quarta, *L'acqua e il suo diritto*, Roma, Ediesse, 2014 および Dardot et Laval, *op.cit.*, pp. 522-526 を参考にした。

（47）ABC Napoli の法的地位を定める条文は、Mattei e Quarta, *op.cit.*, pp. 96-97 を参照した。

（48）イヴァン・イリイチ著、伊藤るり訳『Ｈ２Ｏと水――「素材」を歴史的に読む』新評論、一九八六年。

あとがき

本書の編集に関しては、ラヴィル氏とコラッジオ氏の協力を得ながら中野佳裕が担当した。翻訳もすべて中野が行い、ラテンアメリカ、ヨーロッパ、北米の研究者の論文をそれぞれスペイン語、フランス語、英語のオリジナル原稿から訳出した。また、企画から完成に至るまで、コモンズの大江正章さんからは多くの助言と協力をいただいた。この場を借りてお礼を申し上げたい。

本書の企画が立ち上がったのは二〇一三年の秋である。海外の執筆者の原稿はその時点で入手し、翻訳を進めていった。したがって、本書に収録されている翻訳論文は、原則、ラテンアメリカ版に向けて執筆された原稿を基にしている。その後に刊行されたフランス語版を確認したところ、各著者の原稿に見出しの追加や編集上の手直し(段落や文の削除)など、若干の修正が加えられていたことがわかった。しかし、それらの変更は内容に大きな影響を与えないかぎり、翻訳を推敲するうえでの参考材料にとどめている。

唯一の例外はラヴィルの論文である。彼はラテンアメリカ版とフランス語版に、異なる構成と議論を含む論文を寄稿している。いずれもフランス語で四万語を超える大論文であり、その全文を訳出し収録することは、日本語版の許容能力を超えてしまう。そこで、彼の論文に関しては、ラテンアメリカ版向けに執筆された原稿を基に訳出を進め、高度な学説史的論争に関わるセクシヨンについては、本人の了解を得て割愛した。

また、本書を制作中の二〇一四年春に、執筆者の一人エルネスト・ラクラウが他界した。ラクラウに師事して英国エセックス大学修士課程に留学した私にとって、彼とその弟子たちと研究に励んだ月日は忘れられない財産である。九・一一とイラク戦争後の混乱した世界のなかで、民主主義の意味を考え、反戦運動や反グローバリズムの運動に参加しながら議論を繰り返した日々だった。出版前の『ポピュリズムの理性について』(二〇〇五年)の草稿を議論するセミナーで、彼は一度、こう情熱的に語ったことがある。

「私は、人間は抵抗する生き物だと信じている。この信念は、どんな論理でも説明できない」

政治について理詰めで考えることで知られるラクラウだが、この言葉にこそ、彼の思想の真理があると私は確信している。彼の学術活動に敬意を表し、本書を捧げたい。エルネスト、ありがとう。Adios!

二〇一六年九月一一日

中野佳裕

〔謝辞〕

本書出版に際し、日頃より小生の学術活動を支えてくれた国際基督教大学社会科学研究所の所長およびスタッフに感謝の意を表したい。また、同大学での担当講義(平和研究Ⅱ、開発学入門、開発倫理学入門)では、本書の重要な部分を議論する機会をたびたび得られた。すべての受講生にお礼を申し上げたい。

の一人。フランスにおける新しい豊かさ指標に関する研究で中心的役割を果たしている。主著に『新しい豊かさ指標』(ジャン・ギャドレーとの共著、フランス語、2012年、未邦訳)、『成果至上主義——資本主義の新しい精神？』(フランス語、2012年、未邦訳)、『経済成長を期待すべきか？』(ドミニク・メダとの共著、フランス語、2016年、未邦訳)。

ナンシー・フレイザー(Nancy Fraser)
米国出身。ニューヨークのニュースクール大学哲学・政治学教授。ベルリン自由大学研究員。パリのグローバル・スタディーズ学院「グローバル・ジャスティス」コース主任。 主著に『中断された正義——「ポスト社会主義的」条件をめぐる批判的省察』(御茶の水書房、2003年)、『再配分か承認か？——政治・哲学論争』(アクセル・ホネットとの共著、法政大学出版局、2012年)、『正義の秤《スケール》——グローバル化する社会で政治空間を再創造すること』(法政大学出版局、2013年)、『フェミニズムの運命——国家管理型資本主義から新自由主義的危機まで』(英語、2013年、未邦訳)など。

広井良典(ひろい　よしのり)
千葉大学法経学部教授を経て、京都大学こころの未来研究センター教授。専門は公共政策・科学哲学。社会保障や環境、医療、都市・地域に関する政策研究から、時間やケアをめぐる哲学的考察まで、幅広い活動を行っている。主著に『ケアを問いなおす——〈深層の時間〉と高齢化社会』(ちくま新書、1997年)、『日本の社会保障』(岩波新書、1999年)、『定常型社会——新しい「豊かさの」構想』(岩波新書、2001年)、『コミュニティを問いなおす——つながり・都市・日本社会の未来』(ちくま新書、2009年)、『人口減少社会という希望——コミュニティ経済の生成と地球倫理』(朝日選書、2013年)、『ポスト資本主義——科学・人間・社会の未来』(岩波新書、2015年)など。

吉原直樹(よしはら　なおき)
大妻女子大学社会情報学部教授・東北大学名誉教授。現在、「空間論的転回」に即して社会学のありようを考究中。主著に『都市空間の社会理論——ニュー・アーバン・ソシオロジーの射程』(東京大学出版会、1994年)、『都市とモダニティの理論』(東京大学出版会、2002年)、『開いて守る——安心・安全のコミュニティづくりのために』(岩波ブックレット、2007年)、『モビリティと場所——21世紀都市空間の転回』(東京大学出版会、2008年)、『コミュニティ・スタディーズ——災害と復興、無縁化、ポスト成長の中で、新たな共生社会を展望する』(作品社、2011年)、『「原発さまの町」からの脱却——大熊町から考えるコミュニティの未来(岩波書店、2013年)など。

千葉　眞(ちば　しん)
Ph. D.(米国プリンストン神学大学：政治倫理学)。専門は政治思想史・政治理論・平和研究。国際基督教大学教養学部特任教授。大学では西欧政治思想史、政治学、平和研究分野の講義を担当。主著に『現代プロテスタンティズムの政治思想——R・ニーバーとJ・モルトマンの比較研究』(新教出版社、1988年)、『ラディカル・デモクラシーの地平——自由・差異・共通善』(新評論、1995年)、『アーレントと現代——自由の政治とその展望』(岩波書店、1996年)、『デモクラシー』(岩波書店、2000年)、『「未完の革命」としての平和憲法——立憲主義思想史から考える』(岩波書店、2009年)、『連邦主義とコスモポリタニズム——思想・運動・制度構想』(風行社、2014年) など。

【著者紹介】（執筆順）

中野佳裕（なかの　よしひろ）
編者紹介を参照。

アルトゥロ・エスコバル（Arturo Escobar）
コロンビア出身。米国ノースカロライナ大学人類学教授。ラテンアメリカにおけるポスト開発論の代表的論者。過去 20 年間、コロンビアの太平洋岸地域（パシフィコ）のアフリカ系コロンビア人の社会運動に関わっている。主著に『開発との遭遇――第三世界の構築と解体』（英語、1995 年、未邦訳）、『差異のテリトリー――場所、社会運動、生活、ネットワーク』（英語、2008 年、未邦訳）など。

エルネスト・ラクラウ（Ernesto Laclau）
アルゼンチン出身。専門は政治理論。元英国エセックス大学名誉教授。元米国ノースウエスタン大学人文学・修辞学名誉教授。主著に『偶発性・ヘゲモニー・普遍性――新しい対抗政治への対話』（ジュディス・バトラー、スラヴォイ・ジジェクとの共著、青土社、2002 年）、『民主主義の革命――ヘゲモニーとポスト・マルクス主義』（シャンタル・ムフとの共著、ちくま学芸文庫、2012 年）、『現代革命の新たな考察』（法政大学出版局、2014 年）、『ポピュリストの理性』（英語、2005 年、未邦訳）など。2014 年逝去。

ボアベンチュラ・デ・ソウサ・サントス（Boaventura de Sousa Santos）
ポルトガル出身。専門は法社会学。コインブラ大学経済学部社会学コース主任。同大学社会学研究所研究員。ウィスコンシン・マディソン大学法学部教授。主著に『民主主義の民主化――参加型民主主義の道』（ポルトガル語、2002 年、未邦訳）、『〈南〉の認識論』（スペイン語、2009 年、未邦訳）など。編著に『民主主義の民主化』（英語、2005 年、未邦訳）、『もうひとつの生産は可能だ』（英語、2006 年、未邦訳）、『もうひとつの知識は可能だ』（英語、2007 年、未邦訳）など。

アルベルト・アコスタ（Alberto Acosta）
エクアドル出身。エクアドルラテンアメリカ社会科学研究所（FLACSO-Equador）教授。元エクアドル憲法制定議会委員長（2007 ～ 2008 年）、元エクアドル政府エネルギー鉱山大臣（2007 年）。長年、エクアドルの先住民組織、労働組合組織、社会組織の諮問役を務める。主著に『スマク・カウサイ――異なる世界を想像するための機会』（スペイン語、2013 年、未邦訳）、『ブエン・ビビール――異なる世界を想像するために』（スペイン語、2014 年、未邦訳）など。

ジャン＝ルイ・ラヴィル（Jean-Louis Laville）
編者紹介を参照。

ジュヌヴィエーヴ・アザム（Geneviève Azam）
フランス出身。トゥールーズ第二大学経済学教授。ATTAC フランス学術委員会会員。世界社会フォーラム国際委員会会員。主著に『有限の世界の時代――ポスト資本主義へ』（フランス語、2010 年、未邦訳）、『あえて人間のままでいよう――人間の力の万能性の隘路について』（フランス語、2015 年、未邦訳）。

フロランス・ジャニ＝カトリス（Florence Jany-Catrice）
フランス出身。リール第一大学経済学教授。学術誌『フランス社会経済学』の創始者

【編者紹介】

中野佳裕（なかの　よしひろ）

Ph. D（英国サセックス大学）。専門は社会哲学・開発学・平和研究。国際基督教大学社会科学研究所非常勤助手、同大学教養学部非常勤講師、明治学院大学国際平和研究所研究員を兼任。NPO 法人アジア太平洋資料センター（PARC）企画運営委員。大学では開発学、平和学、国際政治経済学分野の講義を担当。2014 年度からは PARC 自由学校で「新しい〈経済学〉と〈豊かさ〉を学ぶゼミナール」も担当中。共著に『脱成長の道——分かち合いの社会を創る』（勝俣誠、マルク・アンベール編著、コモンズ、2011 年）、『21 世紀の左派——北と南の対話へ向けて』（ジャン＝ルイ・ラヴィル、ホセ・ルイス・コラッジオ編、スペイン語、2014 年／フランス語、2016 年）など。訳書にセルジュ・ラトゥーシュ著『経済成長なき社会発展は可能か？——〈脱成長《デクロワサンス》〉と〈ポスト開発〉の経済学』（作品社、2010 年）、ジャン＝ルイ・ラヴィル編『連帯経済——その国際的射程』（北島健一、鈴木岳との共訳、生活書院、2012 年）、セルジュ・ラトゥーシュ著『〈脱成長〉は、世界を変えられるか？——贈与・幸福・自律の新たな社会へ』（作品社、2013 年）など。詳細はウェブ研究室（http://postcapitalism.jp/index/）まで。

ジャン＝ルイ・ラヴィル（Jean-Louis Laville）

フランス出身。専門は経済社会学。カール・ポランニー研究所コーディネーター。パリ国立工芸院（CNAM）教授。フランスにおける連帯経済研究で中心的役割を果たしている。主著に『アソシエーションの政治』（フランス語、2010 年、未邦訳）など。編著に『連帯経済——その国際的射程』（生活書院、2012 年）、『社会経済学と民主主義——カール・ポランニーの現代的意義』（イザベル・ヒレンカンプとの共編、フランス語、2013 年、未邦訳）、『市民社会、サードセクター、社会的企業——ガバナンスと民主主義』（ポール・エイノー、デニス・ヤングとの共編、英語、2015 年、未邦訳）など。

ホセ・ルイス・コラッジオ（José Luis Coraggio）

アルゼンチン出身。サルミエント国立大学経済学教授。同大学学長（1998 ～ 2002 年）。ラテンアメリカの連帯経済研究の第一人者。主著に『人間開発と教育』（スペイン語、1996 年、未邦訳）、『周辺からの社会的経済——ラテンアメリカの貢献』（スペイン語、2007 年、未邦訳）、『経済とは何か——宿命論に抗する議論のために』（スペイン語、2009 年、未邦訳）など。

21世紀の豊かさ

二〇一六年一〇月一〇日　初版発行
二〇一七年 九 月 一 日　2刷発行

編著者　中野佳裕／ジャン＝ルイ・ラヴィル他

発行者　大江正章
発行所　コモンズ
東京都新宿区下落合一―五―一〇―一〇〇二
TEL〇三（五三八六）六九七二
FAX〇三（五三八六）六九四五
振替　〇〇一一〇―五―四〇〇一二〇
info@commonsonline.co.jp
http://www.commonsonline.co.jp/

印刷・東京創文社／製本・東京美術紙工

乱丁・落丁はお取り替えいたします。

ISBN 978-4-86187-137-5 C 1030